Thomas Großbölting

Die schuldigen Hirten

Thomas Großbölting

Die schuldigen Hirten

Geschichte des sexuellen Missbrauchs in der katholischen Kirche

HERDER

FREIBURG · BASEL · WIEN

© Verlag Herder GmbH, Freiburg im Breisgau 2022
Alle Rechte vorbehalten
www.herder.de

Satz: Daniel Förster, Belgern
Herstellung: GGP Media GmbH, Pößneck
Printed in Germany

ISBN Print 978-3-451-38998-6
ISBN E-Book (PDF) 978-3-451-82657-3
ISBN E-Book (EPUB) 978-3-451-82654-2

Inhalt

Einleitung: Vom guten zum schuldigen Hirten – der tiefe Fall der katholischen Kirche

Dieses Buch handelt von massivem und vielfachem sexuellen Missbrauch gegenüber Kindern und Jugendlichen. Viele hunderte Male wurden in der katholischen Kirche in Deutschland Kinder, Jugendliche und schutzbefohlene Erwachsene von Priestern, Ordensgeistlichen und anderen geweihten Personen missbraucht. Die Bandbreite dieser Taten ist groß und reicht von »schlüpfrigen Bemerkungen« bis hin zur brutalen Vergewaltigung: Die Betroffenen wurden durch Geistliche ausgefragt und in Gespräche über ihre Sexualität verwickelt. Ihnen wurden sexuell konnotierte »Witze« erzählt oder pornographische Bilder gezeigt. Betroffene wurden gegen ihren Willen berührt, umarmt, geküsst. Täter onanierten vor ihnen, rieben sich an ihnen, drangen auf verschiedene Art und Weise in ihre Körper ein. Neben sexuelle Übergriffe und Vergewaltigungen traten nichtsexualisierte körperliche Gewalttaten, aber auch psychische Abhängigkeiten, in die Betroffene gebracht wurden. Täter befriedigten somit nicht ausschließlich ihr sexuelles Verlangen, sondern übten physische, vor allem aber psychische Gewalt über diejenigen aus, die sie drangsalierten. Sexuelle Begierde und Machttrieb waren und sind untrennbar miteinander verbunden. Die vielfachen Verbrechen fanden in Kirchengebäuden, in der Sakristei, im Beichtstuhl, in Privatwohnungen, aber auch in Pfarrhäusern, in Jugendheimen, Zeltlagern und an vielen anderen Orten statt, denen allen eines gemeinsam ist: dass sie der katholischen Kirche zuzuordnen sind.

Es gibt neben dem Skandal der Missbrauchstaten selbst einen zweiten Skandal, der noch viel tiefer in der katholischen Kirche verankert ist. In diesem Zusammenhang stehen nicht mehr allein die klerikalen Täter im Fokus, sondern mit den Bischöfen, Weihbischöfen und anderen personalverantwortlichen Funktionären die katholische Hierarchie: Auch wenn wir vor allem seit 2010, seit der Aufdeckung des systematischen Missbrauchs im vom Jesuitenorden getragenen Canisius-Kolleg, verstärkt öffentlich über den Missbrauch sprechen, waren viele dieser Verbrechen und Untaten bereits vorher in den Bischofssitzen und Generalvikariaten der Diözesen bekannt. Die amtskirchliche Reaktion darauf folgte einem Muster: Der sexuelle Missbrauch von Klerikern an ihren Schutzbefohlenen wurde fortgesetzt und systematisch verschleiert und vertuscht.

Was so harmlos klingt – Vertuschen –, ist tatsächlich ein eklatantes Fehlverhalten und zog gravierende Folgen nach sich. Wer als Bischof und Personalverantwortlicher schwieg und die Täter einfach nur versetzte, der traf gleich zwei verhängnisvolle Entscheidungen: Er signalisierte dem Täter, dass diesem keine schweren Konsequenzen drohten. Immerhin musste aus der Erfahrung heraus der überführte Täter weder befürchten, öffentlich bloßgestellt zu werden, noch, seine Stellung als Pfarrer und damit seine Existenzgrundlage zu verlieren. Und – viel schlimmer – die vertuschenden Bischöfe schufen auf diese Weise wiederholt Gelegenheiten für das Verbrechen: Jenen pädosexuell fixierten Priestern, die immer wieder missbrauchten, führten die Vertuscher wiederholt Kinder zu, indem sie diese in neue Gemeinden versetzten und oftmals niemanden über den vorhergehenden Missbrauchsfall informierten.

Der Versuch, den Ruf der Institution Kirche ebenso wie das Sakrament der Priesterweihe zu schützen, rangierte weit vor den berechtigten Interessen der Betroffenen nach Anerkennung ihres Leids, Wiedergutmachung und Gerechtigkeit. Institutionen- und Täterschutz waren die dominierenden Handlungsmuster der katholischen Hierarchie.

Ein dritter Skandal, Vertrauensbruch und Anlass für zunehmenden Bedeutungsverlust zugleich, entwickelte sich vor allem seit 2010. Erst zögerlich, dann aber vom öffentlichen Druck zunehmend getrieben versuchten sich die Bischöfe und ihre Institutionen an der Aufarbeitung der Missbrauchskrise. Aber heute deutet sich auch nach über zehn Jahren weder an, dass die Institution einen Zugang zu den Betroffenen, noch, dass sie einen entschiedenen Ansatz gefunden hat, die den Missbrauch begünstigenden Faktoren selbst anzugehen. Die Konsequenzen sind drastisch: Wo bereits in den Nachkriegsjahrzehnten der Bundesrepublik die Kirchen massiv an Bedeutung verloren hatten, da beschleunigte das Bekanntwerden des sexuellen Missbrauchs und ihr Umgang mit diesem die Tendenz noch einmal: »Die Menschen glauben uns nicht mehr« – mit diesen schonungslosen Worten fasste Kardinal Marx als Vorsitzender der Deutschen Bischofskonferenz bei der Eröffnung von deren Vollversammlung im September 2018 seine Sicht auf die Entwicklung zusammen.[1] Mit der Veröffentlichung (und dem Zurückhalten) weiterer Gutachten in Köln, Aachen, München und anderen Bistümern wie auch mit der öffentlichen Diskussion über das Fehlverhalten katholischer hoher Geistlicher bis hin zu Papst Benedikt XVI. spitzte sich die Situation noch weiter zu. Die katholische Kirche – einst eine Institution mit hoher Reputation und starker Prägekraft für die gesamte Gesellschaft und ihre politische Kultur – befindet sich im freien Fall.

Dass momentan besonders die katholische Kirche im Fokus steht, ist nicht selbstverständlich, ganz im Gegenteil: Sexueller Missbrauch findet in allen Teilen der Gesellschaft statt. Es gibt sogar gut begründete Expertisen, die besagen, dass nicht der Beichtstuhl und das Messdienerlager die »Hotspots« sexuellen Missbrauchs sind, sondern dass die meisten Fälle in der familiären Umgebung von Betroffenen stattfinden. Zugespitzt gesagt ist es wohl nicht gefährlicher, »seine Kinder zum Kommunionunterricht und auf eine katholische Schule zu schicken als in einen Sportverein oder in die Musikschule.«[2] Insofern ist die Diskussion um sexualisierte Gewalt in der Gesellschaft extrem eingeschränkt – ein Phänomen, über dessen Gründe noch zu sprechen sein wird. Und doch hat der Fokus auf die katholische Kirche seine Berechtigung, die zunächst aus der enormen Fallhöhe resultiert.

Vom guten zum schuldigen Hirten

»Der HERR ist mein Hirt, nichts wird mir fehlen. / Er lässt mich lagern auf grünen Auen und führt mich zum Ruheplatz am Wasser.« Bis heute beten Christinnen und Christen mit dem Psalm 23 eine der schönsten Versdichtungen des Alten Testaments und sprechen damit von Gott als einem guten und fürsorglichen Hirten, der sich um seine Schafe kümmere. Dem Johannesevangelium zufolge sagte Jesus selbst von sich: »Ich bin der gute Hirt« (Joh 10,14), und beschrieb sich als jemanden, der seiner Herde Schutz wie auch »ewiges Leben« gebe. Im Gegensatz zum Tagelöhner, der seiner Herde nicht verbunden sei, sei er der Hirte, der seine Schafe kenne, so wie sie ihn. Daher folgten ihm die Schafe, »denn sie kennen seine Stimme«.

Diese biblischen Verwendungen des Bildes vom »guten Hirten« waren die Grundlage für einen rasanten Siegeszug der Metapher, die in der weiteren Geschichte oft und für immer mehr Akteure genutzt wurde:[3] Schon die frühchristlichen Gemeinden stellten nicht nur Jesus bildlich als einen Hirten dar, der auf seinen Schultern ein Lamm trug, sondern bezeichneten auch ihre Gemeindeleiter als Hirten. Laut dem Evangelisten Johannes konnten sie sich dabei auf Jesus selbst berufen, der den Apostel Petrus aufgefordert habe, ihm nachzufolgen und an seiner statt »die Schafe zu weiden« (Joh 21,15–16).

Diese Bildtradition verbreitete sich rasant und prägte insbesondere das Priesterimage in der hierarchischen Konstellation der katholischen Moderne: In der Nachfolge des guten Hirten Jesus waren es der Papst, die Bischöfe und die Priester, die Jesus im Hirtenamt folgten und dabei die Kirche verkörperten. Noch das Zweite Vatikanische

Konzil Mitte der 1960er-Jahre verstand die Bischöfe als »eigentliche, ordentliche und unmittelbare Hirten« ihrer Teilkirchen und schrieb den Priestern zu, »entsprechend ihrem Anteil an der Vollmacht das Amt Christi, des Hauptes und Hirten« auszuüben.[4] Ihr Beruf und ihre Berufung sei es, sich um ihre Gemeinden zu kümmern und diese notfalls unter Einsatz des eigenen Lebens zu verteidigen – ebenso wie der gute Hirte das für seine Schafe tue.

Zugleich war im Bild des Hirten immer eine zweite Bedeutungs-ebene angelegt: die Konstruktion eines hierarchischen Abstands zwischen dem Hirten und seinen Schafen. Übertragen auf die Beziehung zwischen Kleriker und Laien war damit der Anspruch auf Autorität, Führung und Gefolgschaft gesetzt. Für den Kontext des Missbrauchs spielt diese Komponente als Machtelement eine besonders entschei-dende Rolle.

Sensibler als viele andere Zeitgenossinnen und Zeitgenossen haben die Mitglieder der britischen Popgruppe *Pink Floyd* die Ambivalenz dieses Bildes erkannt. Auf ihrem Album *»Animals«* griff die Band im Jahr 1977 den Psalm in ihrem Song *»Sheep«* in ganz anderer Weise auf. *» The lord is my shepherd«*, so zitieren die Musiker den ersten Vers. Das Keyboard präludiert zurückhaltend, fast leise im Zwölfachtel-takt, der Ton hell und kräftig – um im Gegenvers die biblische Aus-sage in ihr krasses Gegenteil zu verkehren, musikalisch intoniert in e-Moll. Plötzlich lösen Schlagzeug und E-Gitarre das Keyboard ab. *» You better watch out, / There may be dogs about / I've looked over Jor-dan, and I have seen, / Things are not what they seem.«*

Im Songtext wird der gute Hirte des Psalms, der seine Schafe an eine frische Weidestelle führt, zum grausamen Schlächter, der die Schafe mit blankem Messer umbringt, sie an Fleischerhaken aufhängt und dann zu Koteletts verarbeitet, *»for lo, he hath great power and great hunger«*. Kunstvoll behalten die Bandmitglieder die Form wie auch die religiöse Sprache weitgehend bei: *»He converteth me to lamb cutlets«* – bewusst imitiert der Texter die religiöse Vokabel *»convert«*, ebenso wie in der Folgezeile »*release*«/erlösen. »*With bright knives he releases my soul*«. Der Song zählt nicht zu den prominentesten Titeln von *Pink Floyd*, sticht aber deshalb hervor, weil es ihm so kunstvoll gelingt, die Sprache und den Sprachduktus des Psalms einzufangen, musikalisch-lautmalerisch die Dystopie nachzuzeichnen. Mit der Missbrauchskrise der katholischen Kirche im ersten Jahrzehnt des dritten Jahrtausends hatten Roger Waters und seine Bandkollegen nichts am Hut, deuteten aber bereits in den 1970er-Jahren darauf hin, welch unheilvolle Mesalliance geistliche Macht, ökonomische Gier und sexuelle Gewalt eingehen können. Und sie beschworen (oder deuteten doch zumindest an), was das Ende der Dystopie sein könnte: der Ungehorsam der Schafe nämlich. »*Lo, we shall rise up, / and then we'll make the buggers eyes water [...]. March cheerfully out of obscurity into the dream.*« – »Siehe, dann werden wir aufstehen und den Mistkerlen die Tränen in die Augen treiben (und) marschieren jubelnd aus der Finsternis in den Traum«, so die freie Übersetzung.[5]

Warum der Missbrauch die Kirche ins Mark trifft

Von außen, aus der Perspektive der Gesellschaft betrachtet, hat die Aufdeckung dieser Verbrechen die Öffentlichkeit sensibilisiert für den grundlegenden Zusammenhang von religiöser Macht und Missbrauch. Diese neue Wahrnehmung wird die gesellschaftliche Akzeptanz der Kirche noch weiter und drastischer verändern, als es in den letzten Jahrzehnten bereits der Fall war: Die Institution, die in der politischen Kultur der Bundesrepublik mit einem hohen Ansehen und dementsprechend mit Mitwirkungsmöglichkeiten, Macht und Einfluss ausgestattet war, wird in Zukunft mit anderen Augen betrachtet werden.

Von innen, aus der Kirche selbst heraus, hat die Aufdeckung und das offene Gespräch über sexuellen Missbrauch das Potenzial dazu, die Religionsgemeinschaft grundlegend zu verändern, denn sexueller Missbrauch zielt auf den Kern des Christlichen und zieht deswegen enorme und weitreichende Kreise. »Gott weint wegen dieser Taten«, so äußerte sich Papst Franziskus anlässlich seiner Reise in die USA im September 2015 und ließ seinen Pressesprecher ergänzen, dass es sich um ein *»universal problem in the universal Church everywhere«* handele.[6] Dass selbst von dem höchsten Würdenträger der katholischen Kirche die Folgen so dramatisch eingeschätzt werden, zeigt, dass der sexuelle Missbrauch mehr ist als irgendein Skandal in der ohnehin an Verfehlungen reichen Geschichte der Kirche.

Verschiedene Überlegungen zeigen die besondere Sprengkraft. Gesellschaftlich entfaltet sich die Aufdeckung von Missbrauchsfällen in Deutschland vor einem besonderen Hintergrund: In der Bundesrepublik haben sich die Kirchen und dabei speziell die katholische Kirche in der Nachkriegszeit zu Verteidigern von Sitte, Anstand und Moral im Bereich der Sexualität stilisiert. Von der Debatte über die »Mischehe« – so die Bezeichnung für konfessionsverschiedene Paare in den ausgehenden 1940er- und 1950er-Jahren – über die Auseinandersetzungen um Empfängnisverhütung vor allem seit den 1970er-Jahren bis zu den aktuellen Diskussionen um die Gleichstellung von nicht heterosexuellen Partnerschaften – immer waren es die beiden christlichen Religionsgemeinschaften, die im Zentrum dieser Diskussionen standen. Der dabei erworbene Nimbus von den Tugendwächtern in Sachen Sexualität, Liebe und Partnerschaft ist jetzt zerstört.

Wer an dieser Oberfläche kratzt, entdeckt weitere Schichten, die den Zäsurcharakter des Missbrauchsgeschehens auch von innen heraus erklären helfen: Wie kaum eine andere Institution haben sich die christlichen Religionsgemeinschaften und damit auch die katholische Kirche der Nächstenliebe verschrieben. In der Theologie des Christentums ist die Gottesliebe unmittelbar an die Nächstenliebe gebunden. Die Metapher vom guten Hirten greift genau das auf. Wo sich der Papst, die Bischöfe, die Priester in die Nachfolge des biblischen

Jesus stellen, da reklamieren sie mit diesem Bild zwei eng miteinander verbundene Ansprüche für sich: Sie pochen auf Folgsamkeit und Gehorsam, da aus dieser Sukzession göttliche Nachfolge abgeleitet wird. Begründet ist dieser Anspruch mit der zweiten Seite des Hirtenamtes: der Fürsorge für die Gläubigen, zu der man sich bis hin zur Aufgabe des eigenen Lebens verpflichtet.

Mit dieser Facette des Hirtenbildes eröffnet sich eine der größten und faszinierendsten Ideen des Christentums: Eine Gottesbeziehung realisiert sich vor allem und – bleibt man bei den Urtexten des Christentums – wohl ausschließlich in der Zuwendung zum Nächsten und zur Nächsten: Jesus gibt sich als Mensch den Menschen bis in den Tod hin, um ihnen auf diese Weise als Christus und Gott nahe zu sein. Es ist die Selbsterniedrigung des Mächtigsten und die Hingabe bis in den Kreuzestod, in der sich das Christentum von den anderen Religionen und Kultformen der Antike unterschied und für viele Menschen hoch attraktiv wurde.

Viele Gläubige, Theologinnen, Künstler, Schriftstellerinnen und andere Kreative haben über viele Jahrhunderte dieses Paradoxon immer wieder beschrieben und zu deuten versucht.

Selbstverständlich hat es über die Jahrhunderte höchst unterschiedliche Vorstellungen gegeben, wie diese Zuwendung zu geschehen habe: Man konnte unter dem Diktum der Nächstenliebe Hexen verbrennen, aber auch jüdische Mitbürgerinnen und Mitbürger vor der Gestapo retten, andersgläubige Menschen zwangsbekehren und umbringen oder über breit angelegte Spenden- und Hilfsaktionen Millionen vor dem Hungertod retten. Aber allen Unterschieden zum Trotz und auch entgegen der offenen Frage, wer die oder der Nächste eigentlich war, blieb diese Bezogenheit, ja die Verschmelzung von Gottes- und Nächstenliebe innerkirchlich erhalten. Hier zeigt sich ein Kernpunkt von Transzendenz: »Was ihr für einen meiner geringsten Brüder getan habt, das habt ihr mir getan« (Mt 25,14). Diese und andere Jesusworte waren die Referenz für einen, vielleicht sogar den wichtigsten Gedanken des Christentums: Gott realisiert sich gerade und vor allem im Verhältnis zum Mitmenschen. *»Fratelli tutti«* (»Alle sind Brüder«) und – so schob der Vatikan rasch nach – natürlich seien die Schwestern auch gemeint. Die von Papst Franziskus 2020 veröffentlichte Sozialenzyklika ist nur ein und das aktuellste Beispiel dafür, wie grundlegend dieser Gedanke das Christentum bis heute prägt.

Wer die Verbindung von Gottes- und Nächstenliebe als Zentrum des christlichen Glaubens sieht, erkennt rasch, dass der Missbrauchsskandal die katholische Kirche bis ins Mark trifft. Ein erwachsener Mensch, der ein ihm anbefohlenes Kind zur Befriedigung seiner eigenen sexuellen Bedürfnisse missbraucht, pervertiert jegliche Idee von Nächstenliebe. Die Kirche verliert das Vertrauen, ja viel mehr noch, sie »verliert in den Augen vieler Menschen sogar ihre Daseinsberechtigung, weil sie das Gegenteil von dem tut, wofür sie da ist. Für das Heil der Menschen zu arbeiten und damit Gottes Liebe sichtbar werden zu lassen.«[7]

In vielen Verbrechen und Skandalen, die mit der Kirche verbunden sind und von ihr ausgingen, stand immer wieder die Auseinandersetzung mit Menschen, die nicht zur Religionsgemeinschaft gehörten oder sonst wie als »anders« markiert wurden, im Zentrum: Ungläubige, Andersgläubige oder auch Menschen, die man wegen anderer Eigenschaften wie ihrer ethnischen Herkunft, sexuellen Orientierung oder wegen politischer Differenzen als anders und damit als potenziell nicht schützenswert qualifizierte. Aus dieser Konstellation heraus konnte man viele Taten wie Mord, Totschlag und andere Verbrechen rechtfertigen. Selbst der Kriegsfall, in dem katholische Priester auf beiden gegnerischen Seiten Waffen segneten, verblieb in dieser Logik der Differenz.

    Bei sexuellem Missbrauch hingegen kehrte und kehrt sich dieses Verhältnis um, wie die Aussage eines Betroffenen belegt: »Immer wieder habe ich mir die Frage gestellt, was den Missbrauch in meinem eigenen Leben möglich gemacht hat, und immer wieder komme ich auf die eine Antwort: Ich war katholisch!«[8] Nicht obwohl, sondern weil sie katholisch waren, wurden Menschen zu Betroffenen. Der qualitative Unterschied zu früheren Verbrechen und Skandalen liegt darin, dass in diesem Fall Priester ihre besondere Stellung gegenüber ihnen anvertrauten oder gefügig gemachten Gläubigen ausnutzten: Die Täter traten als Personifikationen und Vermittler der Gottesliebe auf, lenkten die verehrende Haltung der betroffenen Gläubigen auf sich und nutzten diese, um sich selbst sexuelle Befriedigung zu verschaffen und Macht auszuüben.

Ohne Zweifel stand die katholische Kirche auch in vielen anderen Fragen massiv in der Kritik: im Umgang mit Schwangerschaftsabbrüchen, im Verhalten gegenüber homosexuellen Paaren und vielem mehr. In all diesen Fragen aber reklamierte sie wie auch einzelne ihrer Protagonistinnen und Protagonisten für sich, in der Verkündigung des Wortes Gottes und damit *in persona Christi* zu handeln. Wie schräg oder falsch auch immer die dafür angeführten Argumente waren, gab es den prinzipiellen Versuch, die jeweils spezielle Position in die transzendent begründete Weltsicht zu integrieren – diese Begründungsschleife versagt nun in der aktuellen Debatte: Der Kindesmissbrauch konnte und kann nicht Willen Gottes sein, dafür wird sich kein Argument erdenken lassen. Das gilt insbesondere für die Figur des »guten Hirten«: »Radikaler als durch Kindesmissbrauch kann man also das Versprechen, sein Leben Christus zu weihen, nicht verhöhnen«, so die sozialpädagogisch Forschenden Lotte Rose und Michael Behnisch.[9]

Priester – Sakramente – Kirchenverständnis

Sexualisierte Gewalt zielt auch deshalb in den Kern des Selbstverständnisses der katholischen Religionsgemeinschaft, da sich in dieser Kirche ein besonderes Setting herausgebildet hat, das bis heute das Selbstverständnis und die pastorale Praxis prägt: Anders als die Kirchen der Reformation, bei denen das Wort und dessen Verkündigung im Mittelpunkt steht, basiert die katholische Kirche auf einer Theologie und einer Pastoral der Sakramente. Sakramente sind im weitesten Sinne Heilszeichen: Nicht allein die Taufe, die Firmung, die Eucharistie, die Beichte, die Krankensalbung und die Ehe, sondern die Kirche selbst wird verstanden als Sakrament, in dem sich Gott den Menschen vermittelt. Es sind diese sakralen Handlungen, die die Einzelne und den Einzelnen hineinnehmen in das Mysterium Gottes.

Im Zentrum dieser Handlung steht der Priester als derjenige, der die Sakramente spendet. Dazu ist er nach katholischer Auffassung selbst durch ein dreistufiges Weihesakrament berufen. Damit ist er nicht nur Repräsentant der Kirche und Vermittler des Wortes Gottes, sondern er personifiziert dieses.

Die Kirche früherer Jahrhunderte unterschied wohlweislich noch zwischen dem Zelebranten und dessen Tun. Einfach gesprochen: Auch ein geweihter Schurke konnte ein gültiges Sakrament spenden, das Werk wirkte unabhängig von der persönlichen Qualität desjenigen, der es vollzog – dieser mit der lateinischen Formel *ex opere operato* bezeichnete Grundsatz gilt zwar laut katholischer Lehre bis heute, er geriet aber in Auseinandersetzung mit der Moderne immer stärker in den Hintergrund. Insbesondere seit Ende des 18. Jahrhunderts avancierte der Priester parallel zu einer beispiellosen Aufwertung des Papsttums zu einer Zentralrolle im Katholischen: Er stand nicht nur der Gemeinde vor, sondern war wegen seiner Weihe *homo dei* (Mann Gottes). Er war das Gesicht der Kirche vor Ort und verkörperte aus dieser Autorität Jesus Christus auf Erden. Der Priester verkündete und verkörperte dessen Worte.

Auch wenn »nur« ein kleiner, aber durchaus gewichtiger Teil des Klerus beschuldigt wurde, sexuellen Missbrauch verübt zu haben, ist damit der Nimbus des ganzen Standes zerstört. Aus der Sozialfigur des »Hirten« und »Hochwürden«, wie sie bis in die 1950er-Jahre prägend war, wurde in der öffentlichen Wahrnehmung nicht nur ein tendenziell überforderter Seelsorger, der seinen »Schäfchen« immer öfter vergeblich hinterherlief. Zudem wandelte sich die Rolle des Priesters in der öffentlichen Wahrnehmung vom *homo dei* zum sexuell verkümmerten Mann, der die Folgen seiner Ehelosigkeit und Sexualabstinenz nicht in den Griff bekam – und die bei einem kleinen Teil der Priesterschaft dazu führten, sexualisierte Gewalt gegen Kinder und Schutzbefohlene auszuüben. Damit ist nicht nur der Stand der Kleriker infrage gestellt, sondern es steht die Sakralität der Organisation insgesamt in Frage. Wie die »Ursünde« in vielen Jahrhunderten in der Theologie als Ausgangspunkt für ein hoch differenziertes System aus Schuld, Buße, Strafe und Vergebung entwickelt wurde, so hat sexueller Missbrauch das Potenzial, diese Weltdeutung und dieses theologische System von Grund auf zur Disposition zu stellen.

Das Gros der Missbrauchstaten, über die wir heute diskutieren, liegt zeitlich weit zurück und ereignete sich zwischen den 1960er- und 1990er-Jahren. Erst viele Jahre und zum Teil Jahrzehnte später war es Betroffenen möglich, diese öffentlich und auf diese Weise die Verbrechen als einen Skandal erkennbar zu machen. Dies hängt mit der besonderen Situation der katholischen Kirche insgesamt zusammen: Wo die Macht bröckelt und der Einfluss schwindet, lassen sich Verbrechen leichter öffentlich anprangern. Sexualisierte Gewalt und Missbrauch hängen unmittelbar zusammen mit Machtstrukturen, Rollen- und Ämterverteilung und der spezifischen Sexualmoral in der Religionsgemeinschaft.

Zudem trifft die Diskussion auf eine innerkirchlich hoch konfliktive Situation: Zölibat, Empfängnisverhütung, Frauenordination, Autoritäts- und Machtstrukturen – viele der Punkte, die bislang vor allem als Gegenstände der kirchenpolitischen Fehde zwischen »linken« und »rechten« Katholikinnen und Katholiken diskutiert wurden, gewinnen eine völlig neue Qualität. Sie sind nicht mehr nur Streitpunkte in der innerkirchlichen Auseinandersetzung, sondern zielen auf die Bereiche, in denen die Kirche sich unter öffentlichem Druck um ihrer Glaubwürdigkeit willen und damit ihrer selbst wegen verändern muss, um zukünftig Missbrauch zu verhindern und die Kultur des Vertuschens durch einen transparenten und präventiven Umgang mit diesen Verbrechen abzulösen.

Das Bewusstsein dafür, dass die Hirten schuldig geworden sind, ist auch in der Kirchenhierarchie angekommen. Als Vorsitzender der Deutschen Bischofskonferenz hat der Oberhirte Georg Bätzing im September 2021 laut Medienberichten seine Amtskollegen zum »Mut der Umkehr« aufgefordert: Die Bischöfe selbst hätten erheblich dazu beigetragen, dass die Botschaft des Evangeliums nicht mehr verstanden werde. Das bisherige Auftreten der Bischöfe führe dazu, dass »Menschen in einer freiheitlichen Gesellschaft das Erlösungsangebot der Kirche als anmaßend und übergriffig und angesichts des Missbrauchsskandals als obsolet« zurückweisen.[10] Dass seine radikale Selbstkritik im Reigen der Bischöfe auch auf lautstarke Gegner trifft, die sich energisch gegen Reformen aussprechen, unterstreicht, wie verfahren die innerkirchliche Situation momentan ist.

In dieser Situation will das vorliegende Buch einen Beitrag leisten, der die Diskussion dadurch weiterbringt, dass es sie weiter zuspitzt: Um die Dimension und die Folgen sexuellen Missbrauchs an Minderjährigen und Schutzbefohlenen, aber auch sexueller und sexualisierter Gewalt darüber hinaus erfassen zu können, gilt es, den Missbrauch nicht als Tagesgeschehen abzutun, sondern in der *longue durée* der Geschichte der katholischen Kirche wie auch in ihren aktuellen Strukturen, ihrem Selbstverständnis und in ihrer pastoralen Praxis zu verorten. Wer mit dem Blick in die Vergangenheit herleitet, was seit 2010 öffentlich diskutiert wird, der kann leicht erkennen, dass Missbrauch weder als eine Momentaufnahme noch allein als eine Tat einer kleinen, sich verfehlenden Minderheit abgetan werden kann.

Stattdessen zeigt sich, dass das Potenzial dazu, Missbrauch zu begehen, diese Verbrechen in die religiöse Sphäre einzubinden, die Pasto-

ralmacht als Voraussetzung für den Übergriff zu nutzen wie auch die
Taten zu vertuschen, in vielen Entwicklungen der jüngsten und weiter zurückliegenden Vergangenheit angelegt ist. Missbrauch war und
ist keine Störung am Rande oder gar von außen, derer man sich leicht
entledigen könnte, beispielsweise durch Prävention, Überwachungs-
maßnahmen und Strafverschärfung. Missbrauch und das Potenzial
dazu sind im Katholischen und seiner jetzigen Sozialgestalt tief verankert – theologisch, politisch und praktisch-pastoral.

Eine Konfrontation mit der eigenen fremden Welt

Dieses Buch ist bei Weitem nicht die erste Publikation zu sexuellem
Missbrauch in der katholischen Kirche, im Gegenteil: In einer Reihe
von Veröffentlichungen ist dieses Thema bereits aufgegriffen worden.
Neben Betroffenenberichten sind es vor allem wissenschaftliche Studien aus dem Bereich der Medizin, der Psychotherapie, aber auch der
Kriminalistik und der Theologie, die dazu wertvolle und wichtige
Einsichten liefern. Das vorliegende Buch wertet diese Studien ebenso
wie Berichte von Betroffenen und eigene Quellenarbeit aus. Es verdichtet diese zusammen mit eigenen empirischen Forschungen zu
einem Gesamtbild, welches das Ausmaß, die Entwicklung und Dynamik wie auch die Folgen sexuellen Missbrauchs ausleuchtet und in
ihren Konsequenzen diskutiert.

Obwohl damit zentrale Elemente des kirchlich-katholischen Lebens
aufgegriffen werden – die Sakramente, das Priesterbild, die Rolle der
Laien, die Sexualmoral –, ist dieses Buch keine kirchenpolitische
Streitschrift. Dazu gibt es klügere, tiefergreifende und weitsichti-
gere Studien von Autorinnen und Autoren, die selbst aktiv in die
Strukturen des Katholischen involviert sind und dort Politik machen: Spätestens seit dem Zweiten Vatikanum entwickelte sich ein
ganzer Reigen von kirchenreformerischen Ansätzen. Von der links-
katholisch-alternativ getragenen und vom Selbstverständnis her öku-

menisch ausgerichteten »Kirche von unten« über rechtskatholische Zusammenschlüsse wie den *Opus Dei* oder die *Legio Mariae* bis hin zur Initiative »Maria 2.0« und dem im Jahr 2019 amtskirchlich angestoßenen Synodalen Weg sind es hoch unterschiedliche Gruppen, die mit unterschiedlichen Ausrichtungen und Methoden daran arbeiten, die Kirche nach ihren jeweils für wichtig erachteten Gesichtspunkten zu verbessern. Die in diesem Buch formulierten Gedanken schließen daran nicht an. Sie argumentieren weder aktuell-kirchenpolitisch noch theologisch-reformerisch.

Stattdessen ist es ein zeithistorisches Buch, welches eine aktuelle Problemlage – den Zustand der katholischen Kirche, den sexuellen Missbrauch von Schutzbefohlenen wie den Umgang mit diesen Verbrechen in Kirche und Gesellschaft – aus den Dispositionen der Vergangenheit und der Gegenwart herleitet. Diese Studie analysiert die Entwicklungen, indem sie die Religionsgemeinschaft von innen heraus zu verstehen sucht, ihre selbst gesetzten Maßstäbe rekonstruiert und sie an ihren Praktiken misst. Sie fragt nach den jeweils zeitgenössischen Reaktionen von Gesellschaft und Politik – und wie diese aus der bundesrepublikanisch eigentümlichen Verbindung von Kirche und Staat das ihre zur Dynamik beigetragen haben. Das Versagen Einzelner wie auch das Institutionenversagen wird aus den historischen Entwicklungen nicht unmittelbar erklärt (und erst recht nicht entschuldigt), wohl aber plausibel gemacht und auf die Strukturen zurückgeführt, die es ermöglichten und begünstigten. Damit werden zugleich auch die Risikofaktoren herausgearbeitet, aufgrund derer sexueller Missbrauch in kirchlichen Strukturen ebenso möglich wurde wie die jahrzehntelange Vertuschung. Die Vorgänge werden in größere historische Entwicklungen eingeordnet, von verschiedenen Hintergründen aus bewertet und in ihren möglichen Folgen beschrieben. All das geschieht dem Anspruch nach *sine ira et studio* (ohne Zorn und Eifer). So entspricht es dem wissenschaftlichen Duktus der Zeitgeschichte, die die wissenschaftliche Heimatdisziplin des Autors ist.

Trotz oder gerade wegen meines eigenen wissenschaftlichen Anspruchs will ich aber als Autor meine eigene Involviertheit nicht
verbergen. Für mich waren die Recherche und das Schreiben dieses
Buches eine Konfrontation mit der eigenen fremden Welt: Ich bin
selbst als christlich getaufter und katholisch sozialisierter Mensch aufgewachsen. Als Historiker habe ich mich auch forschend mit religiöser Zeitgeschichte beschäftigt.

Dennoch ist mir das Thema sexuellen Missbrauchs und dessen Di-
mensionen erst spät bewusst geworden. Persönlich ist mir das Thema
vor meiner wissenschaftlichen Beschäftigung damit nicht begegnet.
Umso überraschender hat meine eigene religiöse Welt auf ebenso
erschreckende wie schmerzhafte Weise eine Doppelbödigkeit einge-
zogen bekommen, die mich zutiefst ratlos und in mancher Hinsicht
religiös unbeheimatet zurücklässt. In diesem Sinne ist dieses Buch
nicht zuletzt in der Hoffnung darauf geschrieben, damit für heute
und für morgen Anstöße zu geben. Wie sich der Anspruch, *sine ira
et studio* zu schreiben, damit verträgt – das Urteil darüber muss den
Leserinnen und Lesern überlassen bleiben.

SEXUELLER MISSBRAUCH UND DIE GRENZEN DES SAGBAREN

»Katholische Nadelstiche gegen Nazis« – unter dieser Überschrift veröffentlichte die in Oldenburg i. O. erscheinende *Nordwest-Zeitung*
am 21. Januar 2021 einen Artikel über den ehemaligen Kaplan Georg
Meyer in Markhausen. Darin berichtete der zuständige Lokalredak-
teur, wie sich der später über viele Jahrzehnte in der Gemeinde tätige,
1970 verstorbene Geistliche in seinen jungen Jahren gegen örtliche
Nationalsozialisten gestemmt hatte. Sein mutiges Verhalten brachte
ihm posthum sogar eine Straßenwidmung in der nahegelegenen Bau-
ernschaft Sedelsberg ein – die »Kaplan-Meyer-Straße«. So weit, so
gewöhnlich: Im oldenburgischen Münsterland als Wirkungskreis des
Kardinals Graf von Galen gehören derartige Verweise bis heute zum
immer wieder aktualisierten Traditionsbestand des Katholizismus.

Aber diesmal war doch etwas anders. Das Geschriebene traf nämlich
nicht nur auf die sonst übliche selbstbestätigende, wohlwollend-desin-
teressierte Kenntnisnahme. Ein Satz hatte einen Leser so tief bewegt,
dass er weder den Bericht noch die Ehrung unkommentiert lassen
wollte: Gelobt worden war der Geistliche unter anderem dafür, dass er
»durch besondere Methoden die Jugendlichen zu sich herübergezogen

hatte«. Genau diese Bemerkung, so der anonym bleibende Leser, »lässt alles in mir hochkommen.« Als Kind habe Meyer ihn mehrmals sexuell missbraucht. Der Geistliche habe ihn in die Sakristei gedrängt, an sich gedrückt und versucht, ihm seine Zunge in den Mund zu schieben. Er selbst habe weitergehende Berührungen vermeiden können, aber »von anderen Jungs wurde mir erzählt, dass es bei den Messdienern in der Sakristei zu schweren sexuellen Übergriffen gekommen ist.«[1]

Die nach diesem Leserbrief einsetzende Entwicklung zeigt vor allem eines: Im Ort waren diese und andere Vorfälle weithin bekannt. Meyer hatte zwar seinerzeit die Jungen zur Verschwiegenheit verpflichtet; auch deshalb trauten sich die Betroffenen selbst nicht oder nur im kleinsten Kreis, über das ihnen angetane Leid zu sprechen. Trotzdem wussten viele über den Kreis der Betroffenen hinaus, dass Meyer über viele Jahre Jungen aus dem Kreis der Messdiener missbraucht hatte. In der Gemeinde erzählt man sich heute, dass insbesondere die Dorfeliten ihre Söhne zum Schutz vom Ministrantendienst ferngehalten hätten. Abgesehen davon aber schwieg man und ließ den übergriffigen Geistlichen gewähren. Die eng gezogenen Grenzen des Sagbaren und seine Machtstellung im Gemeinde- und Sozialgefüge sollten ihn noch über Jahrzehnte schützen.

Erst die Reaktionen auf die Enthüllungen und Berichte in der Presse am Anfang des Jahres brachen das kollektive Schweigen – und das mehr als ein halbes Jahrhundert nach den Taten. In der neu entstandenen Öffentlichkeit wurde publik, dass sich bereits 2010 ein anderer Betroffener beim Bistum Münster gemeldet hatte. In einem Verfahren zur Anerkennung seines Leids war ihm ein Geldbetrag zugesprochen worden – ein Hinweis darauf, dass die Verantwortlichen des Bistums Münsters die Aussagen des Mannes als glaubhaft einstuften. Im Februar und März 2021 meldeten sich dann im Münsteraner Forschungsprojekt zur Aufarbeitung des Missbrauchs im Bistum Münster weitere Betroffene. Die aussagekräftigen und glaubwürdigen Zeugnisse deuten aktuell auf mindestens sieben Personen hin, die eigenen

Angaben zufolge oder gemäß Hinweisen von Familienangehörigen durch Kaplan Meyer sexuell missbraucht worden waren. Die Taten erstreckten sich über die Jahre 1954 bis 1968. Im Einzelnen missbrauchte er seine Opfer über Zeiträume zwischen einem und fünf Jahren. Auch wenn all diese Angaben letztlich keinen juristischen Schuldspruch ersetzen, so verdichten sie sich bis hin zur Gewissheit. Die über viele Jahrzehnte massiven Grenzen des Sagbaren waren offenbar innerhalb weniger Wochen gefallen. Die Kirchengemeinde und örtliche Kommune sind fortan alarmiert, stellen sich doch Fragen nach der Verantwortung und der Schuld weit über den Geistlichen hinaus. Wie soll sich das Zusammenleben jetzt und in Zukunft gestalten? Im März 2021 beschlossen Lokalpolitikerinnen und -politiker die Umbenennung des nach dem mutmaßlichen Missbrauchstäter benannten Weges: Die »Kaplan-Meyer-Straße« heißt seitdem »Zur Sporthalle«.[2]

In seinem spezifischen lokalen Kontext ist der Fall Meyer sicher besonders – und steht dennoch in einer Reihe von vielen, mittlerweile auch dokumentierten und veröffentlichten Beispielen. Exemplarisch soll ein weiteres Vorkommnis kurz skizziert werden, um die erstaunlichen Parallelen zu dokumentieren: Der Geistliche Bernhard Janzen wurde ein halbes Jahr vor seinem Tod 1972 mit einer Ehrenbürgerschaft ausgezeichnet, als Dank für seine Verdienste um den Schulausbau, die Klinikgründung und den sozialen Wohnungsbau in der ländlichen Gemeinde. Im Herbst 1994 sollte die Haupt- und Realschule im niedersächsischen Neuenkirchen nach dem langjährigen Pfarrer benannt werden.

Genau zu diesem Anlass machte Bernd Theilmann öffentlich, dass er als Kind von Janzen sexuell missbraucht worden war. »Wenn Du einem davon erzählst, dann tritt der Satan zwischen uns!«, so hatte der Pfarrer damals Theilmann gegenüber gedroht. Wer die Auswüchse katholischer Strafpastoral kennt, der wird ermessen können, welche Wucht ein solcher Satz gegenüber einem kleinen Jungen entfalten kann. »Wie er das sagte: ›Der Satan‹ …«[3] Theilmann jedenfalls schüttelt es noch heute durch, wenn er daran zurückdenkt. »Theilmann zischt das S, es klingt wie bei einer Schlange«.[4]

Jahrzehnte später brach er nun sein Schweigen, erzählte seinen Eltern erstmals vom Geschehen im Pfarrbüro und informierte im zweiten Schritt den Bürgermeister. Dieser wiederum sprach den örtlichen Pfarrer an. Es passierte – nichts. Der Gemeinderat, der bei seiner Entscheidung über die Vorwürfe nicht informiert war, stimmte mit großer Mehrheit dafür, die Schule nach dem Ehrenbürger Janzen zu benennen. Theilmann akzeptierte das erneute Schweigen nicht, ging an die Presse. Auch in diesem Fall diskutierte die örtliche Politik – allerdings nicht über den Missbrauch an sich, sondern über das Agieren des Bürgermeisters. Warum hatte er nicht die politischen Gremien informiert? Der Gemeindeobere verteidigte sich mit dem Hinweis, dass es sich um einen »diffusen und vor allem nicht nachvollziehbaren Vorwurf« gehandelt habe.[5] Andere, die sich an der öffentlichen Debatte beteiligten, beschimpften nun die Opfer: »Sind sich die jungen Männer dessen bewußt, was sie ihrer Heimatgemeinde angetan haben?«, fragte in einem Leserbrief ein Ehepaar, welches vorgab, »im Namen vieler« zu sprechen. Erst 2010 stellte eine Kommission von Fachleuten aus Wissenschaft, Justiz und Verwaltung »mit moralischer Gewissheit« fest, dass »Pfr. Bernhard Janzen Kinder, Jugendliche und junge Erwachsene sexuell missbraucht hat.«[6]

Die Grenzen des Sagbaren – das machen diese beiden wie auch viele ähnlich gelagerte Fälle deutlich – waren bis in die 1990er-Jahre und auch darüber hinaus eng gezogen.[7] Thematisiert wurde Missbrauch allenfalls in Andeutungen. »Zu dem geh lieber nicht allein«, so hatten sich beispielsweise die Jugendlichen auf dem Spielplatz gegenseitig vor Pfarrer Janzen gewarnt.[8] »Jetzt ist der schwule Bock endlich weg«, tönte es auf dem Schulhof nach der Versetzung des Pfarrers Helmut Behrens, der in Neuscharrel zahlreiche Kinder missbraucht hatte.[9] »Messdienerwitze« über Geistliche und deren sexuelle »Vorlieben« machten die Runde zusätzlich zu den schon gängigen Zoten über Pfarrer mit ihren

Haushälterinnen. Unabhängig von ihrem jeweiligen ästhetischen Wert funktionieren Witze dieser Art laut Sigmund Freud subversiv wie auch entlastend als »ersparter Hemmungsaufwand«: Gerade diese Form des Humors ermöglichte es, das aufzugreifen, was zu sagen eigentlich nicht erlaubt oder zumindest nicht opportun war und ist.

Die große Mehrzahl der heute diskutierten Fälle sexuellen Missbrauchs ereignete sich zwischen den Jahren 1950 und 1990, öffentlich bekannt und angeprangert wurden sie erst viele Jahre später. Oftmals dauerte das Schweigen der Betroffenen mehr als 25 Jahre.[10] Allein diese Zahl macht deutlich, wie viel Mutes es vonseiten Betroffener bedurfte, um Missbrauchs- und Gewalttaten öffentlich zu machen und damit zum Skandal werden zu lassen. Sie zeigt auch, wie wichtig es ist, eine klare Vorstellung davon zu gewinnen, was sexueller Missbrauch ist und wie darüber zu sprechen ist: Was sexueller Missbrauch ist, was wir wissen und wo die Grenzen unserer Kenntnisse aktuell verlaufen – diese und andere Fragen dienen dazu, das Phänomen zu beschreiben, zu systematisieren und damit so umfassend wie möglich darüber aufzuklären – und vielleicht auf diese Weise auch einen Beitrag zur Prävention zu leisten.

Was ist sexueller Missbrauch?

Bevor es in die alltagsweltlichen, aber auch juristischen Differenzierungen geht, ist eine Vorbemerkung vonnöten: Wenn im Folgenden genau ausdifferenziert wird, was unter sexuellem Missbrauch zu verstehen ist, dann hat das seinen »Sitz im Leben« in der fachlichen, kriminalistischen und juristischen Diskussion, weniger aber in den konkreten Tatvorgängen und im Umgang damit. In laufenden Forschungsprojekten haben Kolleginnen, Kollegen und ich viele hundert Missbrauchsfälle und die sich daran anschließenden Kommunikationen untersucht, selbst mit Missbrauchsbetroffenen und Verantwortungsträgern im System, gelegentlich auch mit Tätern gesprochen. In den wenigsten Fällen standen Definitionsfragen im Vordergrund, im Gegenteil: Oftmals war allen Beteiligten, den Betroffenen, den beobachtenden *Bystanders*, selbst den Tätern mindestens intuitiv, meist aber ganz klar und offen bewusst, dass es sich bei den entsprechenden Handlungen um Grenzverletzungen, schwerwiegende Übergriffe wie auch Verbrechen handelte.

Dementsprechend spielten auch Phänomene wie die Falschverdächtigung oder der Straftatbestand der üblen Nachrede oder Verleumdung in der Praxis der Aufdeckung von Missbrauch eine weniger große Rolle, als es die Diskussion darum erwarten ließe. In den jeweils zeitgenössischen Auseinandersetzungen tauchte dieses Argument gelegentlich als Element in der Strategie der Täter auf, um zu verhindern, dass Betroffene oder Dritte über den Missbrauch sprachen. Meist fiel die so errichtete Drohkulisse rasch in sich zusammen. »Eine Anzeige [von sexuellem Missbrauch] bei Strafverfolgungsbehörden ist immer rechtmäßig – außer im Fall von Falschangaben oder der Verdächtigung ›ins Blaue hinein‹«, so konstatierte der Unabhängige Beauftragte für Fragen des sexuellen Kindesmissbrauchs.[11] Allgemein gilt: Es gibt einen hohen Grad von geteiltem und anerkanntem Wissen darüber, wo Grenzverletzungen stattfinden und was sexueller Missbrauch ist. Die öffentliche Sensibilität für das Thema ist hoch. In den etablierten Standardwerken gibt es detaillierte Überlegungen und auch praktische Anleitungen dazu, wie mit Verdachtsfällen umzugehen ist. Hinter Unwissen oder Naivität kann sich heute niemand mehr verstecken.[12]

Wie über Missbrauch sprechen?

Nicht allein für den juristischen Umgang mit dem Missbrauch, sondern auch für die wissenschaftliche Aufarbeitung ist die Frage unabdingbar, was sexueller Missbrauch ist und wie wir darüber sprechen. Ganz basal zunächst: Wie ist zu benennen, um was es geht? In diesem

Buch wird die Bezeichnung »sexueller Missbrauch« verwendet, wenn auch nicht ausschließlich. »Sexueller Missbrauch« hat sich im öffentlichen Sprachgebrauch breit eingebürgert, wird in der öffentlichen Debatte ebenso wie in vielen Aufarbeitungszusammenhängen verwendet. So nutzen beispielsweise auch die deutschsprachigen Versionen offizieller Dokumente wie die Kinderrechtskonvention der *Vereinten Nationen* diese Bezeichnung. Auch offizielle Funktionsträger wie die Unabhängige Beauftragte für Fragen des sexuellen Kindermissbrauchs schließen sich dem an. Insbesondere mit Blick auf und in den Kirchen selbst ist überall die Rede von »Missbrauch«. Zu dieser Diskussion will das vorliegende Buch beitragen, daher wird der Begriff auch hier verwendet.

Kritisiert wird der Begriff »sexueller Missbrauch« oft deswegen, weil er suggerieren könnte, dass es auch einen »richtigen« sexuellen Gebrauch von Kindern gäbe: Wird hier nur im Einzelfall falsch »gebraucht«, was ansonsten auch richtig sein könnte? Wer auf die ursprüngliche Bedeutung des Wortes Missbrauch zurückgeht, unterliegt diesem falschen Verständnis nicht: Die lateinische Ursprungsvokabel *disperditio* verweist auf Verderbnis, nicht auf die moderne und heute gebräuchliche Bedeutung von »Gebrauch«. Auch im öffentlichen Diskurs ist weitgehend unbestritten, dass es einen »legitimen« sexuellen »Gebrauch« von Kindern nicht gibt, vom »Missbrauchsbegriff [wird das] auch nicht logisch notwendig impliziert.«[13]

Hinzu kommt, dass der Begriff des »sexuellen Missbrauchs« dabei hilft, spezifisch katholische oder auch in anderen Religionsgemeinschaften zu beobachtende Charakteristika von Verbrechen zu bezeichnen: Missbrauch in kirchlichen Kontexten, die Täter-Opfer-Konstellationen wie auch die Tatverläufe sind in den meisten Fällen nicht von direkter physischer Gewalt geprägt. Die Täter bauen Konsensfassaden auf oder machen Betroffene oft mit spirituellen, finanziellen oder auch strukturellen Machtmitteln gefügig. Das hat zur Folge, dass manche Betroffene selbst in ihrer kindlichen oder

jugendlichen Überwältigung von einer »Beziehung auf Augenhöhe«
oder einer »besonderen, womöglich gottgefälligen Liebesbeziehung«
ausgehen.[14] Das Ausbleiben von physischer Gewalt macht die Übergriffe nicht weniger dramatisch, im Gegenteil: Nicht den Verbrecher
von außen, sondern den vertrauten Geistlichen müssen die Kinder
und Erwachsenen als Täter in die Deutung ihres eigenen Lebens
integrieren. »Mitunter hat gerade die ›freundliche‹ Einkleidung der
Übergriffe besonders nachhaltige Traumatisierungen zur Folge«,[15]
schreibt eine Betroffene.

Dennoch ist es sinnvoll, immer wieder auch die Gewaltseite zu betonen, die mit dem Missbrauch verbunden ist. In der Forschung wie
auch in der Öffentlichkeit geschieht dies immer häufiger durch die
Bezeichnungen »sexuelle Gewalt« oder »sexualisierte Gewalt«. Der
Gesetzgeber selbst hat den Sprachgebrauch gewechselt und die Bezeichnung »sexueller Missbrauch« ersetzt durch die Formulierung
»sexualisierte Gewalt gegen Kinder«. Auf diese Weise gelinge es, so
verkündet es die Website des Bundesjustizministeriums, »das Unrecht der Taten klarer zu beschreiben«.[16]
    Wissenschaftlich sind beide Begriffe – sexuelle Gewalt und sexua-
lisierte Gewalt – noch einmal zu differenzieren: Bei sexueller Gewalt
geht es »um sexuelle Interessen, die auf eine (nicht immer offenkundig) gewalttätige Weise durchgesetzt werden«[17]. Bezeichnet werden
also Taten, bei denen sexuelle Interessen gegen den Willen der oder
des Betroffenen durchgesetzt werden sollen, das Motiv des Handelns
ist sexueller Natur. Bei »sexualisierter Gewalt (handelt es sich) um
Gewalt (*violence*), die sich sexueller Mittel bedient.«[18] Hier geht es
also um sehr unterschiedliche Intentionen, die über eine sexuelle Ge-
walthandlung erreicht werden sollen.
    Auch in diesem Buch wird der Begriff »sexualisierte Gewalt« ver-
wendet, um den Machtmissbrauch und den damit verbundenen Ge-
waltfaktor zu bezeichnen. Dennoch ist es wichtig zu berücksichtigen,
dass körperliche Gewalt nur einen kleinen Teil der Missbrauchsfälle

kennzeichnet. Grundlegend ist es nicht die Ausübung von physischer Gewalt, die sexuellen Missbrauch konstituiert. Stattdessen ist es die Verletzung des sexuellen Selbstbestimmungsrechts, welches die Grenze zwischen akzeptablen und nicht akzeptablen Handlungen markiert.[19]

Um sprachliche Sensibilität bemüht sich das Buch auch mit Blick auf die Betroffenen von sexualisierter Gewalt: Oft wird von »Opfern« gesprochen – ein Begriff, der auf den Punkt bringt, dass die Leidtragenden selber keine Verantwortung und keinerlei Schuld tragen, sondern ihnen von körperlich, psychisch, vom Alter und von der Machtstellung her überlegenen Tätern Gewalt angetan wurde. Unangemessen ist der Begriff dann, wenn er aus der Perspektive der Kinder und Jugendlichen und heute meist Erwachsenen gedacht wird: Viele von ihnen sehen sich nicht als Opfer und lehnen die damit verbundene passive Rolle ab. Sie sehen sich nicht als wehrlose, passive und ausgelieferte Menschen. Sie bezeichnen sich selbst als Betroffene, als Erlebende, gelegentlich sogar als Überlebende. Betont wird auf diese Weise die durchaus aktive Rolle, die Betroffene von sexualisierter Gewalt nicht im Tatkontext, wohl aber in ihrer heutigen Position einnehmen. Betroffene wehren sich, fordern aktiv ihre Rechte und Wiedergutmachung ein und sind damit nicht zuletzt die wichtigsten Treiber der Aufarbeitung von Missbrauch wie auch der Verhinderung weiterer Missbrauchstaten.[20]

Juristische Definitionen: Sexueller Missbrauch als Verletzung des sexuellen Selbstbestimmungsrechts

Sexueller Missbrauch – so lässt sich mit dem Glossar der Aufarbeitungskommission des Bundes sagen – ist »jede Handlung, die an Mädchen und Jungen gegen ihren Willen vorgenommen wird oder

der sie aufgrund körperlicher, seelischer, geistiger oder sprachlicher Unterlegenheit nicht wissentlich zustimmen können.«[21] Das zu schützende Rechtsgut ist das der sexuellen Selbstbestimmung. Mit diesem Grundbegriff wird jedem Menschen eingeräumt, einerseits über seine Sexualität selbst zu bestimmen und dabei beispielsweise auch nach eigenen Wünschen sexuelle Handlungen vorzunehmen und andererseits vor nicht gewünschten Sexualhandlungen geschützt zu sein.

Für die positive Seite der Selbstbestimmung, nämlich die Möglichkeit der Ausübung der selbst gewünschten Sexualität, setzt der moderne Staat zunehmend vor allem auf Akzeptanz und Toleranz. Dazu nimmt er vermehrt Verbotsnormen zurück, die frühere Gesetzeswerke geprägt haben, und entkriminalisiert beispielsweise schwule Beziehungen seit der Abschaffung des § 175 StGB im Jahr 1994. Für die negative Seite, den Schutz vor nicht gewünschter Sexualität, definiert der Gesetzgeber Verbote und Abwehrrechte.

Große Bedeutung kommt dabei dem Alter der Kinder zu: Strafrechtlich gilt, dass Kinder und damit Personen unter 14 Jahren sexuellen Handlungen auf Grund ihres Entwicklungsstands prinzipiell nicht zustimmen können, sodass jede derartige Handlung illegal und strafbar ist (§ 176 StGB). Inkludiert sind dabei ausdrücklich auch Handlungen, die Kinder an Tätern oder Dritten vornehmen müssen. Ähnliche Regelungen gelten auch für Menschen, die in ihrer Selbstbestimmung eingeschränkt und damit nicht kompetent sind, einzuwilligen. Selbst dann, wenn ein Kind bis zur Vollendung des 14. Lebensjahres zustimmt oder die sexuellen Handlungen selbst initiiert, missbraucht der Täter oder die Täterin. Ein Kind, so legt der Gesetzgeber fest, verfügt nicht über »sexuelle Selbstbestimmung«, da es selbst noch nicht über ein Konzept von Sexualität verfügt. Daher ist jede behauptete »Einvernehmlichkeit« rechtlich völlig belanglos und sozial ein komplettes Trugbild. »Zwischen der kindlichen Sexualität und der eines Erwachsenen klafft ein unüberwindbarer Abgrund, der nur durch mehr oder weniger erkennbare Gewaltanwendung und Machtausübung überwunden werden kann«.[22]

Eine besondere Schwere der Tat definiert der Gesetzgeber dann, wenn es sich um Missbrauch von Schutzbefohlenen handelt (§ 174 StGB). Darunter zählen nicht nur Kinder bis zur Vollendung des 14. Lebensjahres, sondern auch minderjährige Jugendliche, wenn zwischen Tätern und Betroffenen ein Erziehungs-, Betreuungs-, Ausbildungs-, Dienst- oder Arbeitsverhältnis besteht. Entscheidend dabei ist die Frage des Autoritäts- und Machtgefälles zwischen Tätern und Betroffenen: Es sind Lehrerinnen und Pfarrer, Kindergärtnerinnen und Pädagogen, Väter und Mütter wie auch andere *Care Giver*, die dem Kind sexuelle Gewalt antun können, weil es ihnen unterlegen ist und – so wichtig für die Beurteilung der Auswirkung des Missbrauchs – ihnen zugleich nahesteht, in vielen Fällen sogar positiv verbunden ist. Täterinnen und Täter nutzen dabei die jeweils eigene Macht- und Autoritätsposition aus, um eigene Bedürfnisse auf Kosten von Kindern zu befriedigen. Deshalb sind sexuelle Handlungen an Kindern oder Jugendlichen, wenn sie von Personen ausgehen, die in einem besonderen Fürsorgeverhältnis zu ihnen stehen und die sich aus diesem Obhutsverhältnis ergebende Abhängigkeit ausnutzen, mit besonderen Strafen belegt.

Damit berücksichtigt der Gesetzgeber, dass Missbrauch in diesem Fall nicht nur den körperlichen und/oder seelischen Übergriff meint, sondern zudem auch einen enormen Vertrauensbruch beinhaltet. Dieser muss von der oder dem Betroffenen in das eigene Leben integriert werden. Die Beziehung zwischen Täter und Betroffener oder Betroffenem hat wesentliche Auswirkungen darauf, welche Folgen sexueller Missbrauch nach sich ziehen kann: Welche Folgen sexueller Missbrauch für ein Kind hat, hängt nicht nur von der Schwere eines Übergriffs, sondern auch davon ab, von wem und wie oft dieser verübt wurde. Gelegentlich gelingt es, eine einzelne Missbrauchstat kognitiv abzuspalten, sprich: aus dem eigenen Erinnern auszuklammern. Um die Übergriffe in das eigene positive Bild vom Täter einordnen zu können, werden diese abgespalten. »Der tatsächliche Übergriff wird zum ›Albtraum‹ oder ›Gespenst‹«.[23] Wer aber über lange Zeit – einzelne Fälle erstrecken sich über viele Jahre, manche sogar Jahrzehnte – immer wieder missbraucht wird, die oder der wird an dem Versuch, ihr oder sein eigenes Leben von dieser Erinnerung an Missbrauch und Vertrauensbruch durch eine wichtige Person frei zu halten, mit hoher Wahrscheinlichkeit scheitern. Insbesondere dann, wenn der Missbrauch in einen funktionierenden sozialen Kontext eingebettet ist, kann diese Konstellation hoch belastend sein. Auch das Zahlen von Geld oder das Ausnutzen von Zwangslagen gilt als besonders strafbar.

Was unter den Begriff des Missbrauchs fällt und welche Formen er annehmen kann, hat das US-amerikanische *National Center for Diseases Control and Prevention* erarbeitet und damit auch international Maßstäbe für die Rechtsprechung gesetzt. Die Bandbreite sexueller Handlungen, die Kinder verletzen, ist groß: Grundsätzlich zu unterscheiden ist zwischen *hands on-* und *hands off-*Taten. Neben den verschiedenen Formen von Penetration, zu denen auch Kontakte zwischen Mund und Genitalien oder Anus zählen, sind viele weitere Kontakte wie absichtliche Berührungen kindlicher Geschlechtsorgane oder, umgekehrt, das Verlangen, selbst vom Kind berührt zu werden, dazuzuzählen. Ausgenommen davon sind lediglich Berührungen, die zur Erfüllung von Grundbedürfnissen wie zum Beispiel dem Waschen von Kleinkindern nötig sind. Aber auch andere Formen ohne haptischen Kontakt werden als sexueller Missbrauch gewertet: Wer Kinder zu Pornographie animiert, sie in sexualisierter Art fotografiert, sie verbal sexuell belästigt oder in irgendeiner Form Kinderprostitution Vorschub leistet, macht sich ebenso strafbar wie diejenigen, die vor einem Kind an sich oder an Dritten sexuelle Handlungen vornehmen lassen.

Die Bandbreite von Handlungen, die als sexueller Missbrauch gelten, ist groß und lässt sich nur bedingt abgrenzen von Formen sexueller Grenzüberschreitung. Letztere sind oftmals nicht strafrechtlich sanktioniert, können aber auf Grundlage anderer Gesetze geahndet werden. Dabei gilt generell: »Nicht jede sexuelle Gewalt ist strafbar, aber jede sexuelle Gewalt verletzt Mädchen und Jungen.«[24] Als strafbare Handlungen gelten in der deutschen Rechtsprechung solche, die für das Rechtsgut der sexuellen Selbstbestimmung »von einiger Erheblichkeit« sind (§ 184 StGB). Wie dieser Rechtsbegriff zu verstehen ist, ist nicht fix definiert, sondern folgt jeweils der Rechtsprechung in diesem Bereich. »Damit ist gewährleistet, dass sich die rechtliche Bewertung – wenn auch häufig verzögert – z. B. gesellschaftlichen Entwicklungen anpassen kann« und nicht darauf angewiesen ist, auf langwierige Prozesse der Gesetzgebung zu warten.[25]

An verschiedenen Beispielen lässt sich zeigen, wie sich Gesetze dementsprechend anpassen und juristische Auswirkungen nachvollziehen lassen: In den 1970er-Jahren werteten verschiedene Gerichte das Berühren von Kindern auch unter 14 Jahren oberhalb der Kleidung als »nicht erheblich«. Heute sieht die Rechtsprechung das anders und zieht vor allem den Grad der Sexualisierung der Berührung heran: Die flüchtige Berührung der Brust wird dann je nach Kontext weniger stark gewertet als beispielsweise beischlafähnliche Bewegungen oberhalb der Kleidung, die für die Gerichte eindeutig erheblich die sexuelle Selbstbestimmung verletzen.[26] Eine Veränderung und Innovation in der Rechtsprechung selbst ist das im März 2021 verabschiedete »Gesetz zur Bekämpfung sexualisierter Gewalt« gegen Kinder. Dieses stellt die sexuelle und sexualisierte Gewalt ebenso unter schärfere Strafe wie den Besitz von Pornographie, in der Kinder gezeigt werden. Beide Taten sollen mit einer Mindeststrafe von einem Jahr bestraft werden und wurden somit zu Verbrechen heraufgestuft.[27]

Die Beispiele zeigen, dass Auffassungen davon, was sexueller Missbrauch ist und wie dieser bestraft werden soll, zu einem gewissen Maße zeitabhängig sind. Der Begriff der »sexuellen Selbstbestimmung« beispielsweise ist ein moderner Begriff, der erst 1999 in der »Erklärung der sexuellen Menschenrechte« als Norm etabliert wurde.

Vorher stand dieses Konzept als Orientierungspunkt in dieser Schärfe nicht zur Verfügung. Schon diese wenigen Bemerkungen zeigen, dass die Konzepte von sexueller Selbstbestimmung, von Sexualität und davon abgeleitet von Kinderschutz nicht fix sind, sondern ihrerseits eine Geschichte haben.

Kindeswohl, Kinderschutz und sexueller Missbrauch: Konzepte gestern und heute

Was in einer Gesellschaft unter Begriffen wie »Kind« und »Kindheit« verstanden wird, wie mit Gewalt umgegangen und wie aus der Kombination beider Konzepte »Kindeswohl« verstanden wird – all das ist keine Konstante, sondern unterliegt historischen Entwicklungen. Nur skizzenhaft kann auf die großen Entwicklungen im Konzept »Kind« verwiesen werden: Folgt man der pädagogisch-historischen Forschung, so gelangten erst um die Wende vom 17. zum 18. Jahrhundert minderjährige Menschen als Kinder in den Blick, die nicht mehr allein als kleine Erwachsene betrachtet wurden, sondern die man in ihrer je eigenen Entwicklungsstufe mit eigenen Bedürfnissen und Rechten sah. Im 19. Jahrhundert führte insbesondere die Bildung von Nationalstaaten wie auch der zunehmende Bedarf an Arbeitskräften, aber auch an Soldaten dazu, dass Wissenschaftsdisziplinen – zunächst die Medizin, dann die aufkommende Pädagogik, Psychologie und verwandte Fächer – Kinder in den Fokus ihrer Arbeit rückten, deren eigene Bedürfnisse erkannten und damit auch Voraussetzungen und Bedingungen benannten, mit denen diese Gruppe besonders gut aufwachsen konnte.

Rechtlich schlug sich diese Entwicklung in Deutschland unter anderem darin nieder, dass im Bürgerlichen Gesetzbuch ein »Kindschaftsrecht« geschaffen und das »Kindeswohl« von Staatsseite definiert wurde.[28] Seit Gründung des Deutschen Kaiserreichs steht sexueller

Missbrauch von Personen unter 14 Jahren nach § 176 StGB unter Strafe.[29] 1912 wurden Kindesmisshandlung und -vernachlässigung rechtlich schwerer Körperverletzung gleichgestellt. Dem starken und direkten Zugriff des Nationalsozialismus, der auch die Autonomie der Familie zugunsten des staatlichen Wirkens eingeschränkt hatte, folgte dann in der unmittelbaren Nachkriegszeit eine Rechtsprechung, die zunächst wieder die elterliche Gewalt über das Kind in den Mittelpunkt rückte.

Erst seit Ende der 1960er-Jahre erfolgte in der Rechtsprechung mit dem Sorgerechtsgesetz von 1979 eine echte Kehrtwende: Nicht mehr die Verfügung der Eltern über das Kind, sondern der partnerschaftliche Charakter der Eltern-Kind-Beziehung avancierte zur wichtigen Maxime. Im Familienrecht der 1980er-Jahre wurde dementsprechend im bundesdeutschen Familienrecht der Begriff der »elterlichen Gewalt« durch das Konzept der »elterlichen Sorge« ersetzt und schließlich durch ein im Juli 2000 verabschiedetes Gesetz abgelöst, dem zufolge Kinder ein Recht auf gewaltfreie Erziehung haben. Wie sich das praktisch auswirkte, lässt sich an einem Beispiel zeigen: Im Übergang zu den 1970er-Jahren wurde die Prügelstrafe flächendeckend als Erziehungsmittel an Schulen abgeschafft.

Damit wurde beispielsweise die rückblickend als »schwarze Pädagogik« gebrandmarkte Erziehungspraxis der 1950er- und 1960er-Jahre, die auf Gewalt, Einschüchterung und Erniedrigung setzte, überwunden.

Wie stark die Kirchen in diesen Kontext hineinwirkten, zeigt nicht nur deren teils verhängnisvolles Wirken in der Heimerziehung, sondern auch eine ideelle Facette der Prügelpädagogik: »Wer sein Kind liebt, der züchtigt es« – lange ist dieses vermeintliche Bibelzitat zur Legitimation von Gewalt in der Erziehung herangezogen worden. Heute sind sich auch die konservativen christlichen Erziehungsratgeber einig, dass eine gewalttätige Erziehung Kindern schadet und dass Prügelstrafen gegen Kinder genauso scharf zu verurteilen sind wie körperliche Gewalt gegen Erwachsene. Der Verzicht auf illegitime

Gewalt – in der Erziehung wie im Strafvollzug –, neue Praktiken von
Polizeiarbeit oder der politische und kulturelle Einflussverlust von
Militär und Militärischem – all diese Entwicklungen sind »Etappen
einer allgemeinen Zivilisierung« beim Abbau von Gewalt, die mit
einer erhöhten Aufmerksamkeit für Gewalt und ihre Opfer einherging. Damit unterscheidet sich unsere Gegenwart sowohl von der
rechtlichen Verfassung wie auch in den ideellen Zusammenhängen
gravierend von den Jahrzehnten zuvor.[30]

Dass damit keine lineare Fortschrittsgeschichte vorgezeichnet ist,
lässt sich mit Blick auf die Debatte um Gewalt, Sexualität und Kinder
in den Post-1968er-Jahren zeigen. Im Deutungskampf um Sexualität und Kinderschutz entwickelte sich beides: sowohl eine gesteigerte
Sensibilität für das Anliegen des Kinderschutzes wie auch Ansätze
einer Lobbyarbeit für die Legalisierung von sexuellen Handlungen
Erwachsener an Kindern.

An erster Stelle und für heute prägend ist eine sich ausweitende
und aus der Zivilgesellschaft und vor allem der neuen Frauenbe-
wegung getragene Debatte um Kinderschutz und Kinderrechte zu
nennen. Der Missbrauch an Kindern wurde in der Öffentlichkeit
neu »entdeckt« und zu einem Thema in Gesellschaft und Politik. Insbesondere Vordenkerinnen und Autorinnen aus der feministischen
Bewegung thematisierten die häusliche Gewalt gegen Frauen und
damit auch gegen Kinder. Fragen nach Macht und Täter-Opfer-Be-
ziehungen traten in den Vordergrund. »Die Töchter schweigen nicht
mehr«, so titelte Alice Miller in der populären Illustrierten Brigitte
1982. Die »Väter als Täter«, mit diesem Buchtitel lenkten die Autorinnen Barbara Kavemann und Ingrid Lohstöter 1984 die Aufmerksamkeit darauf, dass die meist männlichen Missbrauchstäter nicht als
ominöse Fremde agierten, sondern aus dem sozialen Nahbereich und
aus der Familie der Betroffenen stammten. Damit steht das Buch
der Soziologin und der Juristin für einen wichtigen Wandel in der
Wissenschaft: Nicht mehr die Figur des »Triebtäters« als Ursache des

Verbrechens stand im Mittelpunkt der Analyse, sondern mit dem Konzept des sexuellen Missbrauchs das soziale Umfeld und dessen Bedingungen.

Ganz praktisch schlugen sich diese Debatten darin nieder, dass beispielsweise 1976 das erste Kinderschutz-Zentrum gegründet wurde, dem viele ähnliche Initiativen wie Beratungsstellen der unabhängigen *Wildwasser*-Vereine ab 1983 folgten.

Parallel entwickelte sich ein Diskurs, der heute kaum noch anschlussfähig ist: Noch in den 1970er-Jahren diskutierten führende Wissenschaftler, Politiker und Intellektuelle öffentlich, ob sexuelle Kontakte zwischen Erwachsenen und Kindern nicht unbedenklich seien und damit legalisiert werden sollten.[31] Befürworter von straffreiem Sex mit Kindern gehörten beispielsweise in der jungen Partei *Die Grünen* nicht zu einer Minderheit, sondern konnten ihre Forderungen in verschiedenen Positionspapieren durchsetzen.

Unterstützt wurden sie dabei von einer Riege bundesdeutscher Juristen, Politiker und Wissenschaftler, die die Pädophilie-Debatte mit auch wissenschaftlich zweifelhaften Argumenten mitbestimmten. Ausgangspunkt dafür waren die Überlegungen des Psychoanalytikers und Sexualforschers Wilhelm Reich und des zeitgenössischen Sozialphilosophen Herbert Marcuse, deren Ideen von der sexuellen Befreiung in der Studierendenbewegung große Resonanz fanden. Die beiden Wissenschaftler interpretierten die Befreiung der kindlichen Sexualität als wichtiges Element der gesellschaftlichen Befreiung von autoritärer Unterdrückung.

Das Stichwort von der »Befreiung«– so die zeitgenössische Selbstbezeichnung – nahm dann die Homophilenbewegung auf: Hatte die Strafrechtsreform von 1969 homosexuelle Kontakte zum Teil legalisiert, so lag die Altersschutzgrenze dafür nach wie vor bei 21 Jahren. Politisch setzte man sich dann für die Herabsetzung des Schutzalters ein. Die radikalsten Forderungen vertrat in diesem Zusammenhang der spätere Professor für Sozialpädagogik, Helmut Kentler:

Er propagierte nicht nur, dass sexuelle Kontakte zwischen Erwachsenen und Kindern unschädlich seien, sondern erklärte diese gleich für förderlich in der Beziehung zwischen Betreuern und Betreuten. Kentler richtete im Rahmen seines »Experiments« in der Kinder- und Jugendhilfe Berlins Pflegestellen ein, in denen schutzbedürftige Kinder und Jugendliche zu pädophilen Betreuungspersonen kamen, die diese missbrauchten.[32]

Nicht nur diese Praxis, sondern auch die entsprechenden politischen Initiativen muten aus heutiger Perspektive hoch befremdlich und falsch an: Wer um die schweren physischen und psychischen Schäden weiß, welche Betroffene von sexueller Gewalt davontragen, kann diese Forderungen nur als problematisch und falsch zurückweisen. Für die zeitgenössischen Debatten aber waren diese Überlegungen durchaus von Belang und sind als Zeitkontext mit zu berücksichtigen. Erst ab Mitte der 1980er-Jahre nahm die Skepsis gegenüber pädophilen Positionen zu, bevor dann nach einer medial öffentlichen Auseinandersetzung im Bundestagswahlkampf 2013 eine klare Distanzierung wie auch eine wissenschaftliche Aufarbeitung erfolgten.[33]

Spätestens seit 2010 sind wir mit einer Sensibilität ausgestattet, die wesentlich auf der nationalen und internationalen Institutionalisierung von Kinderschutz fußt. Bis heute maßgeblich ist die UN-Kinderrechtskonvention aus dem Jahr 1989. In § 34 schreibt sie den Schutz von Kindern vor sexuellen Übergriffen durch Erwachsene fest: »Die Vertragsstaaten verpflichten sich, das Kind vor allen Formen sexueller Ausbeutung und sexuellen Mißbrauchs zu schützen. Zu diesem Zweck treffen die Vertragsstaaten insbesondere alle geeigneten innerstaatlichen, zweiseitigen und mehrseitigen Maßnahmen, um zu verhindern, daß Kinder a) zur Beteiligung an rechtswidrigen sexuellen Handlungen verleitet oder gezwungen werden; b) für die Prostitution oder andere rechtswidrige Praktiken ausgebeutet werden; c) für pornographische Darbietungen und Darstellungen ausgebeutet werden.«[34]

Eindrücklicher formuliert es der Kinderbuchautor Reinhardt Jung, wenn er den vorgestellten Artikel »in die Sprache der Menschen übersetzt, für die diese Konvention gedacht ist«:

»Die Regierungen verpflichten sich, Kinder vor allen Formen des sexuellen Mißbrauchs und der sexuellen Ausbeutung zu schützen. Mit Gesetzen und allen Mitteln soll verhindert werden, daß erwachsene Menschen aus der Zärtlichkeit und Verschmustheit von Kindern ein ekliges Geschäft machen. Kinder dürfen nicht gezwungen werden, mit einem Erwachsenen zu schmusen. Kinder dürfen nicht an erwachsene Ekeltypen vermietet werden, damit sie mit ihnen schmusen. Kinder dürfen nicht in Pornoheften oder Pornofilmen gezeigt werden. Kinder haben ein Recht auf die Unverletzbarkeit eines Schamgefühls.«[35]

INTERNATIONAL UND AUSGREIFEND: QUALITÄT UND CHRONOLOGIE DES SEXUELLEN MISSBRAUCHS IN DER KATHOLISCHEN KIRCHE

»Treue in Christus, Treue des Priesters« – Mitte 2009 erklärte der damalige Papst Benedikt XVI. das darauffolgende Jahr 2010 zum »Jahr des Priesters«. Anlass dazu hatte die katholische Kirche genug, denn zumindest in der westlichen Hemisphäre wurde und wird der klerikale Nachwuchs knapp. Immer weniger junge Männer waren bereit, sich in diese spezielle Karriere hineinzubegeben. Das Gebetsjahr sollte Abhilfe schaffen. Mit großen Zeremonien, bei denen sich bis zu 17.000 Priester zu gemeinsamen Gebeten versammelten, versuchte der römische Demonstrationskatholizismus für sein Anliegen zu werben. »Für das Heil der Welt zum Priester geweiht: welche Freude!« So lautete das Motto von einleitenden Priesterexerzitien, die 2009 unter Leitung des österreichischen Kardinals Christoph Schönborn im französischen Ars stattfanden. Damit versammelte man sich zum 150. Todestag am Geburtsort des Geistlichen Jean-Baptiste Marie Vianney, der 1925 heiliggesprochen worden war und seitdem als Vor- und Leitbild für katholische Priester gilt.

Tatsächlich wurde 2010 über die Berufs- und Statusgruppe der Priester viel gesprochen, wenn auch weniger im Sinne der im Vatikan organisierten geistlichen Übungen und Demonstrationen. Für die katholische Kirche avancierte 2010 zum »Jahr des Missbrauchs«, nicht zum »Jahr des Priesters« – und das in vielen nationalen und weltweiten Zusammenhängen. Die österreichische Bischofskonferenz des Jahres 2019 charakterisierte das Jahr 2010 beispielsweise rückblickend als »einen Perspektivenwechsel und Qualitätssprung im Umgang mit sexuellem Missbrauch«.[1]

Das Jahr 2010: Canisius als deutscher Wendepunkt?

Für Deutschland und den deutschen Katholizismus gilt das allemal: Canisius-Kolleg ist der Name des in Berlin ansässigen traditionsreichen und renommierten Jesuitenkollegs, welches 2010 durch die Veröffentlichung seiner Missbrauchsfälle in besonderer Weise für einen neuen, vor allem öffentlichen Umgang mit sexuellem Missbrauch in der katholischen Kirche steht. Vor Canisius konnte man ohne weiteres behaupten, dass in Deutschland mit Blick auf den sexuellen Missbrauch Verhältnisse wie in den USA, in Irland oder in Australien völlig fern lagen. Bis 2010, so schrieb ein zeitgenössischer Journalist, war in Deutschland »eine Annahme verbreitet, deren Verlässlichkeit durch den jüngsten Skandal schwer erschüttert ist: dass Missbrauch sich in der katholischen Kirche auf Einzelfälle beschränkt.«[2]

Diese Annahme, die allenfalls für die öffentliche Meinung, aber nicht innerkirchlich vorausgesetzt werden kann, zerstob mit Canisius rasch: Am 14. Januar 2010 besuchten in Berlin drei Männer, alle in ihrem vierten Lebensjahrzehnt, ihre frühere Schule, das von Jesuiten geleitete Canisius-Kolleg. In einer Unterredung mit dem Schulleiter Klaus Mertes SJ sprachen sie darüber, wie sie vor Jahrzehnten in der

Einrichtung von zwei Patres sexuell bedrängt und missbraucht wurden. Damit traten sie eine Lawine los, die zur Aufdeckung von zahlreichen Missbrauchsfällen wie auch zum Bekanntwerden des Umgangs damit bei Vorgesetzten, Personalverantwortlichen und in der Hierarchie führten: Der Jesuitenpater und Schulleiter Klaus Mertes, der selbst in den Jahren 2004 und 2005 schon von Missbrauchsfällen am Kolleg erfahren hatte, glaubte den Schilderungen nicht nur, sondern zog auch entsprechende Konsequenzen. Er schrieb einen Brief an alle ehemaligen Schüler der 1970er- und 1980er-Jahre und bat darum, sich zu melden, sofern ihnen Ähnliches widerfahren sei. Am 28. Januar berichtete die *Berliner Morgenpost* als erstes Medium über die Vorkommnisse. Der Missbrauch, über den vorher zahlreiche Gerüchte kursierten, war damit ein öffentlicher Gegenstand geworden. In den kommenden Wochen meldeten sich mehr als hundert ehemalige Schüler. Und auch an anderen Jesuiten-, sonstigen katholischen Schulen wie auch an vergleichbaren konfessionellen Einrichtungen wurden Missbrauchsfälle publik. Schnell wurde klar, dass das Ausmaß immens sein musste.

Spätere Untersuchungen, die die vom Jesuitenorden als Missbrauchsbeauftragte tätige Rechtsanwältin Ursula Raue und die ehemalige Bundesgesundheitsministerin Andrea Fischer im Mai und Juli 2010 vorlegten, bestätigten die Angaben der Schüler und deckten das weit darüber hinausreichende Ausmaß des sexuellen Missbrauchs auf – sowohl mit Blick auf die Taten selbst wie auch hinsichtlich des Umgangs des Ordens mit den Verbrechen: Wenige Wochen nach der Aufdeckung, im Mai 2010, berichtete Ursula Raue, dass ihr bereits 205 Meldungen über Übergriffe im Jesuitenorden zugegangen seien wie auch 50 weitere, die meist andere katholische Einrichtungen betrafen.[3] Ihre Untersuchungen richteten sich auf zwölf Patres, von denen sechs zum Zeitpunkt der Ermittlungen bereits verstorben waren, sowie auf zwei weitere Personen. All diese waren von mehreren Betroffenen als Täter benannt worden. Hinzu kamen noch 32 Patres, weltliche Lehrer und Erzieher des Ordens, die jeweils nur von einem Betroffenen genannt worden waren.

Mit Blick auf das Berliner Jesuitenkolleg selbst waren es mit Pater Anton und Pater Bertram zwei Ordensangehörige, die während der 1970er-Jahre bis ins Jahr 1981 als Intensivtäter am Canisius-Kolleg tätig waren: Pater Anton war in der Jugendorganisation der Jesuiten, der *Gemeinschaft Christlichen Lebens (GCL)* aktiv. In Gesprächen unter vier Augen konfrontierte er die Kinder mit pornographischen Abbildungen, fragte sie über ihre sexuellen Praktiken, insbesondere über ihre Formen der Selbstbefriedigung aus. Er setzte sich die Kinder auf den Schoß, ließ sich von ihnen anfassen und war dabei selbst sexuell erregt. Abschließend trug er den Kindern auf, diese Vorkommnisse geheim zu halten. Verschiedentlich hatten Eltern oder Schüler sich über die Praxis beschwert: Die Intervention einer Mutter von zwei Söhnen, die als Schüler das Canisius-Kolleg besuchten, blieb bei der Schulleitung 1973 oder 1974 für die Betroffenen folgenlos. Ein Protestbrief von elf Schülerinnen und Schülern über die »Sexualpädagogik« der GCL vom 28. Mai 1981 ebenso. Allein Pater Anton wurde im April 1982 nach Göttingen versetzt. In der neuen Verwendung ließ sein übergriffiges Verhalten nicht nach, in der niedersächsischen Universitätsstadt nannte man ihn bald »Grabbelanton«. 2010 mit den Vorwürfen konfrontiert, stritt er jede Art von Verfehlung ab und führte »Ärger mit den Eltern« auf die Uneinsichtigkeit der Jugendlichen zurück.[4]

Der zweite Intensivtäter Pater Bertram gab seine Schuld umfassend zu. Und das nicht erst, als er 2010 danach befragt wurde. Bereits während seiner Dienstzeit hatte er mit verschiedenen Vorgesetzten und Vertrauten über seine sadistische Neigung gesprochen. Als er 1991 seine Laisierung beantragte, begründete er diesen Schritt mit einem umfassenden Geständnis: »Im Klartext: von 1957 bis 1990 habe ich in etlichen hundert Fällen Kinder und Jugendliche beiderlei Geschlechts unter Entblößung des Gesäßes geschlagen, was von fast schmerzlosen ›symbolischen Bestrafungen‹ bis hin zu furchtbaren ›Schlageorgien‹ gehen konnte. Der Vorwand ließ sich im meist pädagogischen Kontext meiner Beziehung zu den Opfern leicht finden; die tatsächliche Möglichkeit, dazu die Vertraulichkeit und Straflosigkeit meines Tuns, garantierten mir meine Autoritätsstellung als Gruppenführer, Trainer, Betreuer und Nachhilfelehrer Jüngerer vor meinem Ordenseintritt und meine Rolle als Ordensmann und Priester danach.«[5] Laut Selbstauskunft Bertrams habe er sich gegenüber seinem Novizenmeister, aber auch anderen Menschen im Orden offenbart, unter anderem seinem spanischen Exerzitienmeister. Dieser geistliche Begleiter habe ihn aber kurz vor seiner Priesterweihe davon abgebracht, weitere Schritte zu unternehmen, mit dem Verweis darauf, auf die »Weihegnade« zu vertrauen.[6] Drei Therapien begann er, brach sie zum Teil wieder ab und hatte damit nicht den erwünschten Erfolg. Der Sadist Bertram konnte sich mit seinem Ruf als ausgezeichneter Lehrer und Pädagoge tarnen. Auch unter den Schülern war er hoch beliebt, da er frisch und unkonventionell auftrat und sich um jeden einzelnen intensiv kümmerte. Diese Fassade konnte lange aufrechterhalten werden. Der damalige Ordensobere gab im Nachhinein an, erst durch das Laisierungsschreiben vom Ausmaß des Problems erfahren zu haben. Wegen der Geheimhaltungspflicht aber habe er sich nicht an die Opfer wenden können – eine Zurückhaltung, die er aus dem Rückblick von 2010 bedauere.[7]

Andrea Fischer kommt als Gutachterin zu einem vernichtenden Urteil über die Führungsriege des Ordens. Unter den Jesuiten bildet sich nahezu idealtypisch ab, was sich in den Folgejahren in vielen anderen katholischen Missbrauchszusammenhängen zeigen lässt: Die Verantwortlichen des Ordens hatten Informationen über die Taten und haben diese oft nicht beachtet. Sofern sie dies doch taten, lag die Konsequenz vor allem darin, die Täter zu versetzen. Dabei wurden Informationen über grenzverletzendes Verhalten und Übergriffe nicht an die folgende Arbeitsstelle der Täter weitergegeben.

Mit der Aufdeckung des sexuellen Missbrauchs im Canisius-Kolleg wurde auf diese Weise eine Systematik sichtbar, die ihren Schrecken aus dem Zusammenhang von Taten entfaltete, die bis dahin als Einzelfälle gegolten haben und wegerklärt worden sind: Die mindestens ordensintern bekannten Täter wurden an immer neue Schulen verschoben, sodass sich ein deutschlandweites Netz entwickelte. Missbrauch gab es im Norden wie im Süden, an der Sankt-Ansgar-Schule in Hamburg wie im Kolleg St. Blasien im Schwarzwald; im Westen wie im Osten, am Aloisiuskolleg in Bonn-Bad Godesberg wie am Canisius-Kolleg in Berlin. Rasch breitet sich der Missbrauchsskandal, so die jetzt immer wieder benutzte Bezeichnung, aus: Zwei ehemalige Heime der Salesianer Don Boscos waren ebenso Tatorte wie ein ehemaliges Kinderheim der Vinzentinerinnen im oberschwäbischen Oggelsbeuren; das Maristenkolleg im bayerischen Mindelheim wie auch das Franziskanergymnasium Kreuzburg im hessischen Großkrotzenburg, ein früherer Mitarbeiter im Essener Franz Sales Haus stand ebenso unter Verdacht wie das ehemalige Kolleg St. Ludwig in Bonn der *Franziskaner-Minoriten* ... Die Liste wurde schnell lang und länger.

Die Aufdeckung des fortgesetzten und systematischen Missbrauchs im Berliner Jesuitenkolleg durch den damaligen Rektor Pater Klaus Mertes war der Auftakt zur Aufdeckung von hunderten in der Vergangenheit begangenen Verbrechen an schutzbefohlenen Kindern und Jugendlichen.

In mindestens zweierlei Hinsicht war 2010 eine neue Etappe im Umgang mit sexueller und sexualisierter Gewalt. Der Umgang mit dem Missbrauch wurde institutionell stärker adressiert, und zwar aufseiten aller Beteiligter:

Vonseiten der katholischen Kirche setzte die Bischofskonferenz am 25. Februar desselben Jahres mit dem Trierer Bischof Stephan Ackermann einen Missbrauchsbeauftragten aus ihren Reihen ein. Mit einem zentralen Büro sollte der ausgebildete Dogmatiker zum zentralen Ansprechpartner in allen Fragen des Missbrauchs werden. Von Betroffenenseite aus etablierte sich die Initiative *Eckiger Tisch*: Der gemeinnützige Verein berät seitdem nicht nur Menschen, die von Missbrauch im Kontext der katholischen Kirche betroffen sind, sondern betreibt auch eine aktive politische Lobbyarbeit für deren Interessen. Zusammen mit anderen Betroffenen des Canisius-Kollegs war Matthias Katsch einer der Gründer dieser Initiative, bis heute ist er einer der rührigsten Aktivisten in diesem Bereich.

Bewusst setzte man mit dem Namen *Eckiger Tisch* einen Kontrapunkt zum »Runden Tisch Sexuellen Kindesmissbrauchs«, der von der Bundesregierung einberufen worden war: Bei dieser Initiative trafen sich die einschlägigen Ministerien aus den Ressorts Familie, Justiz und Bildung und Forschung mit »Vertreterinnen und Vertretern aus der Wissenschaft und allen relevanten gesellschaftlichen Gruppen«. Die Betroffenen aber waren nicht, beziehungsweise erst zur dritten Sitzung, eingeladen.[8] Auch wenn der »Runde Tisch« viel Kritik nach sich zog (»das dauert zu lange«, der Präsident des Deutschen Kinderschutzbundes Heinz Hilgers; »hilfloser Versuch«, Ursula Enders, Gründerin der Beratungseinrichtung *Zartbitter*; das »Bestreben Angela Merkels, ein Deckmäntelchen der Nächstenliebe über die katholische Kirche zu legen«, Renate Künast, Grünen-Politikerin), bedeutete dieser Schritt doch, dass auch die Politik den Konflikt explizit adressierte. Parallel dazu entstand im März 2010 auch das Amt der Unabhängigen Beauftragten für Fragen des sexuellen Kindesmissbrauchs (UBSKM), welches zuerst von der früheren Familienministerin Christine Bergmann, ab 2011 dann vom Juristen, Betriebswirt und Ministerialdirigenten Johannes-Wilhelm Rörig und ab April 2022 von der Journalistin und Organisationsberaterin Kerstin Claus bekleidet wird. Damit war der Konflikt auch politisch etabliert und seine Bearbeitung institutionell zumindest mittelfristig auf Dauer gestellt.

Mindestens ebenso bedeutend aber war eine zweite Entwicklung: Betroffene trauten sich nach diesen Enthüllungen, selbst über das von ihnen erlebte Unrecht zu sprechen. Viele Taten, die zwischen den 1960er- und 1990er-Jahren begangen worden sind, wurden jetzt angezeigt. Mit der öffentlichen Debatte um das Canisius-Kolleg war

in Sachen sexuellen Missbrauchs nicht nur aus der zuvor meist ver-
muteten Einzeltat jetzt ein strukturelles Problem geworden. Darüber
hinaus konnten Betroffene viel stärker damit rechnen, dass ihnen ge-
glaubt wurde als in den Jahren zuvor. Missbrauch wurde mit 2010
als ein Systemversagen erkannt. In dem Sinne, dass eine neue Form
von Öffentlichkeit und Offenheit dem Thema sexuellen Missbrauchs
gegenüber geschaffen worden war, wurde das Jahr 2010 für die deutsche katholische Kirche zum »Jahr des Missbrauchs«.[9]

In anderer Hinsicht verdient das Jahr diesen Status einer Zäsur nicht:
In den Bistumshierarchien und -verwaltungen war das Thema Missbrauch auch vor 2010 hoch präsent. Schon seit den 1950er-Jahren, so
hat eine Untersuchung zum Bistum Münster ergeben, behandelte man
im Schnitt jährlich fünf Fälle von sexuellem Missbrauch.[10] Gewöhnlich
rangierten diese Fälle unter dem Rubrum sexueller Devianz: die Verbindung des Pfarrers mit einer Frau, die Geburt eines in dieser Beziehung
gezeugten Kindes, die homosexuelle Partnerschaft eines eigentlich zölibatär lebenden Geistlichen ... In vielen Formen war das Sexualverhalten
von Klerikern Thema. Die besondere, auch strafrechtliche Bedeutung
des Missbrauchs von Kindern ging dabei nahezu unter, wenn man diese
unter der Rubrik »gefallene Priester« mitverhandelte. Man versuchte
den Schaden zu begrenzen, indem die Vorfälle unter den Tisch gekehrt
und die Täter versetzt wurden. Das blieb nicht unbemerkt, sondern zog
im Gegenteil weite Kreise unter den Mitarbeitenden im Bistum, aber
auch in den Gemeinden. »Wanderpokal« – diese Bezeichnung war in
den Insiderkreisen, aber auch in mancher Gemeinde gängig für Priester, die immer wieder versetzt wurden. Über die Gründe dafür tauschte
man sich allenfalls hinter vorgehaltener Hand aus.

Um zu erklären, warum viele der Taten so lange unentdeckt blieben,
wird oftmals auf das vorherrschende Unwissen und eine »Kultur des
Schweigens« verwiesen. Das trifft den Sachverhalt, so haben die aktuellen Forschungen ergeben, nur bedingt: Kirchenintern war das implizite
Wissen um den Missbrauch auch vor 2010 groß, und es hatte sich auch

schon vor diesem Wendejahr eine Praxis des Umgangs damit etabliert. Medizinische und sozialwissenschaftliche Expertinnen und Experten zeigen sich deshalb zu Recht irritiert darüber, dass 2010 als eine so bedeutende Zäsur dargestellt wird. »Niemand kann [...] behaupten, dass es innerhalb der katholischen Kirche lange Zeit kein Wissen oder keine Prozeduren zum Umgang mit diesen Fällen gegeben habe.«[11] Nur: Eine öffentliche Resonanz darauf und vor allem daraus gezogene Konsequenzen hatte es vor 2010 in den seltensten Fällen gegeben.

Wer den Blick über die bundesdeutschen Zusammenhänge hinweghebt, der erkennt gleich, wie rasch sich die Bedeutung der Aufdeckung des sexuellen Missbrauchs im Canisius-Kolleg zu Berlin 2010 im internationalen Kontext relativieren lässt. Canisius war und ist ein wichtiges, aber dennoch nur *ein* Glied in einer langen Kette von Missbrauchsaufdeckungen, die sich zeitlich weit in die Geschichte und räumlich über den ganzen katholischen Orbit erstreckt: Sexueller Missbrauch allgemein wie auch sexuelle Übergriffe gegen Kinder und Jugendliche ist als Problem in der Kirche schon seit ihren Anfängen bekannt. Die jüngst vor den Aufdeckungen in Deutschland liegenden Vorgänge waren die zum Teil dramatischen Enthüllungen in Irland und den USA. Canisius selbst wirkte daraufhin in verschiedene Nationalkatholizismen hinein, wie sich vor allem in den Nachbarländern Belgien und in den Niederlanden beobachten lässt. Sexueller Missbrauch – so die Quintessenz weiterer Überlegungen – war immer und ist vermutlich überall in der katholischen Kirche präsent.

Historische Dimensionen: Kinderschutz und Kindesmissbrauch

Sexueller Missbrauch ist kein neues Phänomen in der katholischen Kirche, ganz im Gegenteil: »Der Skandal des sexuellen Missbrauchs unter Christen ist im Zweifel so alt wie die Christenheit selbst.«[12] Der kirchli-

che Spannungsbogen im Umgang mit Sexualität und Kindern beginnt
allerdings zunächst auf der anderen Seite des Spektrums: Im Gegensatz
zur antiken Praxis, die beispielsweise die »Knabenliebe« in bestimmten
sozialen und politischen Rahmen legitimierte, setzte die Frühkirche
sich dagegen ein und profilierte sich gegenüber der andersgläubigen
Gesellschaft durch einen höheren Stellenwert des Kinderschutzes.[13]

Biblisch konnte man sich dabei auf die Schilderung von Be-
gegnungen Jesu mit Kindern berufen, in denen er ihnen als den
schwächsten Gliedern der Gesellschaft nicht nur besonderen göttlichen Schutz versprach, sondern sie sogar als Vorbild für erwachsene
Gläubige hinstellte. »Lasst die Kinder zu mir kommen, hindert sie
nicht daran. Denn Menschen wie ihnen gehört das Reich Gottes.
Amen, das sage ich Euch: Wer das Reich Gottes nicht so annimmt
wie ein Kind, der wird nicht hineinkommen.« (Mk 10,14–16) Symbolisch unterstreicht er diese besondere Wertschätzung noch durch
die Dreifach-Geste von Handauflegung, Umarmung und Segen. Für
den Altphilologen Christian Gnilka stand dieses für eine prinzipiell
»neue Wertung des Kindseins«.[14]

Dafür gab es mehrere Gründe: Sozial und politisch war unter dem
Rubrum der Naherwartung der Wiederkehr Christi sowieso jede Art
von Sexualität zu Gunsten der Vorbereitung auf das Paradies einer
enthaltsamen Lebensweise untergeordnet. In Auseinandersetzung
mit den politisch Mächtigen setzte man sich mit dieser Verzichtsethik
von der altrömischen Doktrin des staatlichen Zugriffs auf den Körper
ab, um so »mit der unaufdringlichen Disziplin des antiken Staates
zu brechen.«[15] Der »gesellschaftliche Konsens darüber, dass Kindern
gegenüber grundsätzlich keine sexuelle Gewalt angewendet werden
darf, lag in den Anfängen des Christentums«, so schlussfolgert der
Kirchenhistoriker Hubertus Lutterbach.[16]

Seit dem 5. Jahrhundert nach Christus veränderte sich die kirchliche Haltung zur Sexualität deutlich und auf eine Weise, die von
heute aus betrachtet als Rückschritt zu bezeichnen ist: Nicht mehr

die Befolgung des neutestamentlichen Liebesgebots und die Vorstellung von der ethischen Reinheit, wie sie im Neuen Testament und in
der Frühkirche dominierend waren, sondern die kultische Reinheit
als ein traditionsreicher und religionsgeschichtlich hochgradig prä-
gender Wert drängte sich in den Vordergrund. Damit war vor allem die Vorstellung verbunden, dass jeder sexuelle Kontakt profan
werden ließe. Insbesondere die dabei ausgeschiedenen Flüssigkeiten,
die *pollutio*, sowohl das männliche Sperma wie auch das weibliche
Vaginalsekret, galten als schmutzig und befleckten der Vorstellung
nach denjenigen, der die Messfeier als heilige Handlung vornahm.
Infolgedessen etablierte sich ein »*pollutio*-gesteuertes Moralsystem«[17].

Für den weiteren Fortgang des christlichen Verhältnisses zur Sexualität hatte diese Entwicklung gravierende Konsequenzen, die bis
heute spürbar sind: In der katholischen Kirche war diese die Grundlage nicht nur für die Aufwertung des zölibatär lebenden Priesters gegenüber den Laien, sondern auch für eine Abwertung von Sexualität
generell.

Die Missbilligung des sexuellen Kontakts mit Kindern wurde jetzt
nicht mehr mit der besonderen Schutzbedürftigkeit und Verletzlich-
keit der Kinder begründet, sondern mit einem allgemeinen Verbot.
»Wer sexuell mit Kindern verkehrte, versündigte sich aufgrund des
Blut- und Spermienkontakts, indem er sich selbst ebenso polluierte
wie seinen Sexualpartner!«[18], erläutert Lutterbach. Damit wurde Kindern zwar kein besonderer Schutz zuteil, wohl aber waren sie integriert in den allgemeinen Umgang mit Sexualität.[19] Das kanonische
Recht sanktionierte jede Form von Sexualität außerhalb des Zeu-
gungsaktes. Erlaubt war einzig der Geschlechtsverkehr zwischen Verheirateten, in der ›Missionarsstellung‹ und ausschließlich verbunden
mit dem Zweck, Kinder zu zeugen.[20] Diese beiden Motive – die früh-
kirchlich hervorgehobene Vorstellung von einer besonderen Vorbild-
haftigkeit der Kinder wie auch die (früh)mittelalterliche Ethik von
beschmutzender Sexualität außerhalb der Ehe und des Zeugungsak-
tes – durchziehen bis heute wesentlich den Umgang mit Sexualität im

Allgemeinen wie auch mit Pädophilie und Pädosexualität, speziell in
der Kirche, aber auch in der Gesellschaft insgesamt.

Die strengen normativen Vorgaben diktierten aber nie die Praxis, im
Gegenteil: Zahlreich sind defensive Vorschriften und Verbote von
sexuellem Umgang mit Kindern und speziell mit gemönchten Kna-
ben überliefert. So prangerte beispielsweise der Kirchenlehrer Petrus
Damiani im 11. Jahrhundert den Missbrauch der Oblaten – so die
Bezeichnung für die schon in frühen Jahren ins Kloster gegebenen
Jungen – als Inzest an, seien doch die älteren Fratres geistliche Brüder und Väter der Jungen. Die 973 für die englischen Benediktiner
erlassene *Regularis Concordia* verfügte Vorsichtsmaßnahmen, so zum
Beispiel die Regelung, dass der Abt und die Mönche die Oblaten
weder umarmen noch deren Lippen leicht küssen, sondern ihnen
nur in spiritueller Caritas begegnen dürften.[21] Den mittelalterlichen
Ordensregeln generell war es ein »Kernanliegen«, Klosterkinder wegen der damit verbundenen kultischen Verunreinigung vor sexuellen
Übergriffen zu schützen.[22] Im Unterschied zu modernen Konzepten
aber entwickelten sich daraus keine allgemeine Normen zum Schutz
von Kindern.

Zudem gab es insbesondere in der populären Frömmigkeit viele
Graubereiche, wie zum Beispiel die Anbetung des Jesuskindes, in der
religiöse Verehrung und sexuelles Begehren Hand in Hand gingen:
In der Lebensbeschreibung des Zisterzienserabtes Waldef von Mel-
rose, gestorben 1159, findet sich beispielsweise eine »brautmystische
Vision«: »Das Jesusknäblein mit seinem süßfließenden Blick der
Augen, heiterem Angesicht und schmeichelndem Händepatschen
berührte, betastete, streichelte, glättete, liebkoste Waldefs Kopf und
Gesicht, und indem es sein Haupt an Waldefs Haupt, seinen Mund
[...] an Waldefs Mund legte, drückte es ihm zahlreiche Küsse auf.
Er aber, berauscht vom Sturzbach der Lust (›*inebriatus a torrente vo-
luptatis*‹), gab jedem einzelnen Glied dieses unseres Jesulein zahllose
Küsse.«[23] Ist diese, so der Historiker Peter Dinzelbacher, »einschlägige

Männerphantasie«, wie wir heute angesichts der jüngsten Diskussionen unterlegen könnten, pädophil? Für den Biographen des Abtes, der diese Szene schilderte, galt etwas ganz anderes: Gerade dieses *felix experimentum* der mit Christus ausgetauschten körperlichen Zärtlichkeiten stünden für die Heiligkeit des Abtes.[24]

Durch die Kirchengeschichte zieht sich damit zweierlei: Auf der einen Seite steht der Versuch, Schutz vor sexuellem Missbrauch zu etablieren; dabei stand allerdings nicht immer das Kind selbst und seine Entwicklung im Vordergrund, sondern es waren vorrangig anderweitige Gründe wie der der kultischen Reinheit dafür ausschlaggebend. In diesem Sinn gibt es sicherlich bis heute einen Widerhall des christlich motivierten Kinderschutzes nicht nur im kirchlichen, sondern auch im nationalstaatlichen Recht. Die wesentlichen Normierungen von Kinderrechten, die bis heute prägend sind, entstanden erst mit den nationalen und internationalen Institutionalisierungen des Kinderschutzes, wie sie beispielsweise auf der Ebene der Vereinten Nationen oder verwandter Organisation und in den jeweiligen nationalstaatlichen Gesetzgebungen vor allem im 20. Jahrhundert getroffen wurden.[25]

Zugleich aber zeigt die Geschichte der christlichen Gemeinschaften auf der anderen Seite eine durchgehende Linie von Missbrauch und sexueller Gewalt gegenüber Kindern, aber auch anderen Menschen: Es gibt zahlreiche Räume und Praktiken in der Kirche, die Übergriffigkeit möglich machten und begünstigten. In der Institution Kirche und in den einzelnen Gemeinden entstanden religiöse Zusammenhänge, die sexuellen Missbrauch förderten. Ein wesentlicher Ermöglichungsraum für diese Taten war und ist die gängige Praxis, intern großzügig über Verstöße gegen selbstgesetzte Normen hinwegzuschauen.[26]

Was unterscheidet die Situation heute und in der zweiten Hälfte des 20. Jahrhunderts von den Jahrzehnten und Jahrhunderten zuvor?

Während durch die Kirchengeschichte hindurch permanent eine
große Zahl von Fällen sexuellen Missbrauchs zu beobachten ist, blieben diese in der Wahrnehmung doch immer »Einzelfälle«. Auch wenn
die katholische Kirche stets eine global agierende Organisation war,
so liefen die Fäden allenfalls in Rom zentral zusammen, während das
Wissen der einzelnen Nationalkatholizismen übereinander nicht besonders ausgeprägt war. Somit verbreiteten sich auch Informationen
über sexuellen Missbrauch nur wenig, schon allein deshalb, weil niemand eine solche Weitergabe beförderte: Weder hatten die einzelnen
Bistümer ein Interesse daran, Kenntnisse darüber in die Zentrale oder
sonst wohin weiterzuleiten, noch strebte der Vatikan danach, dieses
Wissen in irgendeiner Weise zusammenzuführen und zu bearbeiten.

Wie viele Fälle aber darf es geben, damit die Bezeichnung »Einzelfall«
noch zutrifft, oder – anders gefragt – wie viele »Einzelfälle« ergeben
eine Struktur? Die Diskussion um sexuellen Missbrauch in der katholischen Kirche nahm zum Ende des 20. Jahrhunderts eine grundsätzlich andere Richtung, als sie statt des »Einzelfalls« die Strukturen
in den Blick nahm: Die medialen Umbrüche des 20. Jahrhunderts
und die damit entstandenen neuen Öffentlichkeiten erwiesen sich
als ausschlaggebend und erlaubten, die vielen »Einzelfälle« nicht nur
in den jeweiligen Nationalkatholizismen, sondern im globalen Orbit der katholischen Kirche zu einer Diskussion um ein umfassendes
Strukturproblem zusammenzuführen.

Zwei Knotenpunkte für diesen Prozess lassen sich identifizieren: Irland und die USA sind dahingehend Vorreiter, dass in diesen beiden
Katholizismen zuerst der sexuelle Missbrauch als Strukturproblem
diskutiert wurde. In beiden national-identitär stark verbundenen
Religionsgemeinschaften stachen zudem die hohen Zahlen der Missbrauchsfälle hervor.[27]
    Ein zweiter Knoten ist mit der Aufdeckung der Missbrauchsfälle
im Canisius-Kolleg 2010 bereits benannt. Die Vorgänge in Berlin

zogen, wie bereits erwähnt, nicht nur in der Bundesrepublik weite
Kreise, sondern wirkten auch in die Entwicklungen in den Nachbarländern: Belgien, die Niederlande, Österreich – über diese nationalen
Zusammenhänge wurde der sexuelle Missbrauch zu einem die gesamte
Kirche umfassenden und internationalen Skandal. Gerade in diesen
westeuropäischen Ländern verband sich die Diskussion um die sexualisierte Gewalt zugleich mit einer umfassenden innerkatholischen Re-
formdiskussion. Damit wurde der Missbrauch dort wie auch weltweit
zum Synonym für eine grundlegende Krise der Kirche insgesamt.[28]

The best catholics in the world?
Irland und die USA

»*The best catholics in the world*« – mit dieser Zuschreibung charakterisierte der Journalist und Buchautor Derek Scally seinen Bericht
aus dem Jahr 2021 über den zeitgenössischen irischen Katholizismus.
Staat und Kirche waren in vielfältiger Hinsicht miteinander verfloch-
ten, der Einfluss der katholischen Institutionen auf die Gesellschaft
war enorm. Als 1979 Johannes Paul II. als erster Papst überhaupt
Irland besuchte, strömten die irischen Gläubigen massenweise zu den
öffentlichen Messen und rechtfertigten damit diesen Spitzentitel,
nämlich »*the best catholics in the world*« zu sein.

2018 – und damit fast 40 Jahre später – besuchte mit Franziskus
zum zweiten Mal ein Papst Irland. Die Massen blieben aus, nur noch
ein Viertel der Zahlen von 1979 wurden erreicht. Zudem waren die
Messen weniger von jubelnden Papstanhängern geprägt als vielmehr
von den Protesten von Missbrauchsopfern und deren Angehörigen.
Der amtierende Premierminister Leo Varadkar sprach gegenüber
dem Papst offen an, dass Religion zwar nach wie vor wichtig sei, aber
nicht mehr im Zentrum der irischen Gesellschaft stehe und es deshalb eines neuen Kapitels in der Beziehung zwischen Irland und der
katholischen Kirche bedürfe. Innerhalb weniger Jahrzehnte hatten

Gewalterfahrung und deren Aufdeckung in katholischen Heimen, aber auch sexueller Missbrauch durch katholische Kleriker das Ende dieser speziellen Beziehung der vormals »*best catholics in the world*« zu ihrer Kirche eingeläutet.

Dieser Wandel traf die irische Gesellschaft deshalb mit besonderer Wucht, weil in dieser tiefen Verbindung von Religion, Mentalität und nationaler Identität kirchliche und staatliche Instanzen in besonderer und fataler Weise zusammengewirkt hatten. Zum Symbol für vieltausendfache Gewalterfahrungen in Heimen wurden die sogenannten »Magdalenen-Heime«. Viele dieser Einrichtungen nutzten die Justiz und die Fürsorgeverwaltung des 1922 unabhängig gewordenen Irlands dazu, »gefallene Mädchen«, also Jugendliche und junge Frauen, deren Lebenswandel Anstoß erregte, einzuweisen – oder schlicht unehelich geborene Kinder vor der Öffentlichkeit zu verstecken. Die staatlichen Heime wurden von katholischen Ordensgemeinschaften geführt, eine staatliche Aufsicht gab es nicht. Besonders stachen die von den *Sisters of Mercy* betriebenen Wäschereien heraus, in denen Jugendliche und junge Frauen arbeiteten und mit Foltermethoden drangsaliert wurden. Regionalen Zeitungen charakterisierten die dortigen Zustände als »irischen Holocaust«.[29]

Parallel zur Aufdeckung und Diskussion um Gewalt im Erziehungs- und Heimkontext entfaltete sich seit Beginn der 1990er-Jahre ein Diskurs um sexuellen Missbrauch durch katholische Geistliche. Anlass dafür war zunächst der »Einzelfall« des nordirischen Priesters und Mitglieds des Prämonstratenserordens Brendan Smyth, der pädosexuelle Intensivtäter hatte vielfach Kinder missbraucht. Erste Vorwürfe gegen ihn waren bereits 1975 laut geworden. Innerkirchliche Ermittlungen dazu mündeten darin, dass zwei seiner Missbrauchsopfer in Anwesenheit des damaligen Priesters und späteren Kardinals Sean Brady Schweigegelübde ablegen mussten.[30] Brady entschuldigte sich 2010 dafür, trat aber nicht von seinem Amt zurück.[31]

1991 wurde Smyth wegen Kindesmissbrauchs verhaftet und gegen Kaution freigelassen. Er entzog sich der nordirischen Justiz, indem er sich drei Jahre lang in einer Abtei in der Republik Irland nieder- ließ.[32] Im Juni 1994 wurde Smyth wegen Missbrauchs an mindes- tens 90 Kindern in Nordirland, der Republik Irland und den USA verhaftet.[33]

Die Vorgänge um die Verhaftung führten bis hin zum Zusammen- bruch der irischen Regierungskoalition aus *Irish Republic's Labour Party* und *Fianna Fáil* ab November 1994 – hatte sich doch herausge- stellt, dass Smyths Auslieferung an Nordirland von staatlichen Stellen monatelang bewusst verzögert worden war. In Nordirland wurde er erneut verhaftet, unmittelbar nach seiner Entlassung an die Repub- lik Irland ausgeliefert und dort 1997 zu zwölf Jahren Haft verurteilt. Smyth starb nach einem Monat im Gefängnis an einem Herzinfarkt.[34]

Vor diesem Hintergrund trat der ehemalige Ministrant Andrew Madden eine Lawine los, als er im Juli 1995 als Erster in Irland öffentlich über ihm widerfahrenen Missbrauch durch einen katho- lischen Priester sprach und zugleich über das von der Erzdiözese Dublin erhaltene Schweigegeld von 35.000 Euro berichtete. Hun- derte weitere Opfer reichten daraufhin Zivilklagen gegen kirchliche Institutionen ein.

Eine besondere Wendung nahm die Aufdeckung des Ausmaßes se- xuellen Missbrauchs in Irland deshalb, weil ab 1999 der Staat nicht mehr der Kirche die Aufarbeitung überließ, sondern selbst Verant- wortung für die angeprangerten Missstände übernahm. In Reaktion auf die Aufdeckungen entschuldigte sich der irische Premierminister Bertie Ahern öffentlich und veranlasste, dass staatliche Stellen die weitere Aufarbeitung sowie eine spätere Auszahlung von Entschädi- gungsleistungen übernahmen. Insgesamt 128 Millionen Euro spra- chen staatliche Stellen den von sexuellem Missbrauch Betroffenen zu. Das Geld dafür war von 18 religiösen Institutionen zur Verfügung gestellt worden.[35]

Bis zu diesem Bruch hatte der Staat der Kirche vorbehaltlos und ohne jegliche Kontrolle wesentliche Teile der gesellschaftlichen Erziehungsarbeit überlassen. Auch hatten Richter, Staatsanwälte und Polizeiinstanzen eifrig und in Kooperation mit Kirchenstellen daran mitgewirkt, Missbrauchsfälle zu vertuschen und deren Aufdeckung zu verhindern.

Eine staatlich in Auftrag gegebene und über neun Jahre von zahlreichen Querelen begleitete Kommission unter der Leitung des irischen Richters Sean Ryan veröffentlichte im Mai 2009 den nach ihrem Vorsitzenden benannten *Ryan Report*. Der Bericht zeichnete auf etwa 2600 Seiten sowie in einem *Executive Summary* für die Zeit von 1914 bis in die 1990er-Jahre ein desaströses Bild: Auf Grundlage von 1800 Zeugenaussagen – weitere 1200 Meldungen mussten aus Zeitgründen unberücksichtigt bleiben – sowie zahlreichen Dokumenten identifizierte der Bericht mehr als 200 kirchliche Institutionen, in welchen sich Missbrauch ereignet hatte. Neben den Heimen der *Sisters of Mercy* waren vor allem die Jungenschulen der *Christian Brothers* in den Fokus der Untersuchungen geraten.[36] In den Institutionen beider Orden, vor allem in den beiden größten *Industrial Schools* in Artane bei Dublin und Letterfrack (Galway) war der Missbrauch laut Bericht endemisch, permanent und fest im System verankert. Wesentliche Belege für die Belastung wurden nicht in Irland selbst, sondern in den Archiven des Vatikans gefunden.[37]

Weitere Reports zu Missbrauch in den einzelnen Bistümern brachten ähnlich dramatische Zahlen zu Tage, nannten anders als der *Ryan-Report* auch Namen von Verantwortungsträgern und lösten auf diese Weise eine Reihe von Rücktritten von Bischöfen und Weihbischöfen aus, die aber teilweise vom Papst zurückgewiesen wurden.[38] Bis heute prägt der Missbrauchsskandal Kirche und Gesellschaft in Irland tief. Folgt man den Schlussfolgerungen von Derek Scally, dann gründet die Entwicklung Irlands von einer »*outwardly Catholic to a secular society*« wesentlich auf der Praxis des Missbrauchs und dem Umgang damit.[39]

Eng mit den Vorgängen in Irland verknüpft war die Aufdeckung sexuellen Missbrauchs in den USA. Schon allein wegen der vielfältigen Verbindungen zur irischen Tradition hatten die amerikanischen Katholikinnen und Katholiken die Entwicklungen in Irland aufmerksam beobachtet. Wo es kurz vor der Jahrtausendwende die irische Regierung war, die Verantwortung übernahm und den Prozess von Aufarbeitung und Entschädigung an sich zog, da waren es in den Vereinigten Staaten die Medien und die Gerichte, die dafür sorgten, dass die Fälle aufgedeckt und öffentlich wurden. In dem formal strikt säkularen System der USA waren der Staat und seine Institutionen nicht mit dem Kirchensystem verbandelt, wie es in Irland der Fall war. Gleichzeitig war rechtlich völlig klar, dass die Bistumsleitungen für ihre Mitarbeiter und damit auch für die missbrauchenden Priester hafteten – eine gesetzliche Regelung, die es in Deutschland so nicht gibt und die den Handlungsrahmen entscheidend beeinflusste: Nicht der einzelne Missbrauchstäter allein stand vor Gericht, sondern die jeweils beschäftigende Diözese.

Höhepunkt und zugleich *point of no return* im Umgang mit sexuellem Missbrauch war die Enthüllung eines Systems von Täterschutz, Versetzung und Vertuschung im Erzbistum Boston, welches Anfang des Jahres 2002 durch die Redaktion der Zeitung *The Boston Globe* aufgedeckt wurde. Ins Zentrum der Kritik geriet der Erzbischof des Erzbistums Boston, Kardinal Bernard Francis Law: In hunderten von Beiträgen schilderten die Redakteurinnen und Redakteure, wie Erzbischof Law pädosexuelle Verbrechen vertuschte, Opfer besänftigte und Täterpriester trotz genauer Kenntnisse ihres Tuns immer wieder in neue Seelsorgezusammenhänge versetzte. Vor allem der kirchliche Umgang mit dem übergriffigen Pfarrer John Geoghan wurde zum Fanal. *The Boston Globe* deckte auf, dass trotz frühzeitigen Bekanntwerdens von Geoghans Missbräuchen über einen Zeitraum von 34

Jahren nichts unternommen wurde, um ihn von Kindern fernzuhalten.[40] Law hatte Geoghan nach zahlreichen Anschuldigungen schlicht versetzt und eine systematische Verschwiegenheit innerhalb der Kirchenhierarchie veranlasst. Die Reaktionen auf den ausschlaggebenden Artikel führten zur Enthüllung tausender weiterer Missbrauchsfälle. Damit stellt der Bericht des *Boston Globe* einen Schlüsselmoment der Enthüllung sexuellen Missbrauchs in der katholischen Kirche in den USA dar. 2015 erschien auf Grundlage der Rechercheergebnisse des *Boston Globe* der oscarprämierte Spielfilm *Spotlight*.

Auch für die USA gilt, dass bereits vor dem *point of no return* 2002 ein umfangreiches Wissen um sexuellen Missbrauch vorhanden und verbreitet war: Bei weitem nicht der erste bekannt gewordene, aber doch ein Schlüsselfall waren die Verbrechen des Priesters Gilbert Gauthe aus dem Bistum Lafayette im Bundesstaat Louisiana. Die Aufdeckung dieser sexuellen Übergriffe gilt als Startschuss für die öffentliche Thematisierung und die Schaffung eines Bewusstseins für die Problematik sexuellen Missbrauchs innerhalb der US-amerikanischen katholischen Kirche.[41] Gauthe soll bereits vor seiner Tätigkeit in der *St. John's-Kirche* in Henry (Louisiana) zahlreiche Minderjährige an unterschiedlichen Orten sexuell missbraucht haben und in Reaktion auf Anschuldigungen ebenfalls versetzt worden sein.[42] Sechs Familien erstatteten 1983 schließlich Anzeige wegen sexuellen Missbrauchs ihrer Kinder. Die Kirche ›klärte‹ die Fälle finanziell und außergerichtlich wie auch mit der Auflage, dass die Namen der Kinder nicht an die Öffentlichkeit gelangen sollten. 1984 erstattete eine weitere Familie Anzeige und diesmal kam es zu einem Gerichtsprozess, der einiges an öffentlichem Aufsehen erregte: Gauthe wurde wegen »Verbrechen gegen die Natur« in elf Fällen, sexuellen unmoralischen Handlungen mit Minderjährigen in elf Fällen, Vergewaltigung eines unter-zwölfjährigen Jungen in einem Fall sowie Anfertigung von Pornographie mit Minderjährigen in elf Fällen angeklagt und 1985 in drei der vier Punkte schuldig gesprochen. Gauthe gestand den sexuellen Missbrauch von 37 Minderjährigen unter der Bedingung, dass der Vorwurf der Vergewaltigung fallen gelassen würde, welcher ihm eine lebenslange Haftstrafe verschafft hätte. Schließlich wurde er zu 20 Jahren Haft verurteilt.

Gauthes Anwalt, Ray Mouton, brachte für seinen Mandanten in Stellung, dass Angestellte der *Notre Dame Seminary Graduate School of Theology* das Bistum Lafayette vor Gauthe und seinem problematischen Verhältnis zu Kindern gewarnt hätten, diese Warnungen seien jedoch bewusst ignoriert und Gauthe trotzdem als Priester eingestellt worden. Gemeinsam mit Thomas Doyle und dem Pfarrer Michael Peterson verfasste Mouton einen als *The Manual* bekannt gewordenen Bericht, der den Missbrauch von Kindern als ein strukturelles Problem innerhalb der katholischen Kirche beschrieb.[43] Die Autoren des Berichts warnten nicht nur vor Schadensersatzkosten in Milliardenhöhe, sondern empfahlen auch eine öffentliche Anerkennung der Problematik und eine umfassende Aufarbeitung, um das Ansehen der Kirche zu wahren. Eine im Juni 1985 tagende Bischofskonferenz beriet sich über den Bericht, lehnte die in ihm vorgeschlagenen Handlungsmaßnahmen jedoch ab und versuchte, diesen völlig in der Versenkung verschwinden zu lassen. In Reaktion darauf versendete Peterson den Bericht einige Monate später an sämtliche Bischöfe des Landes – in über hundert Gerichtsverfahren wurde dies als Beleg dafür angeführt, dass die Kirche über die Problematik informiert war und nicht angemessen reagierte.[44]

Am 7. Juni 1985 berichtete dann erstmals das bedeutende katholische Magazin *National Catholic Reporter* über das Problem systematischen sexuellen Missbrauchs in der katholischen Kirche.[45] Der Autor, Tom Fox, wurde aus kirchlichen Kreisen mit dem Vorwurf konfrontiert, er wolle die Kirche zerstören.[46] 1988 wurde von der betroffenen Aktivistin Barbara Blaine die Organisation *Survivors Network of those Abused by Priests (SNAP)* ins Leben gerufen, die seitdem Initiativen im Interesse von Opfern sexuellen Missbrauchs in der katholischen Kirche veranlasst. Eine Studie, die am *John Jay College of Criminal Justice* 2004 angefertigt wurde, berichtete, dass seit 1950 rund vier Prozent aller Priester in den Vereinigten Staaten des Missbrauchs bezichtigt wurden.

Nicht nur die Missbrauchstaten selbst, sondern vor allem die Praxis der Vertuschung und Versetzung von Tätern von Seiten der Bischöfe stieß auf besonders heftige Kritik bei den Gläubigen. In zahlreichen Fällen praktizierten die amerikanischen Kirchenoberen eine *»geographic solution«*, so die Formulierung des Betroffenenanwalts Patrick Wall, mit der er die Versetzungsmaßnahmen der Kirche charakterisierte. So brachte das Erzbistum von Los Angeles etwa über Jahre pädokriminelle Priester bewusst in Gemeinden mit hohem Anteil an Menschen mit Migrationshintergrund unter, in welchen kein Englisch gesprochen wurde, um damit möglichen Widerstand von vornherein zu begrenzen.[47]

2007 verklagten 110 Betroffene in einer ähnlichen Situation erfolgreich den Jesuitenorden. Ihr Vorwurf: Die Ordensoberen hätten gezielt geistliche Missbrauchstäter nach Alaska versetzt, die ihr Tun dort fortgesetzt und hunderte von indigenen Kindern missbraucht hätten.[48] 2010 wurde das Bistum Fairbanks zu einer Schadensersatzzahlung von zehn Millionen Dollar verurteilt, der zuständige Bischof Donald Joseph Kettler musste zudem jede betroffene Ortschaft anfliegen und dort persönlich, so die Formulierung im Gerichtsbeschluss, »einer nicht geldlichen Leistungsverpflichtung zur Versöhnung und Heilung« nachkommen: »in alle geschändeten Gemeinden reisen und ein ›Entschuldigungsschreiben‹ vorlesen; beteuern, dass die Kirche Schuld am Missbrauch trägt und nicht die Opfer; eine Liste aller Täter veröffentlichen und an die Kirchentür heften; den Opfern erklären, dass sie nicht in die Hölle kommen, weil sie die Kirche verklagt haben; versichern, dass sie keine Sünde begangen haben, weil sie ihr Schweigen gebrochen haben; garantieren, dass die Sakramente, obwohl von Verbrechern vollzogen, Gültigkeit haben.«[49]

Bischof Kettler war nur der Erste in einer langen Reihe von prominenten und hochrangigen Klerikern, die sich solchen Vorwürfen zu stellen hatten, zumindest zum Teil die Konsequenz daraus zogen und zurücktraten. Ihm schlossen sich Kirchenhierarchen wie Kardinal Bernhard Francis Law, Kardinal Roger Mahony, Kardinal William Joseph Levada, Bischof Robert Finn und mehr an.

Andere Fälle wie der des früheren Washingtoner Erzbischofs Theodore McCarrick wurden intensiv im Auftrag des Heiligen Stuhls untersucht und vor allem daraufhin geprüft, was der Vatikan wann wusste und welche Entscheidungen trotz vielfältiger und teils lange im Umlauf befindlicher Informationen und Gerüchte falsch getroffen wurden. Eine entscheidende Etappe war dabei die Ernennung des mächtigen Kirchenmannes zum Erzbischof von Washington 2000, dessen Amt er bis 2006 innehatte. Mit einem persönlichen Brief an den päpstlichen Privatsekretär Stanisław Dziwisz hatte der amerikanische Geistliche im Jahr 2000 versucht, kursierende Hinweise zu entkräften und dazu beteuert, nie »sexuelle Beziehungen zu einer Person – Mann oder Frau, jung oder alt, Kleriker oder Laie« gehabt zu haben. Der damalige Papst Johannes Paul II. schenkte den Beteuerungen Glauben, wohl nicht zuletzt vor dem Hintergrund eigener Erfahrungen von Priesterverleumdungen im früher staatssozialistischen Polen, und ernannte McCarrick zum Kardinal.[50] Nach Bekanntwerden der Vorwürfe entzog Papst Franziskus McCarrick nicht nur die Kardinalswürde, sondern versetzte ihn 2019 auch in den Laienstand. Ein im Juli 2021 eröffnetes Strafverfahren im Bundesstaat Massachusetts läuft jedoch mittlerweile und weitere Prozesse sind in Aussicht gestellt, in denen sich der mittlerweile über 90-jährige Ex-Kardinal wird verantworten müssen.

Vor den Gerichten erstritten Betroffene in den vergangenen Jahren Entschädigungszahlungen in Millionenhöhe. Da die Bistümer unmittelbar für die von ihnen Beschäftigten in Haftung genommen werden, steht damit die Existenz so mancher Diözese in Frage. Mit Stand vom Oktober 2021 hatten 26 amerikanische Bistümer und drei

Ordensgemeinschaften ihren Bankrott erklärt, da sie entsprechenden Zahlungsverpflichtungen nicht nachkommen konnten oder wollten. Sowohl finanziell, organisatorisch wie auch geistig-ideell erschütterte der Missbrauchsskandal »die katholische Kirche in den USA in ihren Grundfesten«, so schrieb die *Süddeutsche Zeitung* 2019.[51] Diese Diagnose gilt bis heute, ist doch mindestens ein Teil des gegenwärtig zu beobachtenden *»decline of Christianity [...] at rapid pace«* im katholischen Kontext auf die geschilderten Enthüllungen zurückzuführen.[52]

Irland und die USA stehen für den Beginn einer neuen Phase des Umgangs mit sexuellem Missbrauch in der katholischen Kirche: Bedingt durch die massive Zahl an Fällen, die jeweils aufgedeckt wurden, war die Vorstellung vom »Einzelfall« rasch dahin. Auch vor Gericht wurde insbesondere in den USA die Frage nach den strukturellen Bedingungen und Ursachen immer lauter. Hinzu kam in beiden Fällen ein kritischer Blick auf das Verhalten der Kirchen- und Bistumsleitungen: Die mittlerweile bekannten Fakten und Dokumente zeigen, dass unter den Bischöfen beider Nationalkatholizismen spätestens seit den 1960er-Jahren Wissen um die jeweils aktuellen sexuellen Missbrauchsfälle vorhanden war.

Umso erstaunlicher ist die rein defensive Reaktion der amerikanischen und irischen Bistumsleitungen, die in keiner Weise von sich aus proaktiv gegen Missbrauch vorgingen oder in irgendeiner Form Prävention betrieben. Stattdessen leisteten sie in vielen Fällen den Übergriffen Vorschub, indem sie Täter versetzten und vor möglicher Verfolgung deckten.

Gleichzeitig stehen die beiden Staaten für stark unterschiedliche Vorgehensweisen in der Be- und Aufarbeitung der Missbrauchsfälle: In Irland, mit seinem sehr eng verflochtenen Staat-Kirche-System, kamen zunächst zwar formal staatliche, aber kirchlich betriebene Heime und pädagogische Einrichtungen in den Blick. Nach den Aufdeckungen war es der Staat selbst, der Aufarbeitung und Entschädigung in die Hand nahm – und sich auf diese Weise zugleich von der Kirche distanzierte. In den USA waren es vorrangig Gerichte, Betroffenenanwälte und Medienvertreter, die die Auseinandersetzung vorantrieben und damit in gewisser Weise die Rolle übernahmen, die in Irland staatliche Instanzen ausübten.

In beiden nationalen Zusammenhängen kam den Medien eine entscheidende Rolle zu: Es waren nicht nur Journalistinnen und Journalisten der tagesaktuellen Berichterstattung, die den Druck auf die Kirchenoberen aufrechterhielten und das Thema öffentlich bekannt machten. Darüber hinaus trugen auch Filmschaffende und Dokumentarfilmende entscheidend dazu bei, dass sich aus der Problematik sexuellen Missbrauchs ein Skandal entwickelte, der öffentlich wahrgenommen und diskutiert wurde.[53]

Das Jahr 2010 als Jahr des Missbrauchs: Österreich, Belgien, die Niederlande

Damit war der Boden für eine neue Welle von Aufmerksamkeit bereitet, wie sie seit dem Jahr 2010 zu beobachten ist: So war die öffentliche Skandalisierung des endemischen sexuellen Missbrauchs im Canisius-Kolleg für die Bundesrepublik ein entscheidender Wendepunkt, der internationale Wirkung hatte und durch Ereignisse in den Nachbarstaaten kontextualisiert wurde.

In Österreich waren es die vielfältigen Vorwürfe sexuellen Missbrauchs unter anderem aus dem Benediktinerstift Kremsmünster, die im Frühjahr 2010 eine neue Phase einläuteten: In den 1970er- und bis in die 1990er-Jahre waren dort mindestens 45 Schüler sexuell und emotional missbraucht worden.

15 Jahre zuvor hatte Kardinal Christoph Schönborn Vorwürfe gegen den damaligen Wiener Erzbischof Hans Groër noch zurückgewiesen und diese in die Nähe der Kirchenverfolgung in der NS-Zeit gerückt. 2011 nahm er diese Formulierung zurück und entschuldigte sich. Schönborn hatte zwischenzeitlich lernen müssen, dass sich Groër

als Seminarlehrer und Beichtvater »der sexuellen Gewalt in geradezu
süchtiger Manier schuldig gemacht« hatte.[54] Der Täter Groër selbst
war 1995 stillschweigend zurückgetreten. An seiner statt hatten seine
österreichischen Kollegen im Bischofsamt, unter ihnen Schönborn,
1998 eingeräumt, dass die Vorwürfe zutreffend waren. Eine entscheidende Veränderung brachte auch in Österreich der Fall Canisius. Seit
Anfang 2010 gingen zahlreiche Meldungen über Missbrauchsfälle
aus verschiedenen Stiften, Stiftgymnasien, Kirchengemeinden und
sonstigen pastoralen Zusammenhängen ein.

In Belgien eskalierte das Thema ebenfalls im Jahr 2010: Der Bischof
des flämischen Bistums Brügge, Roger Vangheluwe, trat von seinem
Amt zurück, nachdem bekannt geworden war, dass er seinen eigenen
Neffen über viele Jahre sexuell missbraucht hatte. Vangheluwe gab
diese wie auch weitere Missbrauchstaten zu: In den 1980er-Jahren
hatte er nicht nur dieses Kind, sondern auch einen zweiten Neffen
wiederholt missbraucht, wegen sexuellen Übergriffen auf ein Heim-
kind wurde zusätzlich ermittelt. Sein Rücktrittsgesuch vom 23. April 2010 nahm der Vatikan auf Grundlage des Canons 401 § 2 CIC
innerhalb einer Stunde und offiziell wegen »Krankheit und ›anderer
schwerwiegender Gründe‹« an. Es war die erste Amtsniederlegung
eines Bischofs, welche mit einem selbst begangenen Missbrauch begründet wurde. Dass er nicht der einzige höhere Würdenträger war,
der sich persönlich schuldig machte, dokumentiert die Website *BishopAccountabiliy*. Seit diese Plattform im Juni 2003 an den Start ging,
zählten die zugehörigen Aktivistinnen und Aktivisten bis zum Oktober 2021 insgesamt 90 Bischöfe weltweit, die persönlich des sexuellen
Missbrauchs von Kindern beschuldigt wurden, und weitere 42, die
sich sexueller Übergriffe gegen Erwachsene schuldig gemacht hatten.[55]

In den Niederlanden hatte das auf Kirchenthemen spezialisierte Po-
litmagazin *Kruispunt* 1992 erstmals über sexuelle Gewalt in pastoralen Beziehungen berichtet. 1995 schufen Bischöfe mit *Hulp en*

Recht eine Einrichtung zur Hilfeleistung, die allerdings nur auf wenig Resonanz stieß. Auch eine Artikelserie, die der Journalist Joep Dohmen im Kontext der Enthüllungen des amerikanischen *Boston Globe* publizierte, führte zu wenig Reaktionen. Erst 2010, und damit in unmittelbarem Zusammenhang mit den Vorgängen in Deutschland und Belgien, wurde das Thema tatsächlich virulent. Dohmen fasste seine zahlreichen Enthüllungen in einem Buch mit dem Titel *Vrome Zondaars* (Fromme Sünder) zusammen und wurde für diese Publikation 2011 zum Journalisten des Jahres gewählt. Schneller als ihre Amtskollegen in den Nachbarländern erkannten die niederländischen Bischöfe die Zeichen der Zeit und setzten eine nach ihrem Vorsitzenden, dem früheren Bildungsminister Wim Deetman, benannte *Comissie Deetman* ein: In einer Dunkelfeldstudie ermittelten die beteiligten Wissenschaftlerinnen und Wissenschaftler zwischen 10.000 und 20.000 Minderjährige, die Opfer von Übergriffen wurden. Direkt waren 1795 Beschuldigungen an die Kommission herangetragen worden, in diesem Hellfeld handelte es sich bei 90 Prozent der Fälle um leichten bis mittelschweren Missbrauch. Die Kommission stellte außerdem fest, dass es in Einrichtungen der katholischen Kirche nicht mehr Missbrauchsfälle als in Einrichtungen anderer Konfessionen oder des Staates gebe.[56]

Widerstand, Anpassung und Veränderung: Die römischen Reaktionen auf den Missbrauch

Als im Jahr 2010 die römische Kirche ihr Osterfest im Vatikan feierte, hatte Papst Benedikt XVI. persönlich diese Tage verstreichen lassen, ohne ein Wort zu den Missbrauchstaten zu verlieren. Trotz der damals aktuellen Zuspitzung in Deutschland, Belgien und den Niederlanden, trotz der schon Jahre vorher publik gewordenen

Aufdeckungen in Irland und den USA blieb der Missbrauchsskandal von höchster Stelle an Ostern ungenannt – und war doch auch in Rom und im Vatikan überall präsent.

Der ranghöchste Kardinal nach dem Papst, Angelo Sodano, unterbrach den Ritus der Ostermesse für ein Treuebekenntnis gegenüber dem Papst. Das war insofern höchst außergewöhnlich, weil es im Kirchenjahr liturgisch-protokollarisch keinen symbolisch höher aufgeladenen Moment gibt. Vor zehntausenden von Gläubigen und unzähligen Fernsehzuschauern in aller Welt bekundete Sodano die Solidarität der Kirche: »Mit Ihnen, Heiliger Vater, sind die Kardinäle, die Mitarbeiter in der Kurie, die 3000 Bischöfe und die 400.000 Priester in aller Welt.« An der Seite des Papstes stehe die gesamte Kirche, »die sich nicht beeindrucken lässt vom Geschwätz des Augenblicks und von den Prüfungen, die bisweilen kommen, um die Gemeinschaft der Gläubigen zu treffen.« Der Dekan des Kardinalkollegiums ging sogar so weit, dass er die Situation Benedikts mit der von Jesus am Kreuz parallelisierte, indem er die Jesusworte »In der Welt seid ihr in Bedrängnis, aber habt Mut: Ich habe die Welt besiegt« (Joh 16,33) zitierte und diesen hinzufügte: »Er wurde geschmäht, antwortete aber nicht mit Schmähungen. Er wurde bedroht, drohte aber nicht mit Rache, sondern überließ sich dem, der mit Gerechtigkeit urteilt.« Der Kardinal schloss mit den Wünschen: »Frohe Ostern, Heiliger Vater, frohe Ostern, sanftmütiger Christus auf Erden, die Kirche ist mit dir!«

Sodano reagierte damit nicht nur auf die allgemeine Kritik am Papst, der zu den Missbrauchsfällen schwieg. Der konkrete Hintergrund dieser Worte waren Anschuldigungen amerikanischer und deutscher Medien, Benedikt XVI. habe vor seiner Ernennung zum Papst persönlich eine tragende Rolle bei der Vertuschung von Missbrauchsfällen eingenommen. In deutschen Medien war vor allem Joseph Ratzingers Wirken als Erzbischof von München und Freising thematisiert worden. Der dann 2022 weitestgehend erhärtete Vorwurf:

Benedikt XVI. habe als Erzbischof wissentlich einen pädosexuellen Priester eingestellt und diesen mit seelsorgerischen Aufgaben betraut. In Reaktion darauf äußerten sich nicht nur hochrangige Vatikanvertreter zugunsten des Papstes, sondern auch der *Osservatore Romano*, die offizielle Zeitung des Vatikans, publizierte Solidaritätsbekundungen von Bischöfen aus aller Welt. So ließ sich beispielsweise Kardinal André Vingt-Trois, der emeritierte Erzbischof von Paris, mit den Worten zitieren, die aktuelle Medienoffensive ziele »mittels grobschlächtiger Propaganda« darauf ab, »den Papst zu destabilisieren und mit ihm die Kirche«.[57]

Symbolisch wirkungsvoll hatte vor allem Sodano 2010 mit seinem Statement inmitten der Osterliturgie zur Verteidigung der Kirche beigetragen. Nicht nur kirchenintern, sondern auch weltweit hatte diese Demonstration große Aufmerksamkeit auf sich gezogen. Knapp zehn Jahre später trat Sodano dann jedoch im Alter von 92 Jahren in Reaktion auf neue Vorwürfe vom Amt als Dekan des Kardinalskollegiums zurück: Über viele Jahre hatte er als zweiter Mann im Vatikan als Kardinalstaatssekretär dazu beigetragen, Missbrauchstäter zu decken und ihre Taten zu vertuschen. 2010 hatte der österreichische Kardinal Schönborn Sodano öffentlich vorgeworfen, ein Ermittlungsverfahren gegen den früheren Wiener Erzbischof Hermann Groër torpediert zu haben. In Reaktion darauf war Schönborn von Benedikt XVI. verpflichtet worden, sich bei Sodano zu entschuldigen.

Diese Protektion hatte Letzterer unter Papst Franziskus nicht mehr. Der neue Pontifex hatte im Umgang mit kircheninternem Missbrauch einen anderen Kurs eingeschlagen und beispielsweise das »päpstliche Geheimnis« über alle Missbrauchsfälle und -prozesse in der Kirche aufgehoben. Somit konnte sich niemand mehr auf innerkirchliche Verschwiegenheitsgebote berufen, um die Zusammenarbeit mit Justiz und Polizeibehörden zu verweigern. Damit war eine wichtige Bastion vatikanischer Vertuschungspraxis abgeräumt. Der Rücktritt von Sodano am 21. Dezember 2019 ist wohl auch im Zusammenhang mit diesem Kurswechsel zu sehen.

Vom symbolischen Schulterschluss in den Ostertagen 2010 bis zur Emeritierung des Kirchengewaltigen 2019 – diese zwei Ereignisse rahmen knapp zehn Jahre, in denen auch der Vatikan auf die dramatischen Entwicklungen in den Nationalkatholizismen reagieren musste. Er tat dies, indem er neue Regeln für den Umgang mit sexuellem Missbrauch und entsprechenden Beschuldigungen etablierte. Auch das war ein Schritt zur Internationalisierung der Krise, mit der weltweit das Bewusstsein dafür wuchs, dass hinter den tausenden von »Einzelfällen« ein massives Strukturproblem steckte.

Mit der Revision des Kirchenrechts von 1983 war schon einmal betont worden, dass sexueller Missbrauch von Minderjährigen zu bestrafen sei. Unklar war hierbei aber geblieben, welche Rolle den jeweiligen Ortsbischöfen in diesem Prozess zukommen sollte. Waren sie verpflichtet, Fälle von sexuellem Missbrauch Rom zu melden? Im Laufe der Zeit beschloss der Vatikan als Gesetzgeber eine Verpflichtung dazu. Von einer Verschärfung sollte man nicht sprechen, da sich dieser Prozess über viele Jahrzehnte hinzog: Schwere Vergehen sollten seit 1988 in die Kompetenz der Glaubenskongregation fallen. Denn diese war es, so hatte die Apostolische Konstitution *Pastor Bonus* über die Römische Kurie vom 28. Juni 1988 festgelegt, die »urteilt über Straftaten gegen den Glauben und über schwerwiegendere Straftaten gegen die Sitten und solche, die bei der Feier der Sakramente begangen werden, wenn diese ihr angezeigt worden sind, und, wo es angebracht ist, wird sie nach Maßgabe des allgemeinen oder des besonderen Rechts kanonische Strafen feststellen oder verhängen«.[58] Letztlich blieb aber offen, in welchem Umfang diese Regelung auch sexuelle Missbrauchstaten betraf. Der frühere Mitarbeiter der Glaubenskongregation und spätere Erzbischof von Malta, Charles Scicluna, geht in einem Interview davon aus, dass lange Zeit kein einziger Fall von pädosexuellen Taten in der Kongregation angezeigt wurde.[59] Erst seit 2001 gab es eine veränderte Rechtslage und damit auch einen Wandel der Praxis: Zum »Schutz der Sakramente« verfügte der insgesamt im Kampf gegen sexuellen Missbrauch eher wenig engagierte Johannes Paul II., dass die von einem Kleriker mit einem Minderjährigen begangene Straftat gegen das sechste Gebot des Dekalogs verstoße und somit anzuzeigen und von der Glaubenskongregation zu bearbeiten sei.[60]

Was auf den ersten Blick unspektakulär erscheint, war durchaus eine bedeutende Veränderung, versuchte die neue Regelung doch der Tendenz, Fälle sexuellen Missbrauchs nicht weiter zu verhandeln, einen Riegel vorzuschieben. Die Entscheidung darüber, ob ein Verfahren angestrengt werden sollte, fiel nun der vatikanischen Zentrale zu. Praktisch aber führte die neue Regelung auch dazu, dass die nur mit wenigen Personen besetzte Kongregation mit Fällen überschwemmt wurde und sich die Bearbeitung lange hinzog.

Diese Entwicklung war noch kein Durchbruch zu einer angemessenen Vorgehensweise in Sachen sexuellen Missbrauchs, im Gegenteil: Nach wie vor gewichtete das Kirchenrecht sexuellen Missbrauch als »eine nachrangig schwere Straftat«.[61] Missbrauch wurde als eine Straftat gegen die Sitten, nicht aber etwa gegen Freiheit und Leben der betroffenen Menschen kategorisiert. Weiterhin galt das Verbrechen als ein Priesterverbrechen, was bedeutete: Wenn ein Ordensmann, der nicht wenigstens zum Diakon geweiht ist, oder eine Ordensschwester diese Vergehen begingen, gelten sie kirchenrechtlich nicht als Straftaten. Und – ganz zentral – weiterhin galt die Schweigepflicht über innerkirchliche Vorgänge.

Erst 2019 hob Papst Franziskus dieses praktische Verbot, mit den weltlichen Strafverfolgungsbehörden zusammenzuarbeiten, auf. Auch in anderer Hinsicht agierte die römische Zentrale in diese Richtung: Am 9. Mai 2019 veröffentlichte Papst Franziskus ein Apostolisches Schreiben in Form eines *Motu proprio*, in dem er unter dem Titel *Vos estis lux mundi* (deutsch: Ihr seid das Licht der Welt) kirchenrechtliche Regeln und Instruktionen für die Bekämpfung sexuellen

Missbrauchs in der katholischen Kirche erließ. Insbesondere wurden
die Strafanzeigen neu geregelt, eine weltweite Anzeigepflicht eingeführt und auch ein Verfahren etabliert, welches Untersuchungen
gegen vertuschende Bischöfe regelt.[62] Zuletzt wurde im Juni 2021
ein Artikel gegen Kindesmissbrauch durch Priester in das Kirchenrecht aufgenommen, der Ende des Jahres in Kraft trat. Was von außen betrachtet als selbstverständlich gelten mag, ist aus der Logik
des kirchlichen Rechtssystems ein großer Schritt: Klerikaler Kindesmissbrauch zählt seitdem nicht mehr wie zuvor als Zölibatsbruch,
sondern wie Mord oder Abtreibung als »Straftat gegen das Leben,
Würde und Freiheit des Menschen«. Damit erfüllte der Vatikan eine
schon seit langer Zeit von Betroffenenorganisationen erhobene Forderung. Wichtig war diese rechtliche Neuerung dafür, im gesamten
katholischen Orbit die Sensibilität für sexuelle Gewalt an Kindern
zu schärfen: Ähnlich wie die im Vatikan 2019 veranstaltete Kinder-
schutz-Konferenz war das Kirchenrecht ein Medium, welches die
Aufmerksamkeit auf dieses Thema und den Umgang damit weltweit
synchronisieren sollte.

Und darüber hinaus?
Sexueller Missbrauch weltweit

Auch in Kanada, in Großbritannien, auf den Philippinen und in anderen Ländern wurde und wird sexueller Missbrauch öffentlich ver-
handelt und bearbeitet. In Teilen Europas, der USA, Australien und
vielen anderen Ländern etablierten sich in den vergangenen Jahrzehnten Systeme von Kommissionen, Aufarbeitungsprojekten und Ent-
schädigungsleistungen, mit welchen versucht wird, Betroffene für ihr
Leid zu entschädigen und sexuellen Missbrauch zu verhindern. Aber
auch hier sind die Grenzen der Aufarbeitungsaktivitäten deutlich zu
benennen: Schaut man in die Länder, in denen der Einfluss und die
Macht der katholischen Kirche nach wie vor stark sind, so scheint die

Zurückhaltung groß: Während im stark katholisch geprägten Polen seit 2019 die Missbrauchsdebatte immer größere Kreise zieht, berichten Betroffenennetzwerke in Italien über massive Schwierigkeiten und eine Mauer des Schweigens, an denen ihre Bemühungen scheitern. In Spanien hat sich die Regierung erst Anfang 2022 dazu entschlossen, die Nichtaufarbeitung der Kirche nicht mehr zu tolerieren und eine staatliche Kommission einzusetzen. In Portugal hingegen, wo ca. 80 Prozent der Bevölkerung katholisch sind, hat sich die Bischofskonferenz spät zu einem Kurs der vollen Transparenz entschlossen und unter dem Motto »Dem Schweigen eine Stimme« eine unabhängige Kommission eingesetzt, diese mit ausreichenden Mitteln ausgestattet und vor allem die kirchlichen Archive vollständig geöffnet.[63]

In vielen Teilen des Katholizismus ist dieser Prozess noch nicht so weit fortgeschritten, wie es sich – auch aller dort zu beobachtenden Unzulänglichkeiten zum Trotz – in Teilen Europas und Nordamerikas beobachten lässt. Anzunehmen ist, dass die Praxis des Missbrauchs geistlicher Macht und von Übergriffen auf Schutzbefohlene in vielen Teilen der Welt nicht weniger gravierend ist, diese Verbrechen aber nicht im Fokus der Aufmerksamkeit stehen. Um nur zwei Indizien aus einer langen Liste von Hinweisen zu nennen, die diese Vermutung bekräftigen: Amerikanische Aktivisten sammelten in der bereits erwähnten Datenbank *BishopAccountabiliy* von 2003 bis zum Oktober 2021 die Namen von insgesamt 90 katholischen Bischöfen, denen persönlich vorgeworfen wird, Minderjährige missbraucht zu haben. 42 weitere Oberhirten stehen im Verdacht, übergriffig gegenüber Erwachsenen geworden zu sein. Geografisch erstrecken sich die Standorte der Beschuldigten von Argentinien bis nach Wales und umfassen damit den gesamten katholischen Orbit.[64]

Mit Blick auf den amerikanischen Kontinent jenseits der USA sticht beispielsweise besonders der 2008 verstorbene mexikanische Priester und pädosexuelle Intensivtäter Marcial Maciel hervor. Als charismatischer und einflussreicher Gründer der *Legionäre Christi* hatte er nicht nur in Mexiko Zugang zu den politisch Mächtigen, sondern auch enormen Einfluss im Vatikan. Im Laufe seiner weiteren Karriere entwickelte er ein umfassendes Doppelleben, in dem er vielfach Kinder und Jugendliche missbrauchte, gegenüber Seminaristen sexuell übergriffig wurde und diesen dann im Anschluss die Absolution erteilte.[65] Infolge vatikanischer Ermittlungen distanzierte sich die religiöse Gemeinschaft 2010 von ihrem Gründer und entschuldigte sich bei den Opfern von Maciel. Es spricht viel dafür, dass die Exzesse des Priesters Maciel nicht als »Einzelfall« zu sehen sind, sondern als ein extremes Beispiel für pädosexuelle und kriminelle Gewalt in einer Kultur klerikaler Machtausübung, sexuellen Machismos und kirchlichen Schweigegebots.

Die Sensibilität für sexuellen Missbrauch in der katholischen Kirche ist weltweit hoch unterschiedlich verbreitet: »Niemand [im Vatikan] glaubt, dass der sexuelle Missbrauch von Kindern nur in den USA vorkommt, aber sie glauben, dass die Berichterstattung darüber nur in Amerika stattfindet, angeheizt durch Anti-Katholizismus und Winkeladvokaten, die versuchen, die tiefen Taschen der Kirche anzuzapfen.« So beschrieb der Vatikankorrespondent des *National Catholic Reporter*, John L. Allen, auf dem Höhepunkt der Missbrauchsaufdeckungen in den USA 2002 die weltkirchliche Stimmung.[66]

Europa ist die Heimat von über einem Fünftel der Katholiken weltweit, die USA allenfalls von etwas über fünf Prozent. Mehr als 40 Prozent hingegen leben in Süd- und Zentralamerika, knapp 19 Prozent in Afrika und mehr als zehn Prozent in Asien. In vielen dieser Regionen ist die Macht der katholischen Kirche vergleichsweise stärker als in Nordamerika oder Europa. Die Grenzen des Sagbaren, so zeigt die historische Skandalforschung generell, sind umso enger gezogen, je stärker die Sanktionsmacht der Täterinstitution katholische Kirche ist. Zugleich zeigt sich, dass der Übergang von einer Scham- zu einer

Schuldkultur weniger weit fortgeschritten ist. »*Our local culture is sometimes a culture of shame. If there are subjects we are not sure about, we do not know how to talk about them*«, so lässt sich im Juni 2019 der aus Burkina Faso stammende Jesuit und Mitarbeiter des Päpstlichen Bibelinstituts Paul Béré zitieren, der die insgesamt zurückhaltenden Reaktionen der afrikanischen Bischofskonferenzen auf das päpstliche Lehrschreiben vom Mai 2019 untersucht hat. Es bedürfe einer Inkulturation des Verständnisses und der Sensibilität für den Umgang mit sexuellem Missbrauch in die afrikanischen und asiatischen Teile der Weltkirche, so Béré.[67]

All diese Überlegungen verweisen darauf, dass es vermutlich in vielen Teilen der Weltkirche und auch in Europa, Nordamerika und Australien noch große Segmente gibt, in denen eine Kultur des Schweigens über sexuellen Missbrauch dominiert. Pädosexuelle Gewalt und Missbrauch von Kindern und Jugendlichen durch katholische Kleriker sind nicht auf wenige Nationalkatholizismen beschränkt, sondern ein globales Problem.

FORMEN UND DYNAMIKEN DES MISSBRAUCHS: BETROFFENE UND BESCHULDIGTE, VERTUSCHER UND BYSTANDERS

Von der Fallgeschichte zur Systemfrage: Der Fall Theo Wehren als Exempel[1]

Am 21. Juni 2019 wurde in der Gemeinde Bocholt-Barlo im West-münsterland auf dem Grab des 2011 verstorbenen Pfarrers Theodor Wehren ein laminiertes Stück Papier gefunden. In Gedichtform hatte dort ein anonymer Autor einen Text hinterlassen, der wenige Zeilen von großer Sprengkraft umfasste:

>»Auch wenn euer Pastor/›Kapi‹ [Pfarrer Wehren]
> Bei euch viel gemacht hat, so ist und/Bleibt er ein Kinderschänder!!!
> Und ich bin ganz sicher nicht der einzige.«[2]

Die Gemeinde war geschockt, so berichtete die Lokalzeitung. Im Bocholter Ortsteil Barlo hatte der katholische Geistliche 30 Jahre lang und zuletzt als Pfarrer gearbeitet. Wehren war anerkannt und hoch geschätzt: Einen örtlichen Kinderspielplatz, der auf seine Initiative hin gebaut worden war, hatte man mit seinem Spitznamen als »Kapi-Spielplatz« benannt.[3] Zur Feier seines 25-jährigen Dienstes in Barlo fanden sich circa 400 Gäste ein. In der Festrede wurde vor allem sein besonderer Einsatz für die Kinder und Jugendlichen der Gemeinde hervorgehoben. Ein Pastor, der sich mit Spitznamen anreden und zudem duzen ließ, Fußball spielte und eine Jugendmannschaft trainierte, war ungewöhnlich und kam augenscheinlich gerade deswegen gut an. »Kapi, du warst spitze« – so lautete die Überschrift eines Zeitungsartikels von 2006, in dem über die Verabschiedung Wehrens in den Ruhestand berichtet wurde.[4]

Die zweite Seite des Priesters war bis 2019 weitgehend unbekannt: Wehren war ein pädosexueller Missbrauchs- und Intensivtäter. Laut eines Gerichtsurteils aus dem Jahr 1976 hatte er in mindestens 17 Fällen minderjährige Kinder und in drei Fällen ihm anvertraute Schutzbefohlene sexuell missbraucht. Dieser seinen Vorgesetzten bekannte Richterspruch hatte die Bistumsverantwortlichen jedoch nicht davon abgehalten, Wehren weiter in der Pfarrseelsorge und im Umgang mit Kindern einzusetzen. In den Jahren 2013 und 2019 hatten sich jeweils ein Betroffener beim Bistum Münster gemeldet, die beide angaben, von Wehren sexuell missbraucht worden zu sein.[5] All diese Informationen wurden in der Gemeinde nie offiziell thematisiert, dennoch gab es Gerüchte in diese Richtung. Erst mit dem Gedicht von 2019 wurde aus den Mutmaßungen Gewissheit und aus den Verbrechen ein Skandal.

Theo Wehren selbst hatte 1976 während des Prozesses seinen Lebensweg beschrieben, andere Dokumente liefern zusätzliche Informationen: Laut den Prozessakten stammte er aus einfachen Verhältnissen.

1931 am Niederrhein als Sohn eines Bahnbeamten geboren, wuchs
er mit mehreren Geschwistern in einem, so seine Selbstaussage vor
Gericht, »in jeder Hinsicht geordnet(en) und wohl auch harmoni-
sch(en)« Elternhaus auf, wobei allerdings »die Eltern ihren Kindern
nur schwer eine natürliche Herzlichkeit entgegenbringen konnten«.[6]
Neben einer Lehre zum Gärtnergehilfen war Wehren nach Abschluss
der Volksschule der Kolpingfamilie beigetreten. Dort hatte er die Leitung der »Fußballjugend- und Schülerabteilung« übernommen, sah
sich gar als »Führer und Helfer« der Jugend. Obwohl er zu dieser
Zeit eine Freundin hatte und zunächst eine Familie gründen wollte,
verspürte er vermehrt den Wunsch, Priester zu werden.

   Entscheidend für den weiteren Lebensweg sei für ihn der Präses
der Kolpingfamilie, Heinrich Maria Janssen, gewesen, den Wehren
selbst als seinen »Seelenführer« bezeichnete. Gegen den 1988 verstorbenen Janssen, der von 1957 bis 1982 Bischof von Hildesheim
gewesen war, brachten Betroffene seit 2015 schwere Vorwürfe wegen
sexuellen Missbrauchs vor.[7] Mehrere Gutachterkommissionen konnten diese Anschuldigungen gegen Janssen weder validieren noch entkräften, deckten aber zahlreiche Fälle sexuellen Missbrauchs anderer
Täter im Bistum Hildesheim während der Amtszeit des Bischofs auf.[8]
Im Kontakt zu Wehren soll der Geistliche hohe moralisch-ethische
Maßstäbe angesetzt und ihn auf die Möglichkeit hingewiesen haben,
am Collegium Marianum in Neuß das Abitur nachholen zu können.[9]
   Nach einer Reihe von schulischen und gesundheitlichen Schwierigkeiten legte Wehren 1960 seine Reifeprüfung ab und wechselte
als »spätberufener« Priesteramtskandidat zum Theologiestudium ans
Priesterseminar Collegium Borromaeum in Münster. Ende 1962
äußerte sich sein Heimatpfarrer gegenüber dessen Direktor zuver-
sichtlich. Wehren sei »ein Mensch von natürlicher, schlichter Frömmigkeit, ohne Sonderlichkeiten und Übertreibungen« und verfüge
über gute Voraussetzungen für den Priesterberuf. Ferner benehme
sich Wehren seiner Wahrnehmung nach »gegenüber dem weiblichen
Geschlecht […] durchaus korrekt« und zeige keinerlei »Anzeichen«,

dass er »zu besonderer Vertraulichkeit mit Jugendlichen neigt«.[10] Die Prognose bewahrheitete sich nur zum Teil: Nach dem Abschluss des Studiums und mittlerweile im Priesterseminar, wurde Wehren wegen einer nicht näher benannten »Kurzschlußhandlung« zunächst und vorläufig aus diesem ausgeschlossen. Wehren bereute in einem Schreiben an den Leiter des Priesterseminars und bat um eine weitere Chance. In Absprache mit dem damaligen Bischof Joseph Höffner forderte der Regens den Kandidaten auf, während der Sommermonate im karitativen Bereich zu arbeiten und zugleich nicht zu vergessen, »die Angelegenheit von innen her durch Gebet, gewissenhafte Betrachtung und Selbstzügelung ins Lot zu bringen«. Als Wehren darin einwilligte, war der Weg zum nächsten Karriereschritt frei: 1966 wurde er zum Priester geweiht, als Kaplan dann bis 1975 an St. Joseph in Selm und an St. Antonius in Recklinghausen eingesetzt, ehe ihn die Bistumsleitung zum Pfarrer an St. Helena in Barlo ernannte.[11]

Die Stellung als Geistlicher ermöglichte ihm einen problemlosen Zugang zu Kindern und Jugendlichen: Ob und inwieweit er bereits als Leiter der Jugendabteilung der Kolpingfamilie übergriffig geworden war, ist nicht bekannt. Spätestens nach dem Antritt seiner ersten Kaplanstelle aber nutzte er seinen Status als Priester, um Zugriff auf Kinder zu bekommen: Wehren pflegte gute Kontakte zu den Ordensschwestern, die ein nahe gelegenes Kinderheim führten. Mit der Begründung, den oft aus prekären Familienverhältnissen stammenden Jungen des Kinderheims Abwechslung und Freude bereiten zu wollen, holte er einige von ihnen an Wochenenden und in den Ferien zu sich oder nahm sie in die Ferienfreizeit der Kirchengemeinde mit. In Wirklichkeit nutzte er diesen Vorwand allem Anschein nach, um die Jungen sexuell zu missbrauchen. Diese Praxis setzte er nachweislich als Kaplan in Recklinghausen und als Pfarrer in Barlo bis mindestens 1976 fort. Da Wehren jedoch auch noch Ende der 1980er-Jahre sowie in den frühen 1990er-Jahren Jungen des Kinderheims zu sich ins Pfarrhaus holte, sind weitere Missbrauchstaten nicht auszuschließen.[12]

Laut Anklageschrift und Betroffenen-Meldungen übernachteten die Jungen im Alter zwischen neun und 15 Jahren im Gästezimmer des Pfarrhauses oder gemeinsam mit Wehren in einem Zelt des Ferienlagers. Meist habe er sich zu ihnen ins Bett gelegt, sie gestreichelt und ihre Genitalien berührt, wobei er erregt worden sei und einige sein steifes Glied am Gesäß gespürt hätten. Zum Analverkehr sei es nicht gekommen, aber manche Jungen hätten ihn mit der Hand befriedigen oder zusehen müssen, wie er onanierte. Die Häufigkeit dieser Verbrechen habe von Einzeltaten bis hin zu Fällen, in denen Wehren einige seiner Opfer alle zwei bis drei Wochen über einen Zeitraum von sieben Jahren missbrauchte, variiert.[13]

Zwölf Betroffene sind explizit bekannt. Diese geben selbst an, von Wehren wiederholt und sehr oft missbraucht worden zu sein. Die Umstände legen nahe, dass die Dunkelziffer weitaus höher ist. Wehren vermied es offenbar, gegenüber Jungen seiner Kirchengemeinde übergriffig zu werden, und konzentrierte sich stattdessen auf Kinder aus der Jugendhilfeeinrichtung. Bei diesen besonders wehrlosen Jungen wähnte er sich vermutlich mehr in der Sicherheit, dass seine Taten von der Öffentlichkeit unentdeckt blieben, fehlte es den in ihrem Bindungsverhalten oft unsicheren Jungen doch in der Regel an guten Bezugspersonen. Diesem Muster, den Kontakt zu besonders schutzlosen Kindern zu suchen, könnte er auch 1986 gefolgt sein, als er nach dem Super-GAU im sowjetischen Kernkraftwerk sogenannte »Tschernobyl-Kinder« bei sich aufnahm, die ohne ihre Eltern Schutz in Deutschland suchten.

Wehrens Priestertätigkeit führte ihn nach Barlo, wo er Mitte Oktober 1975 als Pfarrer eingeführt wurde. Obwohl die Entfernung zum Kinderheim jetzt circa 100 Kilometer betrug, missbrauchte er laut Gerichtsurteil von 1976 weiter dort lebende Kinder. Spätestens in den Osterferien des nachfolgenden Jahres holte er wieder drei Jungen in sein Pfarrhaus, von denen er zwei bereits in Recklinghausen missbraucht hatte. Diesmal jedoch berichtete einer von diesen seiner

Mutter von den Übergriffen, die Wehren daraufhin bei der Polizei anzeigte. Im Zuge der nun einsetzenden Ermittlungen konnten Wehren für den Zeitraum seit 1968 Taten an fünf weiteren Jungen nachgewiesen werden.[14]

Ab diesem Zeitpunkt war auch die Bistumsleitung in Münster offiziell in Kenntnis gesetzt und involviert. Über den exakten Zeitpunkt der Anzeige geben Anklageschrift und Urteil keine Auskunft. Auch lässt sich nicht genau feststellen, ob die Bistumsleitung bereits vorher vom sexuellen Missbrauch ihres Pfarrers gewusst hatte, der sich immerhin auf einen Zeitraum von fast zehn Jahren erstreckte. Mit Blick auf einen am 21. September 1976 vom Personalchef des Bistums Münster verfassten Brief an Wehren ist jedoch davon auszugehen, dass zumindest dieser Personalverantwortliche schon vor Erhalt der Anklageschrift von den Taten wusste. Einen Anlass, Wehren umgehend aus der Gemeindeseelsorge abzuziehen, um andere Kinder und Jugendliche vor weiteren Übergriffen zu schützen, sah er jedoch nicht. Im Gegenteil, er sorgte sich ausschließlich um das Wohl des Mitbruders, wie der Brief an Wehren zeigt. So könne Wehren »sich denken, daß wir in diesen Tagen mit Ihnen fühlen und uns mühen, Ihnen zu helfen. Bitte, gehen Sie fest davon aus, daß wir Sie auf keinen Fall im Stich lassen.« Große Hoffnung setzte der Personalchef darauf, möglichst schnell einen »guten Therapeuten« hinzuzuziehen, damit Wehren »die Dinge [...] auch innerlich« aufarbeite. Dadurch sei »tatsächlich Hilfe möglich«, wie seine »Erfahrung in mehreren Fällen, die weit schwieriger waren, als es der Ihre ist«, gezeigt hätten. Deshalb stünde er bereits mit einem »hervorragende[n] Fachmann« in Kontakt, der nun auf einen Anruf von Wehren warte. »Bereits ein erstes Gespräch« werde »den inneren Druck, unter dem Sie jetzt stehen, zum Teil zu lindern vermögen.«[15] Inwieweit der Personalverantwortliche mit einer Anklageerhebung rechnete, ist nicht überliefert. Doch auch durch die Anklageschrift der Staatsanwaltschaft vom 28. September 1976, die ihm gemäß der Anordnung über die Mitteilung in Strafsachen noch am gleichen

Tag übersandt worden war, kam er zu keiner anderen Einschätzung des von Wehren verübten Missbrauchs, sodass dieser weiterhin im Amt blieb.

Am 10. November trat am Amtsgericht Bocholt das Jugendschöffengericht in der Strafsache Wehren zusammen, wobei der Rechtsbeistand des Angeklagten als einer der besten Anwälte der Region galt.[16] Das Gericht verurteilte den Pfarrer »wegen tateinheitlich begangenen« Missbrauchs an Schutzbefohlenen unter 16 Jahren nach § 174 des Strafgesetzbuches, wegen sexuellen Handlungen an männlichen Jugendlichen unter 18 Jahren (§ 175) und sexuellen Missbrauchs von Kindern unter 14 Jahren (§ 176) in 17 Fällen sowie sexuellen Missbrauchs widerstandsunfähiger Personen (§179) in drei weiteren Fällen zu einer Freiheitsstrafe von insgesamt einem Jahr, die zwei Jahre auf Bewährung ausgesetzt wurde.[17]

Das Gericht berücksichtigte bei seinem Urteil zwar erschwerend, dass Wehren seine Taten als Priester begangen, damit für die betroffenen Jungen die besondere sittliche Vorbildfunktion »erschüttert« sowie »über einen so langen Zeitraum hin immer wieder die Energie« für seine Missbrauchstaten »aufgebracht« hatte. Dennoch überwogen in den Augen des Richters und der Schöffen bei der Strafzumessung die positiv zu wertenden Aspekte.[18] Dazu zählten zunächst das »freimütige Geständnis« des Pfarrers, durch das eine Aussage der Jungen vor Gericht vermieden werden konnte, wie auch seine augenscheinliche Betroffenheit. Ferner wurde auf die »tieferen Ursachen« der Taten verwiesen, die das Gericht »in fehlender Zärtlichkeit im Elternhaus und in einem zölibatär bedingten sexuellen Notstand« sah. Auch liege »eine Reihe von Taten [...] teilweise lange zurück«, und Wehren habe dafür »Situationen gewählt«, die zumindest in seiner Vorstellung eine »bewußte Anteilnahme der Kinder an seiner Handlungsweise ausschließen sollte«. Durch die meist nur leichte Berührung der Jungen liege die »Tatbestandsverwirklichung« im »Vergleich zu einer Fülle anderer Verfahren [...] an der unteren

Grenze dessen [...], was überhaupt an Erfüllung der gesetzlichen Tatbestände denkbar ist«. Schließlich ging das Gericht bei der Zumessung der Bewährung davon aus, dass das Verfahren und die Verurteilung Wehren derart beeindruckt habe, »daß er in Zukunft keine strafbaren Handlungen der festgestellten Art mehr begehen« werde. »Besonders positiv« sei zudem »zu berücksichtigen, daß er sich freiwillig in fachärztliche Behandlung begeben hat, um zum einen Klarheit über seine Veranlagung zu finden und sich zum anderen beraten zu lassen, wie er sexuelle Schwierigkeiten in Zukunft zu bewältigen vermag, ohne strafbar zu werden.«[19]

Nach Auskunft des damaligen Richters aus dem Jahr 2019 gab es im Prozess eine informelle Vereinbarung zwischen dem Staatsanwalt, dem Verteidiger und ihm selbst, den Generalvikar des Bistums unmittelbar zu informieren. Der Staatsanwalt habe daher eine Kopie des Urteilsspruchs nach Münster gebracht. Auf offiziellem Weg erhielt der Personalchef des Bistums den Urteilsspruch erst einen Monat später, am 9. Dezember 1976, per Post. Die Presse erhielt vom Prozess und vom Urteil keine Kenntnis.[20]

Es wird dieses insgesamt recht wohlwollende Vorgehen der Justizbehörden gewesen sein, das den Personalchef zu einem Weihnachtsgruß an den Staatsanwalt bewog. Herzlich bedankte sich der Kirchenmann – ausdrücklich auch im Namen Bischof Tenhumbergs – für die »große Mühe«, die die Staatsanwaltschaft sich im Fall Wehrens gemacht habe. Zugleich teilte er mit, dass dem Pfarrer der Bocholter Gemeinde St. Georg und gleichzeitig Dechant des Kirchenbezirks, den das Bistum »gebeten [hatte], sehr sorgfältig auf umlaufende Gerüchte zu achten«, »nicht das mindeste zu Ohren gekommen sei«.[21]

Mit diesem Weihnachtsgruß endet in der Personalakte die Überlieferung zur Gerichtsverhandlung wie auch zum weiteren Umgang der Bistumsleitung mit Wehren und seinen Missbrauchstaten. Ob es Therapeutengespräche gegeben hat, bleibt ebenso unklar wie die Frage, ob mit den Dokumenten auch Wehrens Karriere als Missbrauchstäter endete.

Ob Mitglieder des Kirchenvorstands, des Pfarrgemeinderats oder anderer Gremien der Pfarrei über die Gerichtsverhandlung und damit über den langjährigen sexuellen Missbrauch Wehrens informiert wurden, ist nicht überliefert. Aber auch ohne einen direkten Rückbezug auf seine Verurteilung kursierten in Barlo zahlreiche Gerüchte, die Wehren mit sexuellem Missbrauch von Jungen in Verbindung brachten. So erklärte etwa in einem Interview mit dem Forschungsprojekt zur Aufarbeitung sexuellen Missbrauchs im Bistum Münster eine im Ort wohnende Frau, Ende der 1970er-Jahre auf ihrer Arbeitsstelle von Übergriffigkeiten Wehrens erfahren zu haben. Da damals auch zwei ihrer Neffen im Barloer Fußballverein vom Pfarrer trainiert wurden, habe sie sich daraufhin Klarheit in dieser Frage verschaffen wollen, indem sie sich an den Bocholter Dechanten wandte. Dieser teilte ihr – so ihre Schilderung – nach einiger Zeit mit, mit Wehren gesprochen zu haben. Dabei habe sich herausgestellt, dass die Vorwürfe nicht stimmten. Eindringlich habe der Dechant sie aufgefordert, nun nicht mehr darüber zu sprechen. Zwar habe sie sich daraufhin bei Wehren entschuldigt, aber ihn gleichzeitig auch vor Konsequenzen gewarnt, falls sich die Gerüchte doch bewahrheiten sollten. Letztlich sei ihr Verhältnis zu ihm nachhaltig gestört gewesen.[22]

Die Gerüchteküche brodelte in diesen Jahren offenbar: Ohne sich weiter zu erklären, formulierte eine ältere Barloerin in einem Interview mit Forschenden, dass sie immer gehofft habe, dass »dies nie bekannt werden würde«. Ein anderer gab an, Mitte der 1980er-Jahre einen Streit am Barloer Pfarrhaus mitbekommen zu haben, in dem Wehren von seinem Gesprächspartner lautstark mitgeteilt worden sei, »keine Kinder mehr zu bekommen«, da der Priester diese missbrauche. Auf Verwunderung stieß auch, dass im Dachgeschoss des Pfarrhauses vier kleine Einzelzimmer eingerichtet worden waren – genau die Räume, in denen Wehren die von ihm aufgenommenen und missbrauchten Kinder übernachten ließ.[23]

Die Fallgeschichte Theo Wehrens illustriert Formen und Dynamiken von Missbrauch, macht auf strukturelle Zusammenhänge aufmerksam und hilft dabei, Fragen zu stellen und analytische Zugänge zu entwickeln. Zugleich demonstrieren die verbleibenden Unsicherheiten bei der Rekonstruktion allein dieser Fallgeschichte jedoch auch, wie schwierig die Erarbeitung von Wissen über ein zeitgenössisch wie auch heute so stark mit Tabus belastetes Thema ist.

Zunächst zeigt die historische Rekonstruktion die Herausforderungen einer exakten Ermittlung von Zusammenhängen und Zahlen: Der Fall Wehren ist eher eine Ausnahme von der Regel, hat doch ein Gericht bereits zeitgenössisch ermitteln lassen. Wehren war unbestreitbar Täter, ist er doch rechtskräftig verurteilt worden. Für viele andere derjenigen Priester, die im Fokus der Aufmerksamkeit stehen, gilt das nicht. Sie sind Beschuldigte. In vielen Fällen verdichten sich Aktenlage wie auch Hinweise von Betroffenen zwar dahingehend, dass die Beschuldigten auch tatsächlich Täter waren. Wo ein historischer Plausibilitätsschluss zulässig ist, hat er jedoch nicht die gleiche Tragweite wie ein richterliches Urteil.

Auch wenn die Aufdeckungen im Canisius-Kolleg 2010 und die seitdem geführten Debatten zu einer Sensibilisierung und neuen Offenheit beigetragen haben, sind die Grenzen des Sagbaren nach wie vor eng. In Bocholt-Barlo, um an das Beispiel noch mal anzuknüpfen, bedurfte es erst des anonymen Hinweises auf dem Spielplatz, um die öffentliche Diskussion ins Rollen zu bringen. Expertinnen und Experten des Bundeskriminalamts gehen davon aus, dass von 15 Fällen sexuellen Missbrauchs lediglich einer angezeigt wird, andere Forscherinnen und Forscher nennen noch höhere Zahlen des Verschweigens.[24] Die quantitative Ermittlung von Missbrauchsfällen ist jedoch in beiderlei Richtungen vorläufig und unsicher, wobei allerdings davon auszugehen ist, dass die Zahlen eher zu niedrig als zu hoch angesetzt sind.

Die Fallgeschichte zu Theo Wehren zeigt zudem, wie wenig die Betroffenen zum Zeitpunkt des Geschehens im Fokus der Aufmerksamkeit standen und wie schwierig es ist, ihre Erfahrungen heute gebührend zu berücksichtigen: Die Akten, wie sie im Bistum als der personalführenden Stelle oder auch bei den Gerichten und Strafverfolgungsbehörden angelegt wurden, haben jeweils ihren eigenen administrativen Zweck und legen einen Fokus auf die Perspektive und Sprache der Bürokratie, vor allem auf den Täter und den Umgang mit ihm gerichtet. Wer wissen will, wer die Betroffenen sind und wie diese mit dem erlittenen Missbrauch umgehen, muss sie in die Forschung integrieren. Allein durch ihr Wissen und Engagement lässt sich an dieser Stelle zu Erkenntnissen kommen. Neben den Betroffenen sind die Täter involviert. Forensische Medizin, Rechtswissenschaft, aber auch eigene Forschungen können zeigen, welche Informationen wir über diese Gruppen haben.

Weiterhin lässt die Fallgeschichte erkennen, dass es sich bei sexuellem Missbrauch um ein äußerst dynamisches und sozial weitreichendes Phänomen handelt. Pädosexuelle Missbrauchstaten müssen daher auch überindividuell betrachtet und verstanden werden, sind doch nicht nur Täter und Betroffene, sondern auch zahlreiche andere Akteure involviert. Zugespitzt formuliert: Auch der *per se* verborgene Missbrauch findet in einem breiteren sozialen Kontext statt. Im Fall von Theo Wehren tauchen Bistumsvertreter, Mitgeistliche, Ordensschwestern, Richter und Staatsanwälte, aber auch Gemeindemitglieder, Nachbarinnen und Nachbarn und andere *Bystanders* auf. Diese Beobachtung steht im Widerspruch zu einer in den Medien weit verbreiteten Tendenz der Berichterstattung, in der vor allem auf ein ›Einzeltäterszenario‹ abgehoben wird. Tatsächlich findet Missbrauch aber in Systemen statt, die ihn entweder behindern oder begünstigen. Es gibt ebenso Mitwissende wie passive und aktive Unterstützende. Pädosexuelle Taten werden getragen oder blockiert von Organisations- und Umgangsformen, von kommunikativen Praktiken und der Verteilung von Macht. Darüber hinaus gibt es Mechanismen des Vertuschens oder des Aufdeckens von Missbrauch. Im Fall des Missbrauchs in der katholischen Kirche sind damit vor allem die Kirchengemeinden, die Familien und sonstige *Bystanders* umfasst. Der Fall Wehren macht deutlich, von welch zentraler Bedeutung das

Bistum und die Bistumsleitung, die Strafverfolgungsbehörden und die Justiz, aber auch der soziale Nahbereich von Tätern und Betroffenen sind.

Wie viel Missbrauch gab und gibt es in der katholischen Kirche?

Eine wichtige, vor allem in der Öffentlichkeit immer wieder aufgeworfene Frage ist die nach dem Ausmaß sexuellen Missbrauchs: Wie viele Fälle hat es in der katholischen Kirche in Deutschland gegeben? Wie viele gibt es tendenziell außerhalb der Kirche, wie viele gibt es aktuell? Wie viele Menschen waren und sind betroffen? Wer sind die Täter?

Im Vergleich zu früheren Jahren und Jahrzehnten wissen wir mittlerweile recht viel über das Missbrauchsgeschehen – und sind doch immer noch weit entfernt davon, das Phänomen erfasst zu haben oder gar in seiner ganzen Breite und seinen Auswirkungen beschreiben zu können. Das überbordende mediale Interesse, welches sexueller Missbrauch im Katholischen gewinnt, geht nicht mit entsprechend vertieften empirischen Kenntnissen einher.[25] Ein erster und sehr naheliegender Grund für die nach wie vor bestehenden Unsicherheiten ist die Forschungslage: Während es für einige bundesrepublikanische Bistümer bereits Gutachten und Untersuchungen gibt, fangen andere erst an, bereiten Untersuchungen dazu vor oder haben sich dazu entschieden, nur Teilaspekte untersuchen zu lassen oder gar keine Studien in Auftrag zu geben.[26] Aber selbst wenn alle Diözesen ihre jeweiligen Studien abgeschlossen haben, wird ein Gesamtüberblick verwehrt bleiben. Eine Schwierigkeit besteht darin, dass die Untersuchungszugriffe wie auch die zugrunde gelegten Definitionen nicht einheitlich sind, sodass eine Vergleichbarkeit schwierig ist: Manche Gutachten versuchen, sexuellen Missbrauch qualitativ und quantitativ insgesamt zu beschreiben, andere beschränken sich auf wenige Fälle, anhand derer sie dann exemplarisch Entscheidungswege rekonstruieren. Zudem gibt es Gutachten und Analysen, die eher juristisch ausgerichtet sind und nach Schuld und Verantwortung aus einer vor allem rechtlich-praktischen Perspektive fragen.

Auf die Frage, wie viele Fälle sexuellen Missbrauchs es in Deutschland oder vergleichbaren Gesellschaften gegeben hat, gibt es eine große Bandbreite von Antworten, die in der Summe eher Tendenzen beschreiben, als hart belastbare Fakten liefern. Der Forschungsstand ist dürftig: Das gilt für die katholische Kirche in Deutschland, vor allem aber auch für die Geschichte religiöser Gemeinschaften in vielen anderen Teilen der Welt und erst recht für das Thema sexuellen Missbrauchs allgemein. Trotz dieser Einschränkungen aber liefern diese Forschungsergebnisse und Zahlen wichtige Hinweise, die unsere weitere Untersuchung leiten:

Wer nach dem quantitativen Ausmaß des sexuellen Missbrauchs in der katholischen Kirche in Deutschland fragt, kann für die Antwort eine Reihe von Studien heranziehen: Die bisher umfassendste Analyse zum Ausmaß des sexuellen Missbrauchs in Deutschland stellten die deutschen Bischöfe auf ihrer Herbst-Vollversammlung am 25. September 2018 der Öffentlichkeit vor. Zuvor hatten Wissenschaftlerinnen und Wissenschaftler aus den Bereichen Kriminologie, Soziologie, Forensik und Gerontologie der Universitäten Mannheim, Heidelberg und Gießen knapp vier Jahre lang den »sexuellen Missbrauch an Minderjährigen durch katholische Priester, Diakone und männliche Ordensangehörige im Bereich der Deutschen Bischofskonferenz« untersucht – so der Untertitel der als MHG-Studie bekannt gewordenen Untersuchung. Das vom Leiter des Zentralinstituts für Seelische Gesundheit in Mannheim, Harald Dreßing, koordinierte Verbundprojekt konzentrierte sich auf die Analyse von Personal- und Handakten, die Hinweise zu sexuellem Missbrauch enthielten. Dazu hatten nicht die Forschenden selbst, sondern kirchliche Mitarbeitende oder von den Bistümern beauftragte Rechtsanwaltskanzleien die entsprechenden Bestände durchgesehen, alle Informationen anonymisiert erfasst und den Forscherinnen und Forschern zur Verfügung gestellt.

Das Untersuchungssample war wie folgt definiert: Aus allen 27 Bistümern waren die Akten von bereits beschuldigten Klerikern herangezogen worden. Aus zehn Diözesen wurden darüber hinaus sämtliche Personalakten ausgewertet, in den 17 weiteren Bistümern hingegen nur die Personalakten der Kleriker, die im Jahr 2000 noch lebten oder die nach 2000 geweiht wurden. Insgesamt werteten die MHG-Forschenden so 38.156 Personalakten aus.[27]

Im Ergebnis stießen die Forschenden in diesen Akten auf eine Gesamtzahl von 1670 beschuldigten Klerikern (Diözesanpriester, Ordenspriester und Diakone) und 3677 betroffenen Minderjährigen für einen Zeitraum zwischen 1946 und 2014. Unter den Klerikern überwog die Gruppe der Diözesanpriester. In 1429 Fällen und damit in 5,1 Prozent tauchten diese als Beschuldigte für Missbrauchstaten auf. Daneben standen 159 Ordenspriester (2,1 Prozent der untersuchten Akten) und 24 hauptamtliche Diakone (1 Prozent der untersuchten Akten). In der Summe waren 4,4 Prozent aller Kleriker der deutschen Bistümer, deren Akten untersucht wurden, mutmaßliche Missbrauchstäter. Schon damals war den Forscherinnen und Forschern klar, dass es sich hierbei nur um »eine untere Schätzgröße« handelte und die tatsächlichen Werte vermutlich wesentlich höher liegen.[28]

Einzelne Bistumsstudien, die seitdem angelaufen sind, bestätigen diese Vermutung: Bezogen auf die Jahre von 1946 bis 2015 hatten die MHG-Forschenden für das Bistum Münster 138 beschuldigte Kleriker und 450 Betroffene ermittelt.[29] Eine intensive Durchsicht der Personalakten sowie die Befragung von Betroffenen, wie sie vom Münsteraner Forschungsprojekt AUBIM[30] vorgenommen wurde, erhöhte die absolute Zahl von Beschuldigten auf 196 Kleriker im Bistum Münster. In Relation zur Zahl der insgesamt in dieser Diözese beschäftigten Kleriker ergibt sich damit ein Anteil von 4,17 Prozent. Schließt man die Missbrauchstäter ein, die zwar in Münster gearbeitet haben, aber außerhalb ihrer Dienstzeit in Münster übergriffig geworden sind, wie auch diejenigen, deren Verbrechen erst 2021 bekannt wurden, so erhält man die Zahl von 208 Klerikern und damit 4,4 Prozent Anteil am gesamten Klerus.

Für weitere Diözesen ergibt sich ein ähnliches Bild: Im Bistum Berlin hatten die Forschenden der MHG-Studie in 1401 Personalakten über Diözesanpriester, Ordenspriester und Diakone 51 Beschuldigte ausfindig gemacht. Diese Zahl erhöhte sich mit der Arbeit der Berliner Kommission um zehn weitere Fälle auf 61, sodass 4,2 Prozent der im Bistum beschäftigten Kleriker des sexuellen Missbrauchs beschuldigt waren und sind.[31] Das Bistum Köln, für das eine vor allem juristisch orientierte Untersuchung vorgelegt wurde, ermittelte 127 beschuldigte Kleriker, während die MHG-Studie 87 ermittelt hatte. Im Gutachten wird diese Diskrepanz damit begründet, dass im Gegensatz zur MHG-Studie zum einen auch Vorfälle, die zwischen 2015 und 2018 bekannt wurden, sowie Delikte, bei welchen die Beschuldigten bereits vor dem Jahr 2000 gestorben seien, berücksichtigt wurden.[32]

Schon dieser kurze Abgleich zwischen den in der Tendenz ähnlichen, aber im Detail durchaus unterschiedlichen Ergebnissen von Hellfeldstudien wirft die Frage nach der Dunkelziffer auf. Wie viele Taten bleiben unerkannt? Wie erklärt sich die Differenz zum Dunkelfeld? Sexueller Missbrauch war und ist bis heute schambehaftet. Weder sprechen Interviewpartnerinnen und Interviewpartner freimütig darüber, noch geben die Akten offen Auskunft dazu. Wie auch in anderen Institutionen herrscht in der Täterinstitution Katholische Kirche die Tendenz vor, Missbrauch zu beschweigen, zu vertuschen und vor allem nicht aktenkundig werden zu lassen. Der Leiter der MHG-Studie, Harald Dreßing, geht zudem davon aus, dass Akten vernichtet wurden, verloren gingen oder manipuliert wurden, sodass Spuren von Verbrechen getilgt sind.[33] Sogenannte Hellfeldstudien müssen mit diesen Einschränkungen leben.

Wie stark die Diskrepanz dieser Hellfeldstudien zum tatsächlichen Geschehen sein könnte, zeigt ein Abgleich mit Studien, die einen anderen methodischen Zugriff wählen und sich um die Ausleuchtung des Dunkelfeldes bemühen. Ein Beispiel für eine solche Dunkelfeld-Analyse zum sexuellen Missbrauch in der katholischen Kirche lieferte das Nachbarland Frankreich: Dort hatte die Bischofskonferenz Ende 2018 die *Commission indépendante sur les abus sexuels dans L'Église (CIASE)* eingesetzt. Deren Leiter Jean-Marc Sauvé, ein früherer hoher Verwaltungsbeamter und amtierender Präsident der französischen Verwaltungsakademie, stellte am 5. Oktober 2021 die Ergebnisse der Arbeit vor: Seit 1950 gibt es geschätzte 216.000 minderjährige Opfer von sexueller Gewalt durch circa 2000 katholische Geistliche. Zähle man Laien und Mitarbeiter der katholischen Kirche in den Kreis der Täter hinzu, erhöhe sich die Täterzahl auf ungefähr 3000 und man komme auf 330.000 Betroffene.[34] 80 Prozent der Opfer seien Jungen im Alter zwischen zehn und 13 Jahren gewesen, 20 Prozent Mädchen unterschiedlicher Altersgruppen. Bei fast einem Drittel der Taten habe es sich um Vergewaltigungen gehandelt.

Im Vergleich zur auf Deutschland bezogenen MHG-Studie nehmen sich diese Zahlen gewaltig aus: Mehr als doppelt so viele Täter würden sich vielleicht noch aus der größeren Grundmenge an Mitgliedern der katholischen Kirche in Frankreich erklären. Aber die Zahl der Betroffenen – 3677 in Deutschland, über 300.000 in Frankreich – wird im CIASE-Bericht als ein Vielfaches höher angegeben.

Wie erklärt sich diese Diskrepanz? Zunächst einmal unterscheiden sich die Studien durch ihren Zugriff: Im Gegensatz zur Hellfeld-Forschung, die aus den Akten, Interviews oder sonstigen Informationen nachweisbare Fälle rekonstruiert und das dabei erzielte Ergebnis immer mit dem Verweis auf zahlreiche mögliche, nicht mehr nachweisbare

Fälle versehen muss, gehen Dunkelfeldforschende den umgekehrten Weg: Ihr Arbeitsmittel sind Befragungen eines möglichst großen und repräsentativen *Samples* von Bevölkerungsmitgliedern. Im Fall der französischen Studie waren es rund 28.000 Personen, die befragt wurden. In der Regel werden die Befragten nicht zufällig, sondern nach einem bestimmen Proporz hinsichtlich Geschlechts, Alters, Wohnorts und vieler anderer Merkmale ausgewählt. Diese werden um sehr spezifische Auskünfte gebeten, die eindeutig gegeben werden können: »Haben Sie Missbrauch durch einen katholischen Geistlichen erlebt – ja oder nein?« Die dann erzielte Zahl der Ja-Stimmen wird nicht unmittelbar auf die Gesamtbevölkerung hochgerechnet, sondern mit einem Risikofaktor versehen, der beschreibt, mit welcher Wahrscheinlichkeit die Ergebnisse außerhalb des Prognosebereichs liegen. Je genauer die Ergebnisse sein sollen, desto kleiner muss der Ausschnitt der Studie sein, der zu den positiven Ergebnissen gezählt wird, um so den Risikofaktor möglichst klein zu halten.

Auch in der Dunkelfeldforschung gibt es Unsicherheitsfaktoren: Wie ehrlich antworten die Befragten? Wie viel Verdrängung wirkt in der Befragungssituation? Gibt es ein sogenanntes »doppeltes Dunkelfeld«, wenn die Befragten auch in dieser Situation nicht darüber sprechen wollen? Wie stark antizipieren die Befragten eine mögliche soziale Erwünschtheit und inwiefern lassen sie sich bei den Antworten davon leiten? Das Gesetz der großen Zahl hilft dabei, einzelne Verzerrungen auszugleichen: Sagt die oder der eine in diese Richtung die Unwahrheit, korrigiert sich das durch den zweiten Ausreißer in die andere Richtung. Die Wahlforschung, die Demoskopie und vor allem die Kriminologie arbeiten mit ähnlichen Werkzeugen und erzielen auf diese Weise meist belastbare Ergebnisse. Im Fall der französischen Studie gehen die Verfasserinnen und Verfasser davon aus, dass mit einer Wahrscheinlichkeit von 95 Prozent die Zahl der Betroffenen von sexualisierter Gewalt, wie sie von Priestern und Laienmitarbeitenden ausgeübt wurde, zwischen 265.000 und 396.000 Personen liegt.[35]

In den Anfangszeiten dieser Studien gingen Forschende von einem unmittelbaren Zusammenhang zwischen Hell- und Dunkelfeld aus. Je höher die Zahl der aufgedeckten Straftaten war, desto höher sei auch die Zahl der nicht aufgedeckten Verbrechen, so ein oftmals unterstellter Zusammenhang. Heute hingegen sind die Expertinnen und Experten hinsichtlich der Einschätzung von Rückkopplungen zwischen Hell- und Dunkelfeld vorsichtiger: Nicht nur neue gesetzliche Bestimmungen, sondern auch eine veränderte Sensibilität und ein damit einhergehendes verändertes Anzeigeverhalten können hier nicht kalkulierbare Effekte auslösen.

Damit gilt auch für den sexuellen Missbrauch in der katholischen Kirche, was Experten allgemein zur statistischen Erfassung von sexuellem Missbrauch sagen: Eine umfassende Bewertung der Unterschiede zwischen Hell- und Dunkelfeldstudien ist bislang für den deutschen Raum nicht möglich. Wie von vielen Forscherinnen und Forschern angemerkt, ließe sich dieses Problem erst dann weiterbearbeiten, wenn die in Deutschland derzeit so vielfältig und sehr detailliert angefertigten Bistumsstudien durch eine Dunkelfeldstudie für diesen Bereich ergänzt werden würden.

Einen ersten Versuch dazu hat es bereits gegeben: Mit einer verhältnismäßig kleinen Stichprobe von 2500 Befragten unternahmen Mediziner und Psychologen mit einer relativ breiten Definition von Missbrauch einen ersten Versuch, der 2019 veröffentlicht wurde: Von 10,5 Prozent der Befragten, die nach eigener Aussage sexuellen Missbrauch in ihrer Kindheit erlitten hatten, gaben 0,16 Prozent dieser Gruppe an, Übergriffe in einer kirchlichen Einrichtung oder einem religiösen Zusammenhang erlebt zu haben. Hochgerechnet auf die Bevölkerung der Bundesrepublik ergibt sich damit eine Zahl von 114.000 Betroffenen in beiden christlichen Konfessionen.[36] Auch wenn der Schwankungsbereich dieses Ergebnisses hoch ist, »übersteigen die ermittelten Werte doch deutlich das Ausmaß der Betroffenheit, das sich aus Aktenaufarbeitung und Stichproben mit Betroffenen ergibt.«[37]

Ist die katholische Kirche ein »Hotspot« sexuellen Missbrauchs?

An Kontur gewinnen all diese Zahlen für den katholischen Bereich dann, wenn sie mit der Prävalenz von sexuellem Missbrauch in der Gesellschaft insgesamt verglichen werden. Ist die katholische Kirche ein Kontext, in dem besonders viele Fälle von sexuellem Missbrauch auftreten? Oder bewegt sie sich im Mittelfeld der Gefahren aller gesellschaftlichen Zusammenhänge? Ganz zugespitzt gefragt: Ist es riskanter, sein Kind in eine Messdienergruppe zu schicken als in einen Sportverein oder in die Schule?

Aus der Sache heraus ist es sehr schwierig, genaue Angaben zur Häufigkeit von sexuellem Missbrauch zu ermitteln, die Angaben zur Prävalenz von sexuellem Missbrauch in der Gesellschaft sind erheblich schwankend: Je nach Fokus auf Schweregrad oder Art der sexuellen Handlung »bewegen sich die Angaben zwischen niedrigen einstelligen Prozentangaben und Angaben gegen 20 Prozent der Stichprobe.«[38]

Expertinnen und Experten wie der Psychologe Andreas Jud gehen davon aus, dass bei einem grundlegend weit gefassten Missbrauchsbegriff in Deutschland etwa jedes siebte bis zehnte Kind unter 18 Jahren von sexuellen Missbrauch betroffen war und ist.[39] Global orientierte Metauntersuchungen, die ihrerseits Fallstudien zusammenfassend auswerten, kommen zu dem Ergebnis, dass weltweit 18 Prozent der Mädchen und 7,6 Prozent der Jungen verschiedene Formen sexuellen Missbrauchs erfahren.[40] Ohne diese Befunde weiter vertiefen zu können, lässt sich doch festhalten, »dass sexueller Missbrauch in der Kindheit nicht bloß eine Minderheit betrifft, sondern einen bedeutenden Teil der Gesellschaft – mit oft schwerwiegenden Folgen für die individuelle psychische und körperliche Gesundheit sowie hohen Kostenfolgen für die Gesellschaft.«[41]

Eine Antwort auf die Frage, ob und wenn ja in welchem Umfang Kleriker mehr oder weniger sexuellen Missbrauch begehen als Männer und Frauen in der Gesellschaft insgesamt, ist voraussetzungsreich und momentan wissenschaftlich nur begrenzt möglich: Wir wissen schlichtweg nicht, ob die Prävalenz von Missbrauchstaten unter Priestern höher oder gegebenenfalls auch kleiner ist als in der Gesellschaft insgesamt oder auch in Vergleichsgruppen. Bisherige wissenschaftliche Studien bieten allenfalls Näherungen, da nur in seltenen Fällen und bislang nur in sehr klein angelegten Studien tatsächliche Vergleichsmöglichkeiten bestehen:

So hat beispielsweise eine Prävalenzstudie zu sexuellem Missbrauch in Institutionen, für die im Jahr 2018 2516 Interviews geführt wurden, gezeigt, dass mit Blick auf Missbrauch in Institutionen Jugendliche und junge Erwachsene laut Selbstauskunft der Befragten am häufigsten in der Schule (1,4 % der Gesamtbevölkerung), dann von Sporttrainern (knapp 0,3 %) und dann von katholischen Priestern (0,16 % der Gesamtbevölkerung) sexuell missbraucht wurden. Die Zahlen für evangelische Geistliche ähneln denen auf der katholischen Seite.[42]

Eine Relation zwischen Gesamtprävalenz von sexuellem Missbrauch in der Gesellschaft und sexuellem Missbrauch in der Kirche erhält man nur dann, wenn in einem zweiten Schritt die Zahl der katholischen Geistlichen ins Verhältnis gesetzt wird zu der männlichen Gesamtbevölkerung: Mit Zahlen für 2011 stellen katholische Priester nur 0,035 % der männlichen Bevölkerung in Deutschland dar, so dass gemessen daran der Anteil von in der Dunkelfeldstudie ermittelten Taten (0,16) hoch ist.

Hinzu kommt, dass in einer weiteren Studie laut Aussage desselben Verfassers in religiösen Zusammenhängen nicht nur überproportional Jungen zu Betroffenen von Missbrauch wurden, sondern auch besonders brutal missbraucht wird: Ein hoher Anteil, nämlich acht Prozent eines allerdings kleinen *Samples*, der im katholischen Zusammenhang Missbrauchten berichtete von schweren »hands-on«- und penetrativen Übergriffen. Daraus folgert Fegert, dass von Priestern »eine signifikant höhere Gefährdung ausgeht als vom ›gemeinen Durchschnittsmann‹.«[43]

Über Belege aus solch kleinen Studien hinaus ist es wissenschaftlich kaum statthaft, verschiedene Befunde in Relation zu setzen, sind doch die Voraussetzungen der jeweils untersuchten Gruppen zu unterschiedlich: In der Gesellschaft findet das Gros des Missbrauchs an Kindern und Jugendlichen in der Familie statt – in vermutlich drei Vierteln der Fälle sind die Täter Väter oder enge Verwandte der Familie.[44]

Damit sind vor allem Männer Täter, die tendenziell im sozialen Nahbereich der Betroffenen wohnen und damit teils unmittelbar Zugang zu Kindern haben. Für die betrachteten Priester gilt dieses Kriterium nicht. Sie wohnen in der Regel nicht mit Kindern zusammen, sondern müssen sich über die Aktivitäten in der Pfarrei oder durch andere Zusammenhänge Zugang zu diesen verschaffen. Legt man diese Überlegung zugrunde, dann sind Priester in der Grundkonstellation eher mit Geistlichen anderer Religionsgemeinschaften oder mit Angehörigen von Berufsgruppen zu vergleichen, die selbst mit Kindern arbeiten wie beispielsweise Lehrer, Sporttrainerinnen oder Erzieher. Ohne solche Vergleichsgruppen »ist eine relationale Einordnung von absoluten Häufigkeiten sexueller Übergriffe durch katholische Geistliche nicht möglich.«[45] Die oben referierten Indizien dafür, dass es unter Priestern eine höhere Prävalenz von Missbrauchstaten gibt als unter Männern in der Gesamtgesellschaft, lassen sich sozialstatistisch auf dem bisherigen Forschungsstand nicht weiter erhärten.

Wie wichtig aber ist die Frage, ob Priester stärker oder weniger stark missbrauchen als andere Gruppen in der Gesellschaft? Eine weitere Überlegung relativiert die Bedeutung dieser teilweise so heftig diskutierten und aus der Empirie nur schwer oder gar nicht zu beantwortenden Frage: Angenommen, eine Untersuchung ergäbe, dass fünf

Prozent der Polizeibeamten in Deutschland korrupt sind. Würden wir uns dann mit dem Verweis zufriedengeben, so das Gedankenexperiment des Philosophen und Theologen Godehard Brüntrup, dass die Bevölkerung insgesamt zu fünf Prozent korrupt ist, und es damit auf sich bewenden lassen, dass jeder zwanzigste Polizist sich bestechen lässt? Der rein quantitative Gleichklang befreit nicht von der Aufgabe, in jedem Zusammenhang nach den spezifischen Ursachen von Fehlentwicklungen und Verbrechen zu forschen.[46]

Alles in allem deuten die bisherigen Studien und Analysen darauf hin, dass mindestens vier Prozent der im Dienst der Bistümer befindlichen Kleriker des sexuellen Missbrauchs beschuldigt werden. Die Bandbreite der Taten ist groß und reicht von schlüpfrigen Bemerkungen bis zur Vergewaltigung durch Penetration. Nicht jede dieser Handlungen war und ist strafbar im Sinne des Gesetzes, aber jede dieser Handlungen verletzt Kinder und Jugendliche.

Zugleich gilt es auch zu beachten, dass mit diesen quantitativen Überlegungen zum Ausmaß sexualisierter Gewalt vermutlich nur ein kleines Segment beschrieben ist: Die Analysen in Bezug auf den katholischen Kontext beschränken sich in ihrem Zugriff auf Übergriffe gegen Minderjährige. Sexuelle und sexualisierte Gewalttaten gegen Erwachsene sind dabei nicht inkludiert, sodass das Problem in dieser Hinsicht tendenziell größer ist, als es im Rahmen der bisherigen Forschungen erfasst wird: Der sexuelle Übergriff des Pfarrers auf den aushelfenden Priester der Weltkirche, die Nötigung des Seminaristen durch den vorgesetzten Geistlichen, die zahlreichen Fälle von Vergewaltigungen von Ordensfrauen, die in der Initiative #nunstoo dokumentiert wurden – sexuelle und sexualisierte Gewalt im Kontext der Kirche gab und gibt es in vielen Zusammenhängen. Daraus folgt insgesamt, dass die katholische Kirche ein quantitatives, vor allem aber ein qualitatives Problem hat: Selbst unter der Voraussetzung, dass die Prävalenz von Missbrauch in der Gesamtgesellschaft und im Katholischen identisch oder zumindest ähnlich ist, bleibt die Frage nach den besonderen Ermöglichungsräumen von sexuellem Missbrauch und Risikofaktoren im Katholischen, die vorrangig beachtet werden muss.

Eine bislang nicht abgeschlossene Diskussion gibt es zu der Frage, wie sich die Zahl der Missbrauchstaten seit der Jahrtausendwende, aber insbesondere seit 2010 entwickelte: Geht die erhöhte Aufmerksamkeit für das Thema – Stichwort *Canisius* – einher mit einem Rückgang der Zahl von Missbrauchstaten? Ist die Präventionsarbeit ausreichend, die in der katholischen Kirche betrieben wird, und greifen die entsprechenden Maßnahmen? Seit 2002 und damit seit dem Jahr, in dem die Deutsche Bischofskonferenz Leitlinien für den Umgang mit sexuellem Missbrauch Minderjähriger durch Kleriker erlassen hat, ist laut den Berechnungen von Harald Dreßing die Menge der in den Personalakten aufgezeichneten Beschuldigungen von Priestern, sexuellen Missbrauch begangen zu haben, nicht rückläufig, sondern mindestens konstant: Weiterhin werden so viele Priester des Missbrauchs beschuldigt wie in den Jahren zuvor.[47]

Dabei sind mindestens zwei Unsicherheitsfaktoren zu berücksichtigen: Im Allgemeinen steigt bei höherer Sensibilität für eine Verbrechensform deutlich die Bereitschaft, entsprechende Verbrechen anzuzeigen. Prävention, so die Replik der Kinderschutzexperten Hans Zollner und Peter Beer, führe deshalb zunächst nicht zu weniger, sondern zu mehr Anzeigen.[48] In umgekehrte Richtung allerdings funktioniert ein zweites Argument: Missbrauchstaten werden oftmals erst dann aufgedeckt, wenn die Betroffenen biografisch davon weit entfernt und die Täter beispielsweise aus dem Dienst oder bereits verstorben sind. Damit ist es wahrscheinlich, dass für den von Dreßing untersuchten Zeitraum bis ins Jahr 2015 die Zahl der Anzeigen noch steigen wird. Die in unterschiedliche Richtungen deutenden Argumente zeigen vor allem eins: Momentan lässt sich die Effektivität der Präventionsarbeit nur schwer abschätzen. Unzweifelhaft ist wohl nur, dass seit 2010 die öffentliche Sensibilität für sexuellen Missbrauch

stark gewachsen ist. Es wird darauf ankommen, den weiteren Prozess
zu beobachten und dann die sich widersprechenden Argumente zu
gewichten.

Missbraucht, »weil ich katholisch bin«: Betroffene von sexueller Gewalt im kirchlichen Kontext

Am 18. März 2010 und damit wenige Tage nach der Aufdeckung
des sexuellen Missbrauchs am Berliner Canisius-Kolleg ging Martin
Ruhmöller aus Duisburg mit seiner Geschichte in dem Blog des *netzwerkBplus* an die Öffentlichkeit. Organisiert in einem gemeinnützi-
gen Verein treffen sich auf dieser Plattform Betroffene von Gewalt,
um sich auszutauschen, gemeinsame Interessen zu formulieren und
nach außen hin zu vertreten.[49]

Seine Missbrauchserfahrung an dieser Stelle niederzuschreiben sei,
so Ruhmöller, »der erste Schritt aus dem Nebel, der mein bisheriges
L(i)eben beschattet«. 1970 begleitete der damals elfjährige Messdiener den Vikar seiner Gemeinde im VW-Käfer zu einem Jugendcamp.
Als sich die Klappe des Handschuhfachs öffnete, fielen dem Jungen
eine Reihe einschlägiger Erotikmagazine in den Schoß – dieses »Geheimnis« wurde dem kleinen Jungen fortan von dem erwachsenen
Theologen als verbindendes Moment aufgezwungen und diente als
Ausgangspunkt für lang andauernden Missbrauch. »Ich erinnere
mich noch an die Waldlichtung, in der ich kurz darauf zum ersten
Mal vergewaltigt wurde«, so Ruhmöller. »Was im Folgenden passierte, kann ich hier gar nicht sagen, schreiben, fühlen.«

Der Fernseher in der Wohnung des Geistlichen war Attraktion
und Vorwand zugleich – weil der Vikar einen besaß und die Eltern
nicht, lud der Geistliche den Elfjährigen sonntagnachmittags zu
sich zum gemeinsamen Fernsehschauen ein – und vergewaltigte ihn

regelmäßig. Seinen Eltern – der Vater in der kirchlichen Verwaltung, die Mutter tief katholisch, beide konservativ – konnte sich der Junge nicht anvertrauen. »Nimm Dich nicht so wichtig« – diese Lebensmaxime, die ihm die Eltern mitgegeben hatten, galt es zunächst zu überwinden, bevor Ruhmöller den Missbrauch als Erwachsener öffentlich machen konnte.

Der Missbrauch lastete in den Folgejahren schwer auf dem Jungen, ohne dass sich dieser dessen bewusst war. »Ich habe lange Zeit«, so Ruhmöller, »diesen Missbrauch komplett abgespalten. Nach meinem Abitur auf einem Bischöflichen Knabenkonvikt – Schloss Loburg bei Münster – habe ich meinen Heimatort Ostbevern ganz schnell verlassen. Immer wenn ich diesen Ort besuchte, ging es mir nach kurzer Zeit so schlecht, dass ich wieder fahren musste.« Im Juni 1977 war ein Klassentreffen in Ostbevern anberaumt, doch eine Beckenvenenthrombose verhinderte, dass Ruhmöller teilnahm. »Der eigentliche Sinn« dieser heftigen Reaktion seines Körpers war es, so Ruhmöller rückblickend, »mich vor der räumlichen und emotionalen Nähe der Tatorte meines Missbrauchs zu schützen.«

Zahlreiche Krankheiten und psychosomatische Beschwerden quälten den erwachsenen Ruhmöller. Die Symptome waren wie bei vielen anderen Missbrauchsopfern auch typisch und zugleich unspezifisch, sprich: Hautreizungen, Angstgefühle, Nervosität oder schwere Krankheiten wie Herzprobleme – all diese Beeinträchtigungen tauchen regelmäßig nach Missbrauchserfahrungen auf, können aber auch andere Ursachen haben.

Ruhmöllers psychische Belastung war so ausgeprägt, wie es bei vielen Menschen, die Missbrauch erlebt haben, zu beobachten ist: In Beziehungen fühlte er sich unsicher, seelische Nähe zuzulassen fiel ihm schwer. Körperliche Nähe war für ihn selbst beim Arzt fast unerträglich. Trotz einer tiefenpsychologischen Körpertherapie blieb der Missbrauch aber lange Zeit verdrängt, Ruhmöller konnte sich dessen nicht bewusst erinnern. Viele Missbrauchsfälle werden erst nach Jahren und Jahrzehnten bewusst. Noch länger dauert es oftmals, bis sich

Betroffene im zweiten Schritt auch trauen, mit ihren Erfahrungen an die Öffentlichkeit zu gehen.

»Erst 2003«, so berichtet Ruhmöller, »wurde mir mein Missbrauch bewusst: Nach einer Wanderung mit meinem Freund suchte dieser meinen Körper nach versteckten Zecken ab. Mir war dabei sehr komisch, ich musste die ganze Zeit ›künstlich‹ lachen ... In der drauffolgenden Nacht wurde ich schweißgebadet von den Bildern und Gefühlen des Missbrauchs geweckt. Die harmlosen Berührungen meines Freundes hatten die Bilder wachgerufen und aus der Versenkung geholt. Vier Stunden musste ich duschen, kotzen, schreien – ich wusste nicht, wohin mit mir.«

Ruhmöller wollte nicht länger schweigen und ging den nächsten Schritt. Er wandte sich ans Bistum Münster und berichtete von dem erlebten Missbrauch – und wurde im Kontakt mit den Verantwortlichen ein zweites Mal grundlegend enttäuscht: »Ich habe das Gespräch wie ein Verhör erlebt. Man wollte von mir wissen, welche Farbe und Musterung die Tapeten hatten, von welcher Firma der Fernseher war, wie viele Stufen die Treppe zum Schlafzimmer des Vikars hatten. Zum zweiten Gespräch begleitete mich dann mein Freund, der das Gespräch angesichts der für ihn unfassbaren Haltung der kirchlichen Vertreter abbrach.« Sein Anliegen heute, so beschrieb es Ruhmöller 2010, sei es, die »Not und die SCHAM der Opfer sichtbar« zu machen. »Ich möchte dazu beitragen, dass sich der Nebel lichtet, sich Angst in Vertrauen und Furcht in Widerstand wandelt.« Erst 2013 erklärte das Bistum Münster den Freispruch für den Täter, den das Kirchengericht ausgesprochen hatte, für ungültig und korrigierte diesen.[50]

Martin Ruhmöller ist nur einer von vielen tausend vor allem Jungen, aber auch Mädchen, die in Deutschland von katholischen Priestern missbraucht wurden. Seine Geschichte ist hoch individuell, betrifft sie doch ihn und seinen von Missbrauch (mit)geprägten Lebensweg.

Dennoch zeigen sich gerade am Beispiel des Lebenswegs von Martin Ruhmöller beispielhaft viele Aspekte des sexuellen Missbrauchs:

die besonderen Tatumstände, die unmittelbaren und mittelbaren Reaktionen des Kindes, die physischen und psychischen Folgen des Übergriffs, die besondere Form des Aufdeckens des Missbrauchs wie auch der Umgang damit nicht nur gegenüber und von Seiten des Täters, sondern auch in Kontakt mit der Familie, mit der weiteren Umgebung und – jetzt speziell im Fall des sexuellen Missbrauchs in kirchlichen Zusammenhängen – auch mit den jeweiligen religiösen Gemeinschaften. Schon diese sicher unvollständige Auflistung von Facetten zeigt vor allem eines: Missbrauch ist nicht nur eine zutiefst individuelle Erfahrung, sondern ebenso stark sozial eingebunden. Ob und wie die Missbrauchserfahrenden sich ihrer Umgebung anvertrauen können, wie diese reagiert und welche Möglichkeiten sich eröffnen, mit dem Geschehen umzugehen, sind wichtige Faktoren. Der soziale Kontext hat Missbrauch ermöglicht, vielleicht sogar befördert. Umgekehrt sind die Menschen um die Betroffenen herum dafür verantwortlich, mit den Folgen des Missbrauchs umzugehen, seine Folgen entweder zu verstärken und zu verlängern oder nach Möglichkeit abzumildern. Sexueller Missbrauch, so die Maxime für die kommenden Überlegungen, muss ebenso individuell wie gesellschaftlich bedacht werden, um ihn angemessen aufarbeiten zu können.[51]

Wer die Betroffenen als eine Gruppe charakterisieren will, stößt rasch an Grenzen – zu verschieden sind die individuellen Kontexte. Dennoch kristallisieren sich hinsichtlich der Folgen Gemeinsamkeiten heraus. Diejenigen Betroffenen, die im kirchlich-religiösen Kontext missbraucht wurden, teilen die Erfahrungen und Folgen der allgemeinen Betroffenengruppe, unterscheiden sich aber noch einmal durch ihren besonderen Kontext.

Bei allen Unterschieden im Tatgeschehen, den weiteren Umständen, der Art des Umgangs und des weiteren Lebenswegs verbinden die Betroffenen doch mehrere Punkte: Die Erzählungen von Betroffenen veranschaulichen, was hinter Zahlen und generalisierenden Aussagen

allzu leicht verschwindet. Missbrauch beeinträchtigt das individuelle
Leben von Betroffenen oftmals nachhaltig und schwerwiegend, es
fügt ihnen zum Teil massiven Schaden zu, und das nicht nur bei der
Missbrauchstat selbst, sondern auch weit darüber hinaus. Auch wenn
einzelne Missbrauchsopfer erstaunlich resilient reagieren und von weniger erheblichen Folgen des ihnen Widerfahrenen berichten, so ist
die Regel doch, dass »Erfahrungen mit sexualisierter Gewalt gemacht
zu haben, erhebliche Auswirkungen auf die gesamte weitere Biografie
dieser Menschen« hat.[52] »Die Forschungsliteratur zeigt erdrückende
Belege dafür, dass sexueller Missbrauch in der Kindheit mit dem Risiko erheblicher Gesundheitsstörungen und einer beeinträchtigten
psychosozialen Entwicklung im Erwachsenenalter verbunden ist.«[53]

Damit sind nicht nur die unmittelbaren Folgen beispielsweise einer Vergewaltigung gemeint, die zu Verletzungen im Genitalbereich
führen können. Vor allem sind es sowohl körperliche wie auch psychosoziale Folgen, die mittel- und langfristig das Leben der Betroffenen beeinträchtigen können: Generell ist der Gesundheitszustand
instabiler als gewöhnlich. Menschen, die sexuellen Missbrauch erlebt
haben, sind in späteren Jahren öfter von psychogenen Erkrankungen
betroffen, empfinden unerklärliche körperliche Symptome oder ein
Erschöpfungssyndrom. Auch Autoimmunerkrankungen wie Asthma
oder Diabetes werden mit sexuellem Missbrauch in Zusammenhang
gebracht, ebenso wie eine veränderte Regulation des hormonellen
Stresssystems.[54]

Psychisch sind die Konsequenzen mindestens ebenso gravierend:
Missbrauch findet meist in einem Kontext von Bedrohung, Einschüchterung und Zwang statt. Kinder fühlen sich machtlos, hilflos und ausgeliefert. Übergriffe werden deshalb von Betroffenen als
traumatische Ereignisse wahrgenommen, auf die sie mit akuten Be-
lastungsstörungen reagieren, die sich teils posttraumatisch verdichten. Betroffene verfallen in Angstzustände, Depressionen oder haben
Essstörungen. Insbesondere sind das eigene Beziehungsleben und

die selbstgelebte Sexualität oftmals beeinträchtigt. Bindungen zu anderen Menschen aufzubauen, fällt schwer. Der Betroffenenaktivist Matthias Katsch bringt diese Komponente in seinen persönlichen Schilderungen auf den Punkt: »Übergriffigem und grenzverletzendem Verhalten mir gegenüber konnte ich mich nicht entziehen. Das prägte meine Beziehungen. Ich blieb zu lange, wo ich hätte gehen sollen. Vor Intimität und Offenheit schreckte ich zurück. Stattdessen gewöhnte ich mir an, Sex, Freundschaft und Liebe wie getrennte Lebensbereiche zu behandeln [...]. Partner beklagten meine mangelnde Offenheit in Beziehungen. Doch ich konnte mich nicht öffnen, nicht vertrauen. Und ich wusste nicht, woran das lag. Es musste meine Schuld sein.«[55]

Wie schwer Menschen an erfahrenem Missbrauch tragen, ist hoch individuell. Doch lassen sich verschiedene Faktoren benennen, die Einfluss auf den Grad der Beeinträchtigung haben: die Dauer und Häufigkeit des Missbrauchs, die Nähe des Täters zum Opfer, das Ausmaß der angewandten Gewalt wie auch der Geheimhaltung.

Im Tatzusammenhang eint alle Betroffenen von sexuellem Missbrauch, dass sie Opfer sind: Als Kinder oder als Schutzbefohlene konnten und können sie ihre persönlichen Lebensumstände nur bedingt beeinflussen. Sich einem Gewaltakt zu entziehen und diesem nicht ausgeliefert zu werden, ist für einen siebenjährigen Grundschüler oder einen zwölfjährigen Pfadfinder ebenso schwierig wie für eine fünfzehnjährige Vereinssportlerin. Im Verhältnis zwischen dem erwachsenen Täter und dem kindlichen Opfer ist die Macht ungleich verteilt. Der Erwachsene ist seinem Opfer in Wissen und Erfahrung voraus, kann dieses systematisch unter Druck setzen und so sein Stillhalten ebenso erzwingen wie sein Schweigen nach der Tat.

Oftmals planen Missbrauchende ihre Taten penibel und bereiten diese über lange Zeit vor: Sie gewinnen das Vertrauen ihrer Opfer und bringen diese in eine emotionale Abhängigkeit. Kinder werden sozial isoliert. Die Täter vermitteln ihnen, dass sie allein und ohne Unterstützung sind. Stattdessen sind sie es, die dem Kind dann besondere

Aufmerksamkeit schenken und so ihr Vertrauen ausnutzen. Das *Grooming* als ein systematischer Anbahnungsprozess beschränkt sich dabei nicht nur auf das Kind selbst, sondern bezieht sich auf dessen Umgebung, wenn Täter beispielsweise als beste Freunde der Familie auftreten und auf diese Weise nicht nur ihr Opfer selbst, sondern auch dessen Beziehungen für sich nutzen. Sexueller Missbrauch ist immer eine asymmetrische Gewaltbeziehung, in der die Möglichkeit der Kontrolle und Machtausübung nur auf einer Seite liegen.

Für im katholischen Kontext missbrauchte Kinder und Jugendliche kommt verschärfend hinzu, dass sie von besonders hochgestellten Männern missbraucht werden: Geistliche verfügen gegenüber den ihnen anvertrauten Menschen über eine besondere Autorität, gelten sie doch abgeleitet von der Hierarchie und dem eigenen Amtsverständnis nach als Repräsentanten der Kirche und damit als unmittelbare Nachfolger Christi.

Die daraus entstehende Macht können Täter deshalb ausüben, weil ihre Opfer religiös gebunden und oftmals kirchlich aktiv sind – das eint die Missbrauchsbetroffenen im katholischen Bereich. Knapp ein Drittel der Betroffenen, die in der *MHG*-Studie anhand von Strafakten aus Prozessen gegen Missbrauchstäter untersucht wurden, waren zum Zeitpunkt der Tat Ministrantin oder Ministrant. Knapp 20 Prozent hatten Kontakt zur katholischen Kirche über den Religionsunterricht, 12,6 Prozent waren Internatsschülerinnen oder -schüler, 10,9 Prozent beteiligten sich als aktives Mitglied am Leben einer katholischen Gemeinde. Weitere Gruppen gehörten katholischen Pfadfindergruppen an, beteiligten sich an Ferienlagern oder in anderen Zusammenhängen.[56]

Im Münsteraner Forschungsprojekt *AUBIM* war der Anteil derjenigen unter den Interviewten, die der Kirche nicht nur routiniert, sondern aktiv verbunden waren, noch höher: In deutlich mehr als der Hälfte der Fälle waren die Betroffenen zum Zeitpunkt der Ersttat Messdiener oder im Bereich der kirchlichen Freizeitangebote aktiv.

Nur in 12 Prozent der Fälle war die Bindung zur Kirche eher lose. Es sind religiös Gebundene, auf die Täter Zugriff haben und die sie missbrauchen.

Nicht nur die reflexive Selbstbeschreibung (»Weil ich katholisch war, bin ich missbraucht worden«, so die pointierte Aussage des Missbrauchsbetroffenen Martin Schmitz)[57], sondern auch die Ergebnisse bisheriger Studien zeigen, dass Beziehungen zu einem Geistlichen anders strukturiert sind als beispielsweise zu einem Trainer im Sportverein oder zu einem Lehrer in einer Schule: Sobald Religion ins Spiel kommt, geht es tendenziell um Absolutes und alles. Damit war auch die geistliche Figur besonders herausgehoben. Schließlich tritt der Priester als Verkünder und Verkörperung des Wortes Gottes auf.

Es sind diejenigen, die den Kindern besonders viel bedeuten und die aus ihrer Rolle heraus eine Pflicht haben, diese zu beschützen, die die Betroffenen im Fall des Missbrauchs besonders stark verletzen. Nicht der fremde, von außen kommende »Triebtäter« – so die gängige Vorstellung von Missbrauchstätern in den 1950er- und 1960er-Jahren –, sondern der Vertraute aus dem unmittelbaren sozialen Nahfeld des Betroffenen ist in den meisten Fällen der Akteur von Missbrauch – und verletzt das Opfer gerade aufgrund seiner Vertrauensstellung ganz besonders.[58]

Studien zeigen, wie sich dieser Zusammenhang für den kirchlichen Kontext noch einmal zuspitzt. Der missbrauchende Priester tritt seinen Opfern nicht anonym oder ausschließlich als Vertreter einer speziellen Rolle gegenüber, sondern durchaus mit einer persönlichen Beziehung: Bei den in der *MHG*-Studie befragten Betroffenen gaben mit 49,1 Prozent knapp die Hälfte der Interviewten an, dass sie »die Tat im Zusammenhang mit einer besonderen Vertrauensbeziehung zwischen Beschuldigten und Betroffenen« erlebt hätten.[59] Selbst Befragungen von Tätern bestätigten diese Sicht.

Es kommt eine generelle oder mindestens punktuelle Sprachlosigkeit hinzu. Die Interviewarbeit im Rahmen eines Forschungsprojekts zu sexuellem Missbrauch im Bistum Münster hat in den Jahren 2019 bis 2021 anschaulich herausgearbeitet, welchen Schwierigkeiten sich Betroffene gegenübersahen, das Geschehen für sich einzuordnen und darüber zu sprechen: Als Problem stellte sich heraus, die entsprechenden Worte zu finden, da der angebahnte Missbrauch oftmals schon in der Situation kaschiert wurde, indem beispielsweise der Messdiener aufgefordert wurde, in der Hosentasche des Täters etwas zu suchen, und dabei dessen Erektion fühlen musste. Viele Betroffene berichteten, dass sie die Taten wenig beschreiben konnten, sondern sich ihre Wahrnehmung zunächst darauf beschränkte, dass sich die Situationen »falsch« anfühlten. Dabei erlebte Sinneseindrücke – Gerüche, Worte oder Musik –, die in diesem Zusammenhang eine Rolle spielten, führten dann in der Erinnerung zu negativen Resonanzen und Übelkeiten, die aber nicht bewusst mit der Tat in Verbindung gebracht werden konnten.

Diejenigen, die in traditionellen Formen katholischer Seelsorge groß geworden sind, fiel es zusätzlich schwer, über die generell tabuisierten Zusammenhänge von Sexualität zu sprechen. Zusätzlich zur »Mauer des Schweigens« in Kirche und Gesellschaft gab es eine innere Sprachlosigkeit, die aus der eigenen katholischen Sozialisation herrührte: Pastorale Praxis, Katechese und Unterweisung kreisten insbesondere bis zum letzten Drittel des 20. Jahrhunderts um Sexualität und Enthaltsamkeit. In undifferenzierter Weise wurde Keuschheit propagiert und sexuelles Begehren und die eigene Körperlichkeit verteufelt. »Die Unkeuschheit«, schärfte der Katholische Katechismus von 1955 den kindlichen oder jugendlichen Adressatinnen und Adressaten ein, »ist ein großes Unglück für den Menschen«. Sie stürze ihn »in Krankheit, Elend und Schande« und führe »nicht selten zu einem unbußfertigen Tod«.[60] Dabei wurde – und das steht durchaus in der katholischen Tradition[61] – nicht weiter unterschieden zwischen verschiedenen Formen oder gar zwischen freiwilligem und unfreiwilligem Sex. In diesem generalisierenden

Reden über Sexualität verschwanden jegliche Differenzierungen. Dies machte es insbesondere für Minderjährige, die selbst noch dabei sind, eine sexuelle Identität auszubilden, besonders schwer, die Missbrauchserfahrungen für sich einzuordnen.

Aber auch darüber hinaus verdunkelt die speziell im katholischen Milieu verbreitete Sexualmoral die Zusammenhänge. Ein Teil der Missbrauchstaten geschieht unter dem Deckmantel der Überprüfung sündigen Verhaltens, bei der dann auch das Geschehen im Beichtstuhl eine besondere Rolle spielt. Auch in dem Versuch, die Tat offenzulegen, können religiöse Deutungsmuster eine Rolle spielen: So berichtete eine Betroffene im Interview, dass sie sich nach dem Missbrauch durch einen Pfarrer dessen Amtsbruder im Nachbarort anvertraut habe. »Da hast du aber wirklich eine schwere Sünde begangen!«, antwortete dieser dem missbrauchten Mädchen.[62] Die Betroffene selbst stürzte diese Aussage in tiefe Verzweiflung.

Die religiösen Zusammenhänge boten (und bieten) missbrauchenden Priestern vielfältige Möglichkeiten der Schuldzuweisung: So berichtet ein Betroffener aus dem Bistum Münster, dass der missbrauchende Priester ihn jedes Mal nach der Tat gesegnet habe. Das war Machtdemonstration wie auch Vorspiegelung von Verbundenheit zugleich. Was der Priester dem Jungen demonstrierte, so reflektierte der Betroffene später, war seine Autorität, »ihn Sünder zu heilen.« Nach wie vor war der Priester in seiner Rolle als Sakramentenspender und Beichthörender und wurde auch in dieser gesehen. Missbrauch verletzt Persönlichkeitsrechte und engt Lebensraum ein. Im religiösen Kontext geschieht das oftmals als fromm übertünchte Manipulation. Ausgenutzt wird die Hilfsbedürftigkeit, aber auch die Hingabebereitschaft der Betroffenen. Die Betroffenen werden somit nicht nur Opfer sexuellen, sondern auch geistlichen Missbrauchs.

Das traf insbesondere dann zu, wenn klerikale Täter Opfern eine Mitschuld zugesprochen hatten. Das Gefühl, selbst etwas falsch gemacht zu haben, ist bei Missbrauchsbetroffenen allgemein stark verbreitet. Im religiösen Kontext gibt es besonders viele Möglichkeiten, diese Emotion zu verstärken: Betroffenen von geistlichem Missbrauch fällt es schwer, die Tat zu beschreiben und vor sich selbst wie auch gegenüber anderen als widerfahrenes Unrecht zu benennen. Einige Betroffene werden darüber hinaus vom Beschuldigten darauf eingeschworen, über das Erlebte zu schweigen. So berichtete eine Betroffene darüber, wie der Beschuldigte ihr gegenüber den Missbrauch als »Geheimnis« markierte.[63] »Wenn ein Priester sagt: ›Das ist unser Geheimnis‹, dann ist das ein Geheimnis.«[64] Weiter führte sie aus: »Ich hatte nie einen Zwiespalt, ob ich es sage, das war gar keine Frage.«[65] In einem weiteren Fall wurde dem damals minderjährigen Betroffenen gesagt, dass Gott es »gerne« sehe, »wenn Menschen sich so sehr liebten wie sie«.[66] Diese Liebe solle daher »ein Geheimnis zwischen ihnen beiden und Gott« bleiben. Der Betroffene habe diese Ausführungen damals allein schon deswegen nicht hinterfragt, da der Beschuldigte Priester war. Ihm sei, so die Selbstauskunft, einfach klar gewesen, nichts erzählen zu dürfen.

Dieses Machtgefälle zwischen dem klerikalen Täter und dem Betroffenen entsteht durch die besondere Bindung an die katholische Kirche. Diese Dynamik schlägt nicht nur in der Tat selbst durch, sondern macht sich oftmals auch danach in den sozialen Kontexten bemerkbar: Gegenüber der Umwelt kann sich der erwachsene Täter auf Grund seiner besonderen Stellung vor der Aufdeckung schützen. Dem Täter wird auch von der sozialen Umgebung eine besondere Position und Vertrauenswürdigkeit zugebilligt. Im Katholischen ist diese fatale Haltung bereits des Öfteren als »Klerikalismus von unten« benannt worden.[67]

Katholisch sozialisierte Menschen, die Missbrauch durch Geistliche erlebt haben, reagieren gerade wegen ihrer religiösen Bindung hoch unterschiedlich. Viele brechen mit der katholischen Kirche. Sie wollen entweder nichts mehr mit dieser Institution zu tun haben und setzen sich zum Teil auch nicht für eine Aufarbeitung im engeren Sinne ein, sondern arbeiten eher aktiv auf eine stärkere Reglementierung von religiösen Gemeinschaften und einen Abbau von Privilegien hin. Andere hingegen bleiben bewusst Mitglied der Kirche und setzen sich aktiv für deren Veränderung von innen ein.

Aus beiden Gruppen bleiben viele »im Glauben verstrickt«.[68] Selbst diejenigen, die aus der Kirche ausgetreten sind, so die Beobachtung der Sozialwissenschaftlerin Sandra Fernau, deuten ihre Erfahrungen weiterhin religiös: Manchmal werden Taten aus Angst vor Stigmatisierung und eventuellem Ausschluss aus der religiösen Gemeinschaft verschwiegen. Gelegentlich werden Täterdeutungen übernommen, wenn beispielsweise dem Opfer selbst vom missbrauchenden Priester ein besonderer Drang zur Sünde zugeschrieben wird. Die Taten werden gelegentlich religiös überhöht, zu persönlichen Prüfungen stilisiert und als solche in ihrem eigentlichen Charakter verschleiert. Alles in allem zeigt sich, dass selbst diejenigen, deren Leben durch Missbrauchserfahrungen geprägt sind, ihre religiöse Sozialisation nicht einfach abschütteln. Das stellt die Religionsgemeinschaften vor eine ganz besondere Verpflichtung: Mindestens ein Teil der Betroffenen ist nicht nur Opfer der Täterinstitution, sondern zugleich Mitglied genau dieser Kirche. Wie die Seelsorge auf diese Menschen zugehen kann, ist eine ebenso offene wie drängende Frage.

Der grundlegende Mechanismus, der Missbrauch möglich macht, ist der des Verheimlichens und Beschweigens. Die Missbrauchstat spielt sich generell im Verborgenen ab. Täter setzen ihre Opfer unter Druck, damit diese sich niemandem offenbaren. Betroffene bleiben auf diese Weise sprachlos, zum einen und in besonderer Weise gegenüber den Tätern, denen sie in vielerlei Hinsicht unterlegen sind.

Eine Form der Befreiung aus dem Teufelskreis des Schweigens ist die Thematisierung und Veröffentlichung von Missbrauch: »Geschichten, die zählen« – mit diesem Motto rahmt die Unabhängige

Kommission zur Aufarbeitung sexuellen Kindesmissbrauchs (UBSKM) einen Großteil ihrer Arbeit: Betroffenen zuzuhören, ihren Geschichten Glauben zu schenken und die vielen individuellen Berichte zu einer größeren gesellschaftlichen Erzählung zu verdichten, die dann auch zu politischer Relevanz kommt – so beschreiben die Expertinnen und Experten ihre Zielsetzung. Damit nehmen sie auf, was vielen Betroffenen ein wichtiges Anliegen ist: das Erlebte zur Sprache bringen zu können, damit anerkannt zu werden und im dritten Schritt auch Gerechtigkeit und – soweit möglich – Wiedergutmachung zu erlangen.

Besonders eindrucksvoll ist diese Motivation in einem Gespräch zwischen der ehemaligen Ordensfrau Doris Wagner und dem österreichischen Kardinal Christoph Schönborn im Jahr 2019 zum Ausdruck gekommen. Ausgangspunkt dieser Dokumentationssendung war ein Buch Wagners von 2014, in dem sie über ihre Missbrauchserfahrung in einer geistlichen Gemeinschaft geschrieben hatte. Die Begegnung mit dem Kardinal hatte dieser dann selbst angestoßen und der Bayerische Rundfunk die Federführung übernommen. Eine Sequenz dieser insgesamt 45-minütigen Sendung ist atmosphärisch besonders dicht: Nach einem langen Gespräch fragt Wagner den Kardinal, ob dieser ihr glaube. Eine solche Einschätzung habe sie noch von keinem Kirchenmann in leitender Funktion bekommen. Seine Antwort lautet schlicht: »Ich glaube Ihnen, ja.« Symptomatisch ist dabei Wagners Wunsch nach Anerkennung des Erlittenen: Nahezu alle Missbrauchsopfer bekunden, wie wichtig es für sie war und ist, dass ihnen Gehör und Glauben geschenkt wird.

Das zeigt noch einmal die starke soziale Komponente von Missbrauch: Die Dynamik und Komplexität des Machtmissbrauchs sind nie allein aus der Vorgehensweise des Täters zu erklären, sondern sie sind immer auch durch die jeweiligen sozialen Kontexte geprägt. Die Dritten, die *Bystanders*, haben sowohl für die Tat wie auch für die mögliche Aufarbeitung eine entscheidende Bedeutung: Das Schweigen der Betroffenen wird vom gesellschaftlichen Umfeld nicht nur

gestützt, sondern zum Teil auch gefördert. Wem können sich Betroffene anvertrauen? Wo finden sie Gehör für ihre Erfahrungen, vielleicht sogar Hilfe gegen akute Bedrohung? Bis heute kämpfen Gemeinden darum, dass das Bild ihres früheren Geistlichen nicht durch
Vorwürfe von sexuellem Missbrauch getrübt wird – und das auch
ungeachtet erdrückender Beweise für die Täterschaft des Geistlichen.
Es bedarf einer Veränderung des soziokulturellen, im Fall der Kirche auch des religiösen Rahmens, damit sich die Machtverhältnisse
verändern und die damit verbundenen Chancen zur Thematisierung
von Missbrauch verbessern.

Lange Zeit waren die Erfahrungen der Betroffenen von Missbrauch
durch Geistliche eingesperrt in ein von Scham und Tabuisierung ge-
stütztes Schweigen. Ahnungen, Vermutungen, ja auch Anzeigen gab
es zuhauf, wurden aber vor 2010 entweder als Einzelfälle abgetan
oder als unangebrachte Angriffe auf hoch renommierte Institutionen
wie die Kirchen oder auch prominente Einrichtungen der Reformpä-
dagogik abgetan. Die Passivität der *Bystanders* ist in solchen Formen
ein »repressives« oder auch »komplizitäres Schweigen«, welches die
Betroffenen in die Isolation drängt.[69]

Erst nach und nach werden diese Schweigemauern abgeräumt,
wenn die Aufarbeitung größere Kreise zieht: von Eliteinternaten wie
der Odenwaldschule oder dem Kloster Ettal über Erziehungsheime
und konfessionelle wie auch staatliche Heime, über »Verschickungs-
kinder« bis hin zu den vergessenen Kindern in Behinderteneinrich-
tungen und Psychiatrien. Dabei war und ist es vor allem die Initiative
einzelner betroffener Frauen und Männer, die diese Schritte hin zur
Anerkennung von Leiderfahrungen und zu möglicher Wiedergutmachung gegangen sind. Das Sprechen über Gewalterfahrung und
damit verbundenes Leid macht verletzbar.

Das Beispiel des aus dem westfälischen Rhede stammenden
Martin Schmitz verdeutlicht einerseits, wie schwer das Sich-Öffnen
individuell war und ist. Sein Agieren zeigt aber andererseits, welch

starke Wirkung genau dieser Mut erzielen kann. Martin Schmitz ist als Kind von einem Kaplan missbraucht worden und hat seine Missbrauchserfahrung in Gedichten aufgeschrieben, die niemand jemals lesen sollte. Im Juni 2020 trug er dann als 58-Jähriger eines seiner Werke öffentlich in der Frankfurter Paulskirche vor. Der Anlass dazu war die Vorstellung eines Gutachtens zu sexuellem Missbrauch im Bistum Limburg, an dem Schmitz mitgearbeitet hatte.

> »Die Tür fällt dumpf ins Schloss, er ist wieder weg.
> Ich spüre nur noch Leere.
> Ganz leise fange ich an zu weinen,
> so leise, dass es niemand hört.
> Man sieht auch keine Tränen,
> ich weine in mich hinein,
> in meine Leere.
> Bis meine kleine Seele darin ertrinkt.«[70]

Wer sind die Täter?
Zölibat, Homosexualität, Pädophilie

Wer sind die Täter? Gesamtgesellschaftlich betrachtet, sind Missbrauchstäter in den meisten Fällen Männer oder männliche Jugendliche, nur in 10 bis 20 Prozent der Zusammenhänge sind Frauen oder weibliche Jugendliche als Täterinnen auszumachen. Darüber hinaus gibt es nur wenige generalisierende Aussagen, die aus der Forensik, der Sozialpsychologie und der Kriminalistik möglich sind: Missbrauchstäter stammen aus allen sozialen Schichten, leben hetero- oder homosexuell und unterscheiden sich auch in sonstiger Hinsicht nicht von Menschen, die keinen Missbrauch ausüben. Damit sei vor der Hoffnung gewarnt, dass über verschiedene Merkmale oder Merkmalscluster eine generelle und verallgemeinernde Aussage zu dem Potenzial von Missbrauch möglich sei. »Die Gründe für sexuelle

Grenzverletzungen von Erwachsenen an Kindern sind vielfältig und lassen sich durch ex cathedra formulierte Behauptungen genauso wenig fassen, begreifen und verändern wie durch oberflächliche Schuldbekenntnisse, Anklagen und Strafen«,[71] stellt der Sozialwissenschaftler Peer Briken fest.

Auch im Fall der verhältnismäßig kleinen wie auch sozial, kulturell und professionell stark eingegrenzten Gruppe missbrauchender Priester ist diese Vorsicht zugrunde zu legen: Missbrauchende Kleriker unterscheiden sich untereinander stark in ihren professionellen Hintergründen, ihren theologischen Überzeugungen und in ihrem pastoralen Stil. Neben den schwarzgewandeten Traditionalisten mit römischen Priesterkragen gesellt sich der Taizé-bewegte Typ Sozialarbeiter-Priester, der in Jeans und Wollpullover die unstatthafte Nähe zu Kindern und Jugendlichen sucht. Auch mit Blick auf das Alter, den Weihejahrgang oder das theologische Selbstverständnis sind wenig klare oder gar eindeutige Trends auszumachen. So kann es allenfalls zu Tendenzbeschreibungen kommen, wenn wir aktuelle quantitative und qualitative Ergebnisse zu sexuellem Missbrauch allgemein mit Verbrechen im Katholischen abgleichen.

Ein hoch auffälliger Befund ist das unterschiedliche Zahlenverhältnis beim Geschlecht der Betroffenen: Allgemein, so lassen sich die Trends in den bislang vorliegenden internationalen Studien zu sexuellem Missbrauch in der Gesamtgesellschaft beschreiben, werden eher Mädchen und junge Frauen Opfer von sexuellem Missbrauch als Jungen und junge Männer. Die Zahl der weiblichen Betroffenen ist mindestens doppelt so hoch, in vielen Erhebungen wird ihr Anteil noch größer eingeschätzt.[72] Missbrauchstäter sind oftmals Männer, die eine heterosexuelle Orientierung haben und sich an Mädchen oder Frauen vergehen.

Im Bereich des Katholischen kehrt sich dieser Befund um: Es sind überwiegend Jungen und junge Männer, die von Missbrauchserfahrungen

berichten. In einer Sekundärauswertung internationaler Studi-
en kommen die Verfasserinnen und Verfasser der *MHG*-Studie zu
dem Ergebnis, dass eine deutliche Mehrheit von 78,6 Prozent der
Missbrauchsbetroffenen im katholischen Zusammenhang männlich
ist. Auch eine Analyse von Personal- und Handakten von mehr als
38.000 Klerikern in Deutschland kommt zu ähnlichen Beobachtungen.[73] Männliche Täter missbrauchen in der Mehrzahl männliche
Opfer, einige sind an Jungen und Mädchen interessiert, nur ganz
wenige ausschließlich an Mädchen. »Bei Priestertätern ist die größte
Opfergruppe die der postpubertären Jungen.«[74]

Aufgrund dieses Befundes liegt die Frage nahe, ob hier vor allem
homosexuelle klerikale Täter sich an den ihrer Präferenz nach bevorzugten Opfern vergreifen. Insbesondere von traditionell katholisch
ausgerichteten Kreisen ist das Bild vom schwulen Kleriker als Missbrauchstäter gern aufgenommen worden, um das Problem des Missbrauchs damit in eine ihnen unliebsame Ecke abschieben zu können.
So kommentierte Ende 2018 beispielsweise der frühere Vatikandip-
lomat und Erzbischof Carlo Maria Viganò die Affäre um den emeritierten Erzbischof von Washington Theodore McCarrick und dessen
homosexuellen Umgang mit Seminaristen mit scharfen Worten: Es
sei an der Zeit, die »Verschwörung des Schweigens« zu durchbrechen
und gegen die »Plage der Homosexualität« zu kämpfen. Der italie-
nische Geistliche bezeichnete es als »Heuchelei«, Missbrauchsopfer
zu bedauern, aber deren Hauptursache, nämlich die Homosexualität, zu dulden.[75] Von liberaler Seite derjenigen, die diese in der
katholischen Kirche verbreitete Homophobie nicht befeuern wollen, gibt es eine deutliche Zurückhaltung gegenüber dem Thema.
»Verständlicherweise soll verhindert werden, dass die Aufarbeitung
des Missbrauchsskandals mithilfe der verbreiteten kirchlichen Homophobie betrieben wird.«[76] Damit unterliegt der Zusammenhang
von Homosexualität und Missbrauch in doppelter Hinsicht einer
Instrumentalisierung.

Wissenschaftlich ist das Thema hingegen verschiedentlich angegangen worden, so zum Beispiel von der zweiten *John-Jay*-Studie der amerikanischen Bischofskonferenz von 2011. In ihrer Untersuchung zu Ursachen und Hintergründen des sexuellen Missbrauchs durch katholische Priester stellten die Forschenden ausdrücklich fest: »Die klinischen Daten unterstützen nicht die Hypothese, dass Priester mit einer homosexuellen Identität eher Kinder sexuell missbrauchen als Priester mit einer heterosexuellen Orientierung«.[77] Damit bestätigt sie den Befund, den Ärzte, Sozialpsychologinnen und Forensiker auch gesamtgesellschaftlich erheben: Es gibt keinen direkten Zusammenhang von homosexueller Neigung und Missbrauch. Schwule oder lesbisch orientierte Menschen missbrauchen weder mehr noch weniger als anders sexuell orientierte Menschen.

Dass dennoch die Zahl der homosexuell orientierten Priester unter den klerikalen Missbrauchstätern hoch ist, hängt vor allem damit zusammen, dass allgemein ihr Anteil am Klerus zumindest in Relation größer ist als der Anteil homosexueller Menschen in der Gesamtbevölkerung. Der Augsburger Pastoraltheologe Hanspeter Heinz trat 1996 erstmals mit einer Schätzung an die Öffentlichkeit, dass 20 Prozent der Kleriker homosexuell seien, und wurde wegen dieser Aussage der Beleidigung geziehen. »Heute gehen die Schätzungen viel weiter.«[78] Bei aller Vorläufigkeit dieser Schätzung liegt ihr Anteil damit weit über dem Prozentsatz von homosexuell orientierten Menschen in der Bevölkerung insgesamt, der auf um die 5 Prozent geschätzt wird. Allein wegen dieser höheren Grundzahl erklärt sich, dass in der Täterstatistik zu missbrauchenden Klerikern häufiger Priester mit homosexueller Orientierung auftauchen.

Wichtiger sind die indirekten Zusammenhänge, die nicht auf die unmittelbare Verbindung von homosexuell orientierten Tätern und Missbrauch zielen, wohl aber den Umgang mit Homosexualität im Katholischen aufgreifen: Die katholische Homophobie schafft wie auch der spezifische Duktus katholischen Sprechens und Schweigens über Sexualität wie auch die daraus entstehende sexualmoralische

Bigotterie eine spezifische Kultur des Umgangs, der Missbrauch begünstigt und das Vertuschen befördert.

Zum einen betrifft das die Gruppe der Männer, die sich für den Priesterberuf entscheiden: Für viele der Priesteramtskandidaten war der Gang ins Priesterseminar ein Weg, um der gesellschaftlichen Ächtung ihrer sexuellen Präferenz zu entgehen. Das gilt insbesondere für die Anwärter in den Jahrzehnten, in denen in der Gesellschaft schwule Lebensformen noch stark geächtet wurden. Vermeintlich bot der Zölibat eine Möglichkeit, die Frage nach der eigenen sexuellen Identität zu umgehen und doch für sich eine gesellschaftlich anerkannte Lebensform zu finden. Der damit verbundene Vorsatz zur sexuellen Abstinenz versprach kulturelles Kapital, Status und ein festes Einkommen. Für die Wahl des Priesterberufs und der Priesterausbildung ist dieser Mechanismus fatal, idealiter müsste vielmehr gelten: Wer Sex für sich so wichtig nimmt, dass er sich diesen untersagt, der sollte sich über die Bedeutung der Sexualität im eigenen Leben bereits im Klaren sein und eine gefestigte sexuelle Identität entwickeln. In der Konsequenz könnte er dann den Zölibat als eine besondere Form der sexuellen Selbstverwirklichung leben. Aber wie lässt sich in einer Kirche, die traditionell allem Leiblichen mit Misstrauen und Abscheu gegenübersteht, ein solches Konzept verankern? Momentan gibt es dafür keinen Weg.

Ein zweiter Punkt betrifft die katholische Gesprächskultur: Wenn ein Fünftel bis ein Drittel des Klerus wegen homosexueller Neigung die sexualmoralischen Vorgaben der Kirche nicht erfüllt, wenn zusätzlich eine kaum einschätzbare, aber gewiss nicht kleine Zahl von Zölibatären in anderen Beziehungen lebt und liebt, dann entsteht auf diese Weise ein katholisches Soziotop des Verschweigens und Vertuschens: In den letztlich engen Kreisen der Priester weiß jeder um die Lebens- und Liebensweise des anderen, ebenso wie um den Fakt, dass sich diese gegebenenfalls mit bestimmten Kirchenverordnungen nicht vertragen. Das »offene Geheimnis«, an dem man gemeinsam nicht rührt, schafft ein Band der Verlässlichkeit, aber auch der Abhängigkeit und der Prekarität dieser sozialen Verhältnisse. Jederzeit ist es möglich, den missliebigen Mitbruder zu denunzieren und ihn auf diese Weise zu schädigen. Es entsteht eine Parallelwelt aus Verschwiegenheit, Verlogenheit und Verdrängung. Es ist diese Bigotterie und Doppelbödigkeit, die dann pädosexuellen Tätern zustattenkommt: In diesem Spiel des Verheimlichens und des Druckaufbauens können sie in besonderer und besonders effektiver Weise agieren.

Auch in einer weiteren Hinsicht fallen die Beobachtungen zu pädosexuellen Tätern in der Gesellschaft mit Ergebnissen zu Forschungen zu sexuellem Missbrauch in der katholischen Kirche zusammen: Nur ein kleinerer Anteil der Missbrauchstäter ist tatsächlich pädophil. Pädophil im engeren Sinne meint, dass der Täter primär ein sexuelles Interesse an Kindern vor der Pubertät und der damit verbundenen Geschlechtsreife hat. Menschen, die sexuell bevorzugt auf Kinder im Alter zwischen etwa 11 und 16 Jahren reagieren, bezeichnet die Fachwissenschaft in Abgrenzung dazu als hebephil oder dann, wenn sich die Präferenzstörung auf männliche Kinder und Jugendliche richtet, als ephebophil. Pädophile werden dann zu pädosexuellen Gewalttätern, wenn sie ihre Neigung ausleben und sich an Kindern vergehen.

Auch unter missbrauchenden Klerikern, so haben die Erhebungen der *MHG*-Studie ergeben, haben nur wenige tatsächlich pädophile Präferenzstörungen. »Eine Mehrheit der Missbrauchstäter verübt die Handlungen folglich nicht aufgrund einer sexuellen Präferenzstörung, sondern als ›Ersatzhandlung‹, beispielsweise aufgrund einer Persönlichkeitsstörung.«[79] Sex mit Erwachsenen, der eigentlich gewünscht ist, aber aus verschiedenen Gründen nicht zustande kommt, wird kompensiert durch Übergriffe auf Kinder und Jugendliche. Dazu werden dann die sich bietenden Gelegenheiten und die vorhandene Machtposition, die sich aus der Stellung als Geistlicher ergibt, ausgenutzt.[80]

Weitere Beobachtungen zum Missbrauch durch Kleriker stützen diese Interpretation: Auf Täterseite gibt es viele, die erst im mittleren Alter und mehrere Jahre nach der Priesterweihe sexuellen Missbrauch begehen. Über 70 Prozent der Beschuldigten sind vor der Ersttat 30 Jahre und älter. Im Abgleich zum Jahr der Priesterweihe zeigt sich eine Häufung von Taten im ersten Jahrzehnt nach dem Amtsantritt, aber auch eine größere Gruppe von Beschuldigten, die nach einer langen Latenz von zehn Jahren und mehr zum ersten Mal übergriffig werden. Für diese Gruppe scheint zu gelten, dass es mögliche Schutzmechanismen in den früheren Berufsjahren gibt. In späteren Jahren aber gelingt es dann anscheinend weniger oder nicht mehr, Bedürfnisse nach Bindung und Sexualität zu kompensieren, sodass dann der Missbrauch als Option wahrscheinlicher wird.[81]

Zur Beschreibung und Analyse, aber auch zwecks Diagnose und Therapie haben die Forschenden der *MHG*-Studie Idealtypen entwickelt, die sich in Folgestudien bewährt haben. Idealtypen beschreiben Ausschnitte sozialer Wirklichkeiten, indem sie mit Blick auf Missbrauchstäter Ähnlichkeiten im Verhalten und im Erleben zusammenfassen und zuspitzen.[82] Auch wenn es nicht notwendigerweise eine Eins-zu-eins-Entsprechung in der Realität geben muss, helfen sie auf diese Weise, soziale Wirklichkeit zu erfassen und zu systematisieren. Unter den Beschuldigten, die von Mitarbeitenden der *MHG*-Studie interviewt wurden, ergaben sich dabei verschiedene Tätertypen:

Der »pädophil-fixierte« Täter zeichnet sich dadurch aus, dass sich seine Sexualpräferenz tatsächlich auf vorpubertäre oder – im Fall einer hebephilen oder ephebophilen Störung – auf Kinder im Alter zwischen etwa 11 und 16 Jahren richten. Bei Tätern dieser Ausrichtung gibt es mehrere gemeinsame Merkmale: Täter dieser Gruppe verüben nicht einen Übergriff, sondern missbrauchen mehrere Kinder in dem von ihnen bevorzugten Alter. Die Opfer sind jung und werden in vielen Fällen als attraktiv beschrieben. Eine Verbindung zur speziellen

Lebensform des Priesters liegt insofern nahe, als sich Männer mit einer pädophilen Präferenzstörung in diese sozial und gesellschaftlich definierte und angesehene Rolle flüchten können: Die priesterliche Existenz bietet einen Rahmen, in dem sich mit der eigenen Sexualität weder individuell noch sozial auseinandergesetzt werden muss. Priester werden nicht gefragt, warum sie keine erwachsenen Sexualpartnerinnen haben, sondern leben gesellschaftlich akzeptiert in der gewählten Form. Zugleich bietet der Beruf des Priesters auch eine gesellschaftliche wie spirituelle Autorität, die den Missbrauch möglich macht. Entgegen des öffentlichen Vorurteils macht dieser »pädophile« Tätertyp nur einen kleinen Teil der klerikalen Missbrauchstäter insgesamt aus. Das gilt sowohl mit Blick auf die katholischen Priester wie auch für die Täter in der Gesamtbevölkerung.

Der »narzisstisch-soziopathische« Typ ist tendenziell nicht pädophil, als Persönlichkeit ist er emotional eher unreif. Dieses Täterprofil ist dadurch gekennzeichnet, dass dabei das Element des narzisstischen Machtmissbrauchs besonders deutlich hervortritt. Es mangelt Angehörigen dieser Gruppe oft an Empathie für die Situation anderer Menschen, die sie vor allem als Mittel zum Zweck der Befriedigung eigener Bedürfnisse betrachten. Täter dieses Typs stellen sich und ihre Machtansprüche in den Mittelpunkt ihres Lebens. Missbrauch dient also nicht nur der Befriedigung eigener sexueller Bedürfnisse, sondern geht oftmals auch mit einer Degradierung des Opfers einher. Bewusst wird hier die Amtsstellung genutzt, um Gelegenheiten für Übergriffe zu schaffen und diese im Nachhinein zu vertuschen.

Der Zusammenhang zum Priesteramt liegt auf der Hand: In einem klerikal-kirchlichen Umfeld, in dem Geistliche über hohe Autorität und sehr konkrete geistliche Macht verfügen, ist der Priesterberuf ein hoch attraktives Amt für Menschen mit einer narzisstisch-soziopathischen Persönlichkeitsstruktur. Vielleicht verstärkt der Zölibat solche Tendenzen noch einmal, ist der alleinlebende Mann doch nicht auf soziale Rücksichtnahme in seinem unmittelbaren Umfeld angewiesen.

Wenn in dieser Konstellation von sozialer Ungebundenheit und psychischer Störung noch eine klerikalistische Ehrerbietung durch die Gemeinde hinzukommt, dann »kann ein sich selbst verstärkendes Wechselspiel in Gang (kommen), in dem der Priester jedes gesunde Maß verlieren kann, weil er sich für unangreifbar hält.«[83] Aber auch dieser Typ repräsentiert nur eine kleine Gruppe von Priestertätern.

Die größte Gruppe von Tätern unter Priestern entspricht dem »regressiv-unreifen« Typ: Sie greifen aufgrund einer »defizitären« persönlichen und sexuellen Entwicklung auf Kinder und Jugendliche als »Ersatzobjekt« für reifere Sexualpartnerinnen und -partner zurück. Mangelnde Reife und Erfahrung führen dazu, dass sie in Situationen der Überforderung regressive und unreife Verhaltensmuster zeigen. Oftmals sind Missbrauchstäter erst in fortgeschrittenem Alter und viele Jahre nach ihrer Priesterweihe einschlägig auffällig. Ein Grund dafür mag darin liegen, dass das Polster an Idealismus irgendwann aufgezehrt ist und sich die Verzweiflung über das Scheitern des eigenen Lebensentwurfs in destruktivem Verhalten sich selbst, aber vor allem auch anderen gegenüber äußert.

Täter dieses Typus sind sexuell unreif, verleugnen oder verdrängen ihre sexuellen Bedürfnisse. Täterbefragungen in den USA zeigten hinsichtlich dieses Typus vor allem die Wesenszüge von Männern, die schon in ihrer Jugend hoch religiös waren, auf diese Weise ihre sexuellen Empfindungen unterdrückten und diesen Zustand im Priesterseminar und darüber hinaus aufrechterhielten. Aus einem unreflektierten Reinheitsideal werden die eigenen sexuellen Antriebe und Motivationen abgespalten und verdrängt. In ihrer Rolle als Priester versuchen sie nun, sexuelle Erfahrungen herbeizuführen und fehlende Erlebnisse zu kompensieren. Genau dieses Verhalten führt zu Missbrauch: Die oft berichtete Situation, dass Priestertäter mit einem pubertierenden Jungen unangemessen lange über sexuelle Zusammenhänge reden, um sich auf diese Weise selbst zu erregen, ist ein klassisches Beispiel für diesen Selbstbetrug: Unter dem Vorwand der Sexualaufklärung ermöglicht sich der Priester einen Zugang zur Sexualität aus der Perspektive eines Pubertierenden. Die Beschuldigten dieses Typus sind in ihrer psychosozialen Struktur unauffällig, weshalb man sie durch eine psychiatrische Begutachtung im Grunde kaum erkennt. Die so bezeichneten Männer sind psychisch gesund, haben aber keine altersgemäße Entwicklung ihrer psychosexuellen Reife und Identität durchlaufen. Wenn dann die innere Unruhe wächst, die eigene Sexualität auszuleben, und sich die Gelegenheit dazu bietet, dann realisiert sie sich bei manchen dieser psychosexuell unreifen Männer im Missbrauch.

Das zeigt sich auch in den Deutungen der Tat, wie sie von Tätern dieser Gruppe vorgenommen werden: Einige von ihnen deuten den Missbrauch um und erkennen den Charakter des Übergriffs nicht. Der Kontakt wird oftmals als spontan und impulshaft, gelegentlich sogar als einvernehmlich erlebt. Einige leugnen ihre Schuld hartnäckig wie beispielsweise der Pater im Jesuitenkolleg *Canisius*, der sich und den anderen nicht eingestehen mochte, dass seine Prügelattacken mit anschließender zärtlicher Linderung sexuell motiviert gewesen waren. Andere versuchen, ihre sexuellen Bedürfnisse abzuspalten oder zu unterdrücken. Dann gilt ihnen die Missbrauchssituation als persönlicher Kontrollverlust, dem sie mit noch rigoroserer Lebensweise begegnen, bis diese Situation eben wieder eskaliert. Die Hinwendung zu Kindern entspringt dann vor allem der eigenen Unsicherheit: Als biologisch erwachsene Person ist es ihnen nicht möglich, ihre eigenen sexuellen Bedürfnisse einzuschätzen und zu kommunizieren. Daher suchen sie sich ein Gegenüber, welches ihrer eigenen Unsicherheit entspricht. Ein Kind ist schwach genug, um es kontrollieren zu können und auf diese Weise zu verhindern, dass die Versuche, die eigenen sexuellen Bedürfnisse zu befriedigen, ans Licht der Öffentlichkeit kommen.[84] Insbesondere diese quantitativ größte Tätergruppe ist an die priesterliche Lebensweise besonders gebunden: Sexuell unreife und unsichere Männer fühlen sich von der zölibatären Lebensform besonders angezogen, da ihnen das Amt des Priesters

Status, Auskommen und vor allem eine vermeintliche Chance bietet, der eigenen sexuellen Unreife zu entgehen.

Neben diesen dreien, von den Autorinnen und Autoren der *MHG*-Studie verwendeten Typen hat die Münsteraner Forschungsgruppe zur Aufarbeitung des Missbrauchs einen vierten Typus herausgearbeitet. Dieser beruht nicht wie die drei zuvor genannten Klassifizierungen auf einer klinischen Diagnose, sondern vor allem auf Beobachtungen zu Tatanbahnungen und -verläufen. Auf dieser Grundlage kann der vierte Typus als »pastoral-manipulativ« charakterisiert werden: Anders als der »pädophil fixierte« Täter ist der Repräsentant dieses Typus an pubertären bis postpubertären Jugendlichen und jungen Erwachsenen interessiert. Zudem verfolgt er seine Interessen zumeist über eine lange Anbahnungsphase *(Grooming)*, in der er seine geistig-geistliche Überlegenheit manipulativ zum Zweck der Anbahnung einsetzt. In diesen Fällen geht dem eigentlichen sexuellen Missbrauch also eine Phase des spirituellen Missbrauchs voraus, in der sich der Beschuldigte als väterlicher Freund, Seelenverwandter oder gar als Seelenführer bis hin zum Beichtvater präsentiert. Ein Täter, der diesem Typus entspricht, nutzt seine professionellen Möglichkeiten, die er in seiner Ausbildung erlernt hat – etwa Praktiken der Seelsorge, der Meditation, des Gebets –, zum Zweck der Tatanbahnung. Mit anderen Worten: Bevor es überhaupt zum Missbrauch kommt, hat die Kirche dem Täter die Mittel dazu bereits an die Hand gegeben.

Dass vielfach sexuelle Unreife im Mittelpunkt dieser Tätertypologien steht, wurde lange Zeit kirchlicherseits nicht als Problem angesehen, sondern im Gegenteil als Ideal hervorgehoben: Diese Form des sexuell unreifen Mannes wurde nämlich keinesfalls als defizitär und als Problem markiert, sondern im Gegenteil zu einem Idealbild des katholischen Priesters stilisiert: Gerade der keusche Mann ohne jegliche sexuelle Erfahrung ist derjenige, der aus Sicht der Kirche besonders zum Priesteramt befähigt ist.

»Bei der Auferstehung heiraten sie nicht noch werden sie verhei-
ratet, sie werden vielmehr sein wie die Engel im Himmel.«[85] Mit
diesem Verweis auf das Matthäusevangelium empfahl Papst Paul VI.
in seiner *Enzyklika Sacerdotalis Caelibatus* vom 24. Juni 1967, am
Zölibat festzuhalten.[86] Engel werden als körperlose Wesen und damit
auch ohne Sexualität imaginiert. Das Ideal, so schrieb beispielsweise
der Münsteraner Bischof Michael Keller 1952 in seinen »Richtlinien
für die Beurteilung und Förderung der Priesterberufe«, »bleibt immer
die rein verlebte Jugend.« Genau diese könne am besten garantieren,
dass auch in den Folgejahren der »schweren Stürme« keine Schwierigkeiten bei der Annahme der Zölibatsverpflichtung entstehen. »Denn
diese Verpflichtung darf nur übernommen werden, wenn die moralische Gewißheit gegeben ist, daß man sie mit der gewöhnlichen
Gnade Gottes halten kann. Mit einem Gnadenwunder ist nicht zu
rechnen.«[87] Auch wenn die »Richtlinien« Kellers nahezu 70 Jahre alt
sind, bestimmen sie doch nach wie vor zumindest unterschwellig das
Bild vom Priester als eines geschlechtslosen Wesens ohne sexuelle
Erfahrungen. Wie aber soll jemand, der verleugnet, dass er eigene
sexuelle Bedürfnisse hat, zu einer reflektierten sexuellen Identität
gelangen?

Der Skandal im Skandal: Verdrängen, Vertuschen und Widerstand gegen die Aufarbeitung

Nachdem seit Anfang des Jahrtausends zahlreiche Missbrauchsfälle
in den USA aufgedeckt worden waren, nahm die öffentliche Diskussion rasch eine zusätzliche Wende: Nicht nur über die Missbrauchstaten selbst wurde ausführlich und mit Entrüstung diskutiert, bald
schon stand ebenso sehr das Verhalten der katholischen Hierarchie
im Blick. Die amerikanischen Bischöfe, so stellte sich eindrücklich

heraus, hatten sich im Umgang mit dem Missbrauch, den Betroffenen und den Tätern schwer verfehlt: Über viele Jahrzehnte hatten die US-amerikanischen Bischöfe Betroffene nicht hören wollen und abgewiesen, erhaltene Informationen zu Missbrauchstaten nicht an die Strafverfolgungsbehörden weitergeleitet, sondern stattdessen die Täter gedeckt, in fragwürdige Therapien geschickt und immer wieder an andere Orte versetzt. Das geschah nicht, um die Täter an weiteren Taten zu hindern, sondern vor allem um öffentlicher Aufmerksamkeit zu entgehen und den Skandal zu vermeiden. Der Kirchenrechtler und Priester Thomas Doyle bezifferte den Anteil der US-Bischöfe, die bewusst und vorsätzlich Missbrauchstäter gedeckt hätten, auf zwei Drittel des Episkopats und beschuldigte einige der Bischöfe sogar, selbst Missbrauch begangen zu haben.[88]

Die deutschen Kirchenhierarchen beobachteten diese Vorgänge demonstrativ aus der Distanz. Anfang der 2000er-Jahre sahen sich Bischöfe wie auch ihre Gremien weit entfernt von Zuständen wie in den USA und wiesen jegliche mögliche Parallelen von sich. Noch im April 2002 äußerte sich beispielsweise die Kommission für Geistliche Berufe und Kirchliche Dienste der Deutschen Bischofskonferenz (DBK) höchst zurückhaltend und betonte, dass sich in Deutschland »gegenwärtig kein Bischof dem Vorwurf ausgesetzt (sähe), Fälle sexuellen Missbrauchs Minderjähriger vertuscht zu haben oder gar selbst Täter zu sein.«[89] Der damalige Vorsitzende der DBK, Kardinal Lehmann, versuchte, die ersten Aufdeckungen in Deutschland zu relativieren, indem er darauf verwies, dass es zwar immer wieder »wenige Fälle sexuellen Missbrauchs [gebe], doch seien Täter nicht nur unter ehelos lebenden Priestern zu suchen.«[90] Es dominierte die Vorstellung vom Einzelfall, der mit den herkömmlichen Verfahren zu bewältigen sei. Ganz in diesem Sinne äußerte sich Lehmann wenige Tage später noch einmal: Gegenüber dem Nachrichtenmagazin *Der Spiegel* räumte er ein, dass die »moralische Glaubwürdigkeit« der Kirche bei unangemessenem Umgang mit sexuellem Missbrauch leide. Aber, so der hohe Geistliche, es bestünde dennoch kein Grund, »Massenhysterie anzuzetteln und so zu tun, als kämen diese Delikte en masse vor«. Es gebe einen quantitativen und qualitativen Unterschied zur Lage in den USA und man müsse sich »diesen Schuh nicht anziehen«.[91]

Im Rückblick erinnert diese Einschätzung Lehmanns an die Aussage des SED-Funktionärs Kurt Hager, der 1987 mit Blick auf Perestroika und Glasnost in der Sowjetunion die internationale Presse gefragt hatte, ob man denn nur deshalb neu tapezieren müsse, weil der Nachbar das gerade tue – ein Bonmot, welches dann dem rasch zum »Tapeten-Kutte« ernannten Hager insbesondere 1989/90 öffentlichen Unmut und Spott einbrachte.[92] Drei Jahre später war die DDR an ihr Ende gelangt.

Der Schuh, den sich der Vorsitzende der Bischofskonferenz 2002 nicht anziehen wollte, entpuppte sich schon bald als Hemmschuh, als eine riesige Belastung. Der Kirchenmann Lehmann lag falsch und das gleich in zweifacher Hinsicht: Sowohl das Ausmaß und die Dynamik des Missbrauchs in den USA als gerade auch das Verhalten der Bischöfe waren mit den deutschen Verhältnissen vergleichbar: 2021 und damit 18 Jahre später zeigte sich Lehmanns Nachfolger im Bischofsamt in Mainz, Peter Kohlgraf, erschüttert über den »schrecklichen Abgrund«, den ein Gutachten des Regensburger Anwalts Ulrich Weber zu sexuellem Missbrauch im Bistum Mainz zwischen 1945 und 2019 aufzeigte. Während sich Lehmann seit dem Jahr 2002 an die von der Bischofskonferenz verabschiedeten Leitlinien gehalten habe, war die Zeit davor laut Weber von »Fehlverhalten« geprägt gewesen: Auf Meldungen habe das Bistum nicht reagiert, Missbrauchstäter habe man versetzt und selbst drastische Taten hätten nur zu geringen Sanktionen geführt, hatte der Rechtsanwalt erläutert.[93] Lehmann, der von 1983 bis 2016 das Bistum leitete, war mit hoher Wahrscheinlichkeit bei Versetzungen und insbesondere bei Bistumswechseln von Priestern in die Vorgänge involviert

gewesen und musste so auch von den Hintergründen dieser Maßnahmen erfahren haben. Es scheint plausibel, auch dieses Verhalten
als Vertuschen zu qualifizieren.

Vertuschen – während die Vokabel selbst so unscheinbar daher-
kommt, verbirgt sich dahinter doch ein strafbares Verhalten, das
alles andere als ein Kavaliersdelikt ist. Was es bedeutete, dass Anzeigen unterlassen, Verfahren unterdrückt oder gar nicht erst aufgenommen und Missbrauchstäter in neue pastorale Kontexte versetzt worden sind, lässt sich vor dem Hintergrund der besonderen
Dynamik von Missbrauchstaten leicht offenlegen: Während ein
größerer Teil der Missbrauchsbeschuldigten wegen eines einzelnen
Übergriffs in Misskredit geraten ist, gibt es auch einen Anteil von in
ihrer Präferenzstörung fixierten Tätern, die sich ihnen bietende Gelegenheiten nutzen – und das immer wieder. Gerade mit Blick auf
diese Gruppe lässt sich sagen, dass die Bischöfe durch ihr Verhalten
Missbrauch nicht nur stützten, sondern ihn sogar beförderten. Sie
taten das einerseits dadurch, dass sie insbesondere den Mehrfach-
und Intensivtätern immer wieder neue Möglichkeiten verschafften
und ihnen Kinder gleichsam zuführten, indem sie Täter in neue
Gemeinden oder andere pastorale Zusammenhänge versetzten. Sie
förderten Missbrauch andererseits dadurch, dass sie klerikalen Wie-
derholungs- und Intensivtätern durch ihr Verhalten klarmachten,
dass sie Missbrauch zwar nicht billigten, Täter aber im Zweifelsfall
auf wohlwollende Milde hoffen konnten. Ihre priesterliche Existenz,
so wird im Folgenden zu zeigen sein, wurde auch bei einer Aufdeckung von Missbrauchstaten prinzipiell nicht in Frage gestellt. Das
Signal, welches man klerikalen Tätern gegenüber aussandte, war das
komplette Gegenteil einer *Zero-Tolerance*-Politik. Ein notorischer
Missbrauchstäter konnte aus dem Verhalten der Bischöfe vor allem
einen Schluss ziehen: Im Notfall, lieber missbrauchender Mitbruder, hauen wir Dich da raus und bauen Dir eine Brücke, die Deine
Existenz sichert.

Die Schuld der deutschen Bischöfe

Der weit über das Bistum Mainz hinaus bekannte langjährige Bischof Kardinal Lehmann findet sich mittlerweile auf einer langen Liste von prominenten Geistlichen und Kirchenfunktionären in Deutschland wieder, denen allesamt Vertuschung von Missbrauchstaten, Schutz von Tätern und Nichtbeachtung von Opfern vorgeworfen wird. Kaum einer der hohen Kirchenmänner in Deutschland, die wegen der zahlreichen erklommenen Stufen auf der Karriereleiter schon lange im Amt waren und sind, ist nicht mit sexuellem Missbrauch durch Kleriker konfrontiert worden. Nur wenige, so scheint es, haben dabei immer korrekt nach den eigenen kirchenrechtlichen Maßgaben und noch weniger nach der Prämisse gehandelt, sich insbesondere gegenüber Betroffenen fürsorglich und nächstenliebend zu verhalten.

Wie lang die Liste derjenigen ist, denen Vertuschung vorgeworfen wird, lässt sich an den in den vergangenen Monaten und Jahren diskutierten Fällen ablesen, die in den Medien vielfach berichtet und analysiert wurden und im Folgenden genannt, aber nicht ausführlich dargestellt werden müssen.

Im Erzbistum München und Freising war es Joseph Kardinal Ratzinger, der spätere Papst Benedikt XVI., dem von Betroffenen Vorwürfe gemacht wurden und werden. Erstmalig interessierte sich im März 2010 die internationale Presse dafür, ob Ratzinger als Erzbischof von München von den Vorgängen um den Priester H. gewusst hatte: H. wurde aus dem Bistum Essen in dem Wissen übernommen, dass er dort wegen sexuellen Missbrauchs nicht mehr tragbar war. Am 15. Januar 1980 entschied der Diözesanrat in München unter der Leitung von Ratzinger, dass man der Bitte aus dem Ruhrgebiet nachkommen wolle. Ab 1980 war H. wieder als Seelsorger tätig – und missbrauchte erneut Kinder. 1986 wurde H. von einem Gericht zu 18 Monaten Freiheitsentzug auf Bewährung verurteilt, von der Diözese 1987 aber wieder in einer Pfarrei eingesetzt, in der er erneut missbrauchte. Insgesamt, so ist der Kenntnisstand heute, waren es zwischen 1973 und 1996 mindestens 23 Jungen, die der ephebophile Priester missbraucht hat. Ratzinger selbst war zu dieser Zeit bereits in Rom tätig, formal aber immer noch für die Vorgänge in München verantwortlich. Als im März 2010 die Weltpresse dazu fragte, hüllte sich der Papst in Schweigen und äußerte sich nicht zu den Vorgängen.[94] Bis Ende 2021 mühte sich das Bistum darum, Ratzinger, bzw. den emeritierten Papst Benedikt, vor Vorwürfen zu schützen. Ein Gutachten, das der nachfolgende Erzbischof Kardinal Marx 2010 bei der Anwaltskanzlei Westphal-Spilker-Wastl für das Bistum München und Freising in Auftrag gegeben hatte, wurde nicht veröffentlicht. Die Vermutungen schossen ins Kraut, dass der Schriftsatz zurückgehalten wurde, um den Papst *emeritus* zu schonen.

Als dann im Januar 2022 das zunächst für den Sommer 2021 angekündigte Gutachten der Kanzlei WSW veröffentlicht wurde, bestätigten sich die schon lange gehegten Vermutungen: Benedikt XVI. war auf der entscheidenden Sitzung, bei der die Weiterbeschäftigung des pädosexuellen Priesters beschlossen wurde, nachweislich anwesend. Benedikt selbst stritt dies zunächst ab, räumte aber dann seine Beteiligung ein.

Zu Beginn des Jahres 2022 gab es erste Presseberichte, die Benedikt XVI. schwer belasteten: Die Aussage Benedikts, er habe als Bischof von München von dem Missbrauchsfall um den Priester H. keine Kenntnis gehabt, wurde durch ein internes »außergerichtliches Dekret« des Kirchlichen Gerichts der Erzdiözese München und Freising vom 9. Mai 2016 widerlegt. Dieses Dekret, so die Einschätzung der dazu befragten Kirchenrechtler Bernhard Anuth und Norbert Lüdecke, »torpediert eine Totalvertuschung«.[95]

In dem Dokument, so zitiert die Wochenzeitung *Die Zeit*, stellten die Kirchenrichter um Lorenz Wolf bereits 2016 fest, dass im Fall H. die Bischöfe und Generalvikare in Essen und München ihrer »Verantwortung gegenüber den ihrer Hirtensorge anvertrauten Kindern und Jugendlichen nicht gerecht geworden« seien.[96] Der damalige

Erzbischof Ratzinger, sein Nachfolger sowie die jeweils damit befassten Mitarbeitenden hätten »bewusst auf eine Sanktionierung der Straftat verzichtet«, so strich das Schreiben des Kirchengerichts deutlich heraus.

Diese Feststellung wurde insbesondere deshalb wichtig, da der Erzbischof von München, Reinhard Marx, und der Essener Bischof Franz-Josef Overbeck am 8. November 2012 den Vorstoß unternommen hatten, den 65-jährigen H. rasch aus dem Priesterstand, jedoch nicht aus dem Klerikerstand, zu entfernen, und zwar als Verwaltungsakt und ohne Verfahren. Marx und Overbeck begründeten ihre Initiative mit dem Verweis auf das weltweite Medienecho, welches der Fall ausgelöst hatte und welches drohte, dem ehemaligen Münchener Erzbischof und dem zum Zeitpunkt des Schreibens amtierenden Papst Benedikt zu schaden. Die Glaubenskongregation lehnte den Vorschlag der beiden deutschen Bischöfe ab. Der Fall ging zuständigkeitshalber an den Münchner Kirchenrichter Lorenz Wolf, der gemeinsam mit anderen das oben angeführte Dekret anfertigte. Auch dieses Gericht lehnte den Vorschlag ab, die Begründung dafür belastete den früheren Papst schwer: Die »kirchlichen Autoritäten« seien »zu jedem Zeitpunkt über die Erkrankung des Beklagten und die meisten seiner Vergehen informiert« gewesen. »Dennoch setzten sie H. wiederholt in Bereichen ein, in denen er Kinder- und Jugendarbeit zu leisten hatte.« Gerade weil sie trotz Kenntnis der Sachlage nichts gegen H. unternommen hätten, sei es jetzt unstatthaft, ihn ohne Verfahren aus dem Amt zu entfernen. Diese Einschätzung steht gegen die Auskunft von Ratzinger selbst, er habe von den Geschehnissen um den Priester H. keine Kenntnis gehabt. Die beiden dazu befragten Kirchenrechtler Anuth und Lüdecke bewerten das Dekret als eine »Dokumentation krassen Versagens mehrerer Hierarchen im Umgang mit Missbrauchstaten.«[97]

Als Joseph Ratzinger Präfekt der vatikanischen Kongregation für die Glaubenslehre war, hat er mehr als jeder andere Kurienkardinal dafür

unternommen, Missbrauch in der katholischen Kirche zu bekämp-
fen. Auch wenn er weiterhin am Ideal einer weitgehenden Rechtsau-
tonomie der Kirche gegenüber dem Staat und dem weltlichen Recht
festhielt, verpflichtete er doch beispielsweise die Bistümer, Fälle sexuellen Missbrauchs nach Rom zu melden. Seine Rolle als Erzbischof
von München fast zwanzig Jahre früher hingegen ist und bleibt zwei-
felhaft. Es gab mindestens einen weiteren Fall, in dem Ratzinger als
Bistumsleiter informiert war und den notorisch pädosexuellen Täter
gewähren ließ. Sein Nichteingreifen beim Priester Franz Josef B., Fall
37 im Missbrauchsgutachten der Kanzlei WSW von 2022, entschuldigte Ratzinger mit Verweis darauf, dass B. die sexuellen Übergriffe
als Privatmann, nicht als Priester begangen hätte – und brach auf
diese Weise vollständig mit der ansonsten vertretenen Theologie des
geweihten Mannes.[98]

Das vom Erzbistum in Auftrag gegebene Gutachten war ein Pau-
kenschlag, der weltweit zu vernehmen war, insbesondere aber den
deutschen Katholizismus erschütterte: »Wir erleben hier den Zusammenbruch eines Denkmals«, so kommentierte im Januar 2022
Matthias Katsch von der Betroffeneninitiative Eckiger Tisch die Vorgänge um den *Papa emeritus* Benedikt. »Dieses Lügengebäude, was
zum Schutz von Kardinal Ratzinger, von Papst Benedikt, errichtet
wurde hier in München, das ist heute krachend zusammengefallen.«[99]
Der sexuelle Missbrauch in der katholischen Kirche und vor allem
der vertuschende Umgang der Kirchenhierarchie hatte damit endgültig die höchste Spitze des autokratischen Systems katholische Kirche
erreicht.

Benedikts Nachfolger im Münchner Erzbischofsamt, Kardinal Reinhard Marx selbst, entschuldigte sich nicht nur im Juli 2021 in der Gemeinde von Garching für das Versagen der Kirche wie auch für persönliche Fehler,[100] sondern sah sich auch drängenden Fragen zu seiner
eigenen früheren Amtsführung als Bischof in Trier ausgesetzt: Marx
habe, so berichtete die *ZEIT*-Beilage *Christ & Welt*, »starke Hinweise«

erhalten, dass der saarländische Pfarrer M. ein Missbrauchstäter gewesen sei, ohne aber weitergehend zu handeln. »Aus heutiger Sicht hätte ich veranlassen müssen«, so erklärte der Kardinal selbstkritisch, »dass wir – auch um zu prüfen, ob der Vorwurf auch kirchenrechtlich verjährt ist – als Bistum die Akte der Staatsanwaltschaft anfordern und die Vorwürfe in einer eigenen kirchenrechtlichen Voruntersuchung verfolgen [müssen].«[101]

Infolge von Protesten von Betroffenenorganisationen lehnte Marx nicht nur die geplante Verleihung eines Bundesverdienstkreuzes ab, sondern bot in einem persönlichen Treffen mit Papst Franziskus am 21. Mai 2021 sogar seinen Rücktritt an. »Im Kern geht es für mich darum, Mitverantwortung zu tragen für die Katastrophe des sexuellen Missbrauchs durch Amtsträger der Kirche in den vergangenen Jahrzehnten«, so erklärte der hohe Geistliche. Mit Blick auf konkrete eigene Fehler aber blieb er unspezifisch und äußerte sich dazu nicht. Schon am 10. Juni antwortete Franziskus dem Bischof, stimmte ihm in der Einschätzung zu, dass es die katholische Kirche mit einer »Katastrophe« zu tun habe: »der traurigen Geschichte des sexuellen Missbrauchs und der Weise, wie die Kirche damit bis vor kurzem umgegangen ist.« Zugleich aber wies er Marx an, weiter im Amt zu bleiben: »Mach weiter so, wie Du es vorschlägst, aber als Erzbischof von München und Freising.«[102]

Besonders hohe Wellen schlugen die Geschehnisse um die Aufarbeitung sexuellen Missbrauchs im Erzbistum Köln, wobei an dieser Stelle nur die Vorwürfe an sich, nicht die besonders missglückte bis schäbige Art des Umgangs mit den Erkenntnissen um den sexuellen Missbrauch von Bedeutung sind. Das zuletzt veröffentlichte Gutachten der Kölner Kanzlei Gercke Wollschläger ermittelte auf der Basis unvollständiger Akten insgesamt 75 Pflichtverletzungen. Gemessen am staatlichen wie auch am kirchlichen Strafrecht waren die Verantwortlichen ihrer Anzeige- und Informationspflicht nicht nachgekommen, hatten Taten nicht sanktioniert, zum Teil auch nicht verhindert, und sie waren – *last but not least* – ihrer Pflicht zur Fürsorge gegenüber Opfern nicht nachgekommen. Beteiligt waren die früheren Kardinäle Joseph Höffner und Joachim Meisner, ihre Generalvikare Norbert Feldhoff, Dominikus Schwaderlapp und Stefan Heße, der frühere Personalchef Ansgar Puff, der Offizial Günter Assenmacher und die namentlich nicht genannte langjährige Justitiarin des Erzbistums Köln.[103]

Das Gutachten attestierte den früheren Kardinälen Joachim Meisner und Joseph Höffner schwerwiegende Versäumnisse. Die mit Abstand schwersten Vorwürfe machten die Gutachter dem 2017 verstorbenen Kölner Kardinal Joachim Meisner. Diesem seien 24 Pflichtverletzungen und damit fast ein Drittel aller Fälle vorzuwerfen. Höffner habe während seiner Amtszeit in Köln acht Pflichtverletzungen angesammelt, die sich auf sechs Aktenvorgänge bezogen. Sechs Mal, so die Gutachter, habe es der Kardinal versäumt, Vorgänge entsprechend aufzuklären, in zwei Fällen habe er eine Opferfürsorge verfehlt. Entscheidungen, die in der Personalkonferenz getroffen wurden, hatte der Kardinal nach Aussagen von Verantwortlichen öfter zugunsten der Beschuldigten nachträglich verändert, Höffner sei »von großer Güte bestimmt« und nicht sonderlich »konfrontationsfreudig« gewesen, so die euphemistische Beschreibung des täterfreundlichen Verhaltens des Kardinals.[104]

Dem im Gutachten formulierten Freispruch für den 2021 amtierenden Kölner Kardinal Woelki widerspricht der Münsteraner Kirchenrechtler Thomas Schüller entschieden. Wo das Gutachten den Chefgeistlichen freispricht, da beharrt Schüller auf mindestens einem Fehlverhalten des Kardinals: 2015 unterließ Woelki es, den Fall des Diözesanpriesters O. nach Rom zu melden. Obwohl der Beschuldigte schwer erkrankt und deswegen ein Strafverfahren unwahrscheinlich war, bestand, so Schüller, eine »Meldepflicht ohne Ermessensspielraum« für den Kardinal.[105] Dass das Erzbistum insgesamt 2,8 Millionen Euro für juristische Gutachten und das Krisenmanagement aufgewendet hat, hingegen aber Opfer und Betroffene seit 2010 bislang nur 1,5 Millionen Euro erhalten haben, sorgte für zusätzlichen Unmut in einem Bistum, in dem die Gläubigen scharenweise ihre Kirche verlassen.[106]

Besonders im Fokus der Öffentlichkeit stand auch der mittlerweile als Hamburger Erzbischof tätige Stefan Heße. Ihm wurde in dem Gutachten zum Bistum Köln vorgeworfen, er habe während seiner Zeit als Personalchef und Generalvikar in Köln insgesamt elf Pflichtverletzungen begangen: Fünf Mal habe er es unterlassen, Fälle an die Staatsanwaltschaft oder an die Glaubenskongregation weiterzuleiten, sechs Vorgänge soll er nicht ordnungsgemäß aufgeklärt haben. So verlief beispielsweise eine Missbrauchsermittlung im Sand, in der der Täter geständig war: Ein Geistlicher gab zu, dass er 1971 versucht habe, seinen Neffen zu berühren, leugnete aber, dass dieser noch minderjährig gewesen sei. Der Betroffene selbst hatte sich beim Bistum gemeldet und angegeben, als Elfjähriger von seinem Onkel sexuell missbraucht worden zu sein. Zudem habe sein Onkel versucht, auch seine beiden Cousins sexuell zu missbrauchen. Der Betroffene erhielt dann 2012 eine Entschädigungszahlung des Bistums, mit der zumindest anerkannt war, dass das Bistum dessen Schilderungen für plausibel hielt. Heße unterließ es aber, weitere Nachforschungen anzustellen. Er suchte weder das Gespräch mit dem Betroffenen noch machte er dessen Cousins ausfindig und meldete den Fall der Staatsanwaltschaft. In weiteren Fällen war die Vorgehensweise ähnlich: Auch wenn ihm von Seiten der juristischen Gutachterinnen und Gutachter keine Vereitelung der Strafverfolgung im eigentlichen Sinne vorgeworfen wurde, sahen sie doch erhebliche Pflichtverletzungen. Heße selbst beteuerte in einer öffentlichen Stellungnahme, »nie an Vertuschung beteiligt« gewesen zu sein. Dennoch aber reichte er im Vatikan ein Rücktrittsgesuch ein, um auf diese Weise, so Heße wörtlich, »meinen Teil der Verantwortung für das Versagen des Systems zu tragen«.[107] Nach sechsmonatiger Karenzzeit lehnte der Papst das Rücktrittsersuchen ab: Da der Erzbischof seine Fehler »in Demut anerkannt« und sein Amt zur Verfügung gestellt hatte, habe der Papst den Amtsverzicht Heßes nicht angenommen. Stattdessen habe er ihn gebeten, »seine Sendung als Erzbischof von Hamburg im Geist der Versöhnung und des Dienstes an Gott und den seiner Hirtensorge anvertrauten Gläubigen fortzuführen«.[108]

Richtet man den Blick nur auf amtierende Bischöfe, dann stehen ebenfalls Franz-Josef Overbeck, Bischof von Essen, wie auch Franz-Josef Bode, der amtierende Bischof von Osnabrück, in der Diskussion. Beide haben persönliche Schuld insofern eingeräumt, als dass sie bei der Bearbeitung von Missbrauchsfällen nicht genügend Verantwortung übernommen hätten.[109] Ähnlich bekannte 2019 der frühere Bischof von Limburg, Franz Kamphaus, beim Einsatz von Priestern fehlerhaft gehandelt zu haben: In einer persönlichen Erklärung gab der populäre Geistliche an, den später aus dem Klerikerstand entlassenen Wolfdieter W. in den 1980er-Jahren aus Würzburg nach Limburg übernommen und dort in der Pfarrseelsorge eingesetzt zu haben, obwohl bekannt war, dass W. sexuell übergriffig geworden war.[110] Werner Thissen, emeritierter Erzbischof von Hamburg, gestand ein, in seiner Zeit als Generalvikar in Münster in den Sitzungen der Personalkonferenz vor allem die Kirchenräson im Blick gehabt zu haben, während die Belange der Opfer keine Rolle spielten.[111]

Im Bistum Hildesheim stand vor allem der frühere, 1988 verstorbene Bischof Heinrich Maria Janssen im Verdacht. Er war der erste Bischof in Deutschland, dem auch persönlich sexueller Missbrauch vorgeworfen wurde. 2015 hatte sich ein ehemaliger Ministrant gemeldet, der angab, zwischen 1958 und 1963 als Anfang Zehnjähriger über viele Jahre sexuell missbraucht worden zu sein. Eine Geldzahlung von 10.000 Euro an ihn wollte das Bistum nicht als Schuldeingeständnis gewertet wissen. Die Vorwürfe gegen den 1988 verstorbenen Janssen konnten von zwei Untersuchungskommissionen weder erhärtet noch entkräftet werden.

Empirisch valide wurde aber festgestellt, dass Janssen in seiner Amtsführung als Bischof ganz auf der Linie seiner Amtskollegen handelte: Täterschutz, um den Ruf der Kirche zu bewahren; wenig bis keine Zuwendung für Missbrauchsopfer. »In der Ära von Bischof Janssen wurde in großem Umfang verharmlost, verschwiegen, vertuscht. Oberstes Gebot war, den Ruf der katholischen Kirche und des Priestertums makellos zu halten.«[112]

Walter Mixa, Bischof von Augsburg und zwischen 2000 und 2010 auch Militärbischof, stand ab 2010 im Verdacht, in den 1970er- und 1980er-Jahren Heimkinder brutal geprügelt zu haben. Die Staatsanwaltschaft Ingolstadt nahm darüber hinaus Vorermittlungen wegen sexuellen Missbrauchs gegen Mixa auf, stellte diese aber später wegen eines nicht ausreichenden Tatverdachts wieder ein. Mixa selbst erklärte gegenüber dem Vatikan seinen Rücktritt, den Papst Benedikt XVI. ohne großes Zögern annahm. Mixas spätere Bemühungen, seinen eigenen Rücktritt wieder ungeschehen zu machen, ignorierte der Vatikan. Der Bischof blieb seines Amtes enthoben.[113]

Dieser erste Überblick berücksichtigt nur die Fälle prominenter Geistlicher, die bereits bekannt und öffentlich geworden sind. Weitere Aufdeckungen sind höchst wahrscheinlich. Zudem beschränkt sich die Aufzählung parallel zu den meisten bisherigen Untersuchungen und Gutachten auf ein Segment von Fällen sexuellen Missbrauchs, das auch strafrechtlich einschlägig ist: sexuelle Übergriffe gegen Minderjährige und Schutzbefohlene. Andere Taten und der Umgang damit, die straf- oder kirchenrechtlich irrelevant sind, aber doch massiv den von der katholischen Kirche propagierten Moralvorstellungen widersprechen, sind bislang nicht berücksichtigt.

Wie in vielen anderen Zusammenhängen auch, gilt im Fall der katholischen Kirche, dass der Fisch vom Kopf her stinkt: Nicht (oder nicht nur) der Fakt, dass es sexuellen Missbrauch in der Kirche gegeben hat und gibt, stellt ein besonderes Skandalon dar, sondern der Umgang mit Fällen von sexuellem Missbrauch in der Hierarchie wird zur schwerwiegenden Belastung. Bischöfe, Weihbischöfe, Generalvikare und andere hohe Geistliche und Funktionäre haben nicht nur in Einzelfällen vertuscht, sondern haben einen »schon als systematisch zu bezeichnenden Widerstand gegen die Aufklärung von klerikalen Missbrauchsfällen« geleistet.[114] Selbst in den Reaktionen auf bekannt gewordene Missbrauchsfälle überwog oftmals vor allem die Intention, den öffentlichen Skandal zu vermeiden. Suspensionen vom Priesteramt oder gar die Laisierung wurden nur denkbar selten in Betracht gezogen.

Dass die Verantwortlichen aus dieser Haltung heraus gegenüber den Nöten der Opfer des Missbrauchs blind waren, wird aus ihrem Verhalten deutlich und ist wohl das fatalste Versagen oberhirtlichen Agierens. Damit ignorierten die Bistumsleitungen und ihre Verwaltungsspitzen die ethischen Maximen der Bibel, in deren Namen die Kirche auftritt.

Mit dem Blick auf den Skandal im Skandal stehen damit nicht mehr einzelne Geistliche im Mittelpunkt, deren Missbrauchstaten als Einzelfälle etikettiert werden und vielleicht mit Überforderung in der jeweiligen Aufgabe, sexueller Unreife wegen des besonderen Lebenswegs oder sonstigen Umständen erklärt werden könnten. Im Fokus stehen die Bischöfe und ihre jeweilige Entourage: gut ausgebildete, studierte und meist promovierte Theologen, selbst geweihte Männer und meist langjährig in ihren Leitungsaufgaben erfahren. Diese katholische Elite war eingebunden und unterstützt von mehr oder weniger großen Stäben und bewegte sich dadurch in einem über Jahrhunderte gewachsenen und immer stärker verfeinerten kirchlichen Rechts- und moraltheologischen System.

Warum die Kirchenführung mit ihrem Verhalten angesichts des sexuellen Missbrauchs moralisch so eklatant versagte, ist erklärungsbedürftig. Unkenntnis oder Unterschätzung des Phänomens, Unsicherheit im Umgang mit sexuellem Missbrauch oder persönliche Unfähigkeit auf der einen Seite und das Bemühen, den Ruf der Institution Kirche und damit untrennbar verbunden die eigene Amts- und Machtposition zu schützen auf der anderen Seite – diese und andere Gründe anzuführen, liegt intuitiv nahe. Im Umgang mit dem größten Teil der Missbrauchsfälle kommt diesen Faktoren sicherlich eine enorme Bedeutung zu. Doch all das allein reicht als Erklärung nicht aus. Hinzu kommt eine Reihe von strukturellen Bedingungen und kollektiv geteilten Grundüberzeugungen innerhalb der katholischen Kirche, die dieses jeweils individuelle Versagen in der Vergangenheit stützten und beförderten – und dies in der Gegenwart immer noch tun.

Missbrauch als systemisches Geschehen: Die Verantwortung der Bystanders und der Justiz

Bystander – Zuschauer, Gaffer, Umstehender, aber auch Mitwisser, Mithörender, Mitsehender. Es ist schwierig, eine adäquate deutsche Bezeichnung für den vor allem in der Diktatur- und Holocaustforschung geprägten Begriff zu finden.[115] Aber der damit bezeichnete Sachverhalt liegt offen auf der Hand: Insbesondere mit Blick auf sexuellen Missbrauch sind die Taten nicht allein im Dreieck von Tätern, Betroffenen und Täterorganisation zu beschreiben. Missbrauch ist, obwohl vom Täter im Verborgenen verübt, ein im hohen Maß sozial verwobenes Geschehen, er findet überindividuell statt. Es gab und gibt Mitwissende, aktive und passive Unterstützende, Netzwerke der Duldung und der Vertuschung. Ebenso gab und gibt es gesellschaftliche Strukturen außerhalb der Kirche, die pädokriminelle Taten ermöglichten, beförderten und beim Vertuschen halfen. Ohne damit die unmittelbare Schuld der Täter und der Verantwortlichen zu schmälern, lässt sich doch erkennen, dass Missbrauch immer in einen übergeordneten sozialen Kontext eingebunden ist. Dabei ist sorgsam zu unterscheiden zwischen der Schuld der Täter und der Verantwortung, die *Bystanders* zu tragen haben.

Wer aufmerksam die heute verfügbaren Informationen zu einzelnen Fällen von Missbrauch inner-, aber auch außerhalb der Kirche analysiert, der kann rasch in konzentrischen Kreisen um den Betroffenen herum die Individuen, Personengruppen und Institutionen ausfindig machen, auf die eine Mitverantwortung zutrifft. Im engsten sozialen Nahbereich sind es Eltern, Geschwister, Verwandte, Freunde, die als *Bystanders* in das Missbrauchsgeschehen verwickelt sein können. Sie sind diejenigen, die in besonderer Beziehung zu dem Betroffenen stehen, diesen besonders gut kennen oder ihn erziehen und begleiten. Oftmals ist ihnen auch der Täter bekannt. Viele der Pädokriminellen bereiten ihre Übergriffe dadurch vor, dass sie sich im *Grooming*, der Tatanbahnung, Zugang in den Kreis der unmittelbaren sozialen Umgebung verschaffen und so sowohl ein Vertrauensverhältnis zu den Betroffenen als auch zu den *Bystanders* aufbauen, so zum Beispiel der missbrauchende Priester, der zugleich im engen Kontakt zur Familie des Opfers steht.

Es ist genau diese Nähe zum Täter, die dann ein Aufdecken der Taten verhinderten. Warum sie denn nicht eingeschritten sei? – Mit dieser Frage konfrontierte ein Betroffener laut Interview seine Tante zwanzig Jahre nach dem Missbrauch. In der Tat habe sie sich »so etwas schon gedacht«, ohne aber zu reagieren – eine Antwort, die den Fragesteller massiv verletzte.[116] Eine andere Zeitzeugin berichtet aus ihrem Elternhaus, in dem der Vater als Mitarbeiter des Kolpingwerks häufig Besuch aus seinem beruflichen Umfeld des Katholischen Gesellenvereins empfing, mit dem er sich auch über die überraschende Versetzung eines Priesters austauschte. »Ich saß im Ohrensessel meines Großvaters und die Männer beachteten mich gar nicht. Und sie sprachen darüber: Wo ist denn jetzt eigentlich der und der? – Ja, hast Du nicht mitbekommen, dass der seine Hände nicht von kleinen Jungen lassen konnte? Und dann haben alle schäbig und laut gelacht. Ich glaube, es war Methode, auch bei Kolping, übergriffige Priester hin- und herzuschieben. Und ich fürchte, auch mein Vater muss davon gewusst haben.«[117] Die Herrenrunde bagatellisierte den sexuellen Missbrauch zum Kavaliersdelikt, eine Sensibilität für die Folgen einer solchen Tat existierte nicht.

Warum Familienangehörige über Vorfälle von sexuellem Missbrauch schweigen, hat verschiedene Gründe: Konfliktscheue, die Tabuisierung des Sexuellen im Katholizismus und eine daraus abgeleitete Scham, vielleicht auch Gefühle der Scham darüber, das eigene Kind nicht beschützt zu haben. Hinzu kommt zumeist die besondere Stellung und das Sozialprestige des Pfarrers in der Gemeinde und in den eigenen Zusammenhängen. *Pastor deit dat nich* – Der Pastor tut so etwas nicht. Mit diesen plattdeutschen Worten wurde ein anderer Betroffener von seinen Eltern abgekanzelt, die sich die Übergriffe des Pfarrers nicht vorstellen wollten. Das war vor allem in der sakralen Überhöhung des Priesters begründet. Der »Hochwürdige Herr Pfarrer« war insbesondere im katholischen Milieu eine Respektsperson, eine moralische Instanz, der solche Taten nicht zugetraut wurden. Man schützte in diesem selbstgewobenen Bedeutungsnetz die Täter wie auch sich selbst. Der »von oben« hierarchisierende Klerikalismus fand seine Entsprechung im herangetragenen Charisma »von unten«.[118]

In kirchlichen Einrichtungen waren es vielfach die Mitarbeitenden, die um den Missbrauch implizit oder explizit wussten: In Kinder- oder Jugendheimen, in Pfarrhäusern und anderen pädagogischen Einrichtungen blieb den dort Beschäftigten nicht verborgen, was sich in ihrer Institution zutrug.

Als sich eine Betroffene von sexuellem Missbrauch dem Nachbarpfarrer anvertraute und diesem berichtete, dass sein Amtskollege sie

vergewaltigt habe, reagierte dieser mit dem Tadel, dass sie eine große
Sünde begangen habe: Der außereheliche Geschlechtsverkehr, nicht
aber die pädokriminelle Gewalt stand im Mittelpunkt des moralischen Koordinatensystems des Geistlichen – oder einfach der Versuch, möglichst schnell Schweigen zu erreichen.

Ein Kaplan, dem ein Junge im Jahr 1954 von Missbrauchstaten
eines anderen Priesters berichtete, kam etwa nach den Erinnerun-
gen des Betroffenen »Einzelheiten übergehend zu dem Schluss, diese
Geschichten seien ja nun vorüber. Er bat mich [den Jungen], nicht
mehr daran zu denken und darüber zu schweigen. Er aber versprach,
mit dem Vikar darüber zu sprechen, damit das Ganze bald ein Ende
habe.« Ob das Gespräch zustande gekommen ist, und falls ja, wie der
Kaplan daraufhin mit dem Täter gesprochen haben könnte, lässt sich
nicht rekonstruieren.[119]

Pfarrhaushälterinnen – entweder Verwandte des Priesters oder andere Frauen, die den Haushalt des Pfarrers organisierten – spielten
eine wichtige und durchaus ambivalente Rolle im Geschehen. Sie
waren unmittelbar in den Alltag des Pfarrers eingebunden und damit auch umfassend darüber informiert, was vor Ort passierte. Sie
regelten den Zugang von Besucherinnen und Besuchern und hatten
so Macht darüber, was nach außen drang oder in den Wänden des
Pfarrhauses blieb: Ein Betroffener berichtete von seiner Irritation
darüber, dass ihn die Pfarrhaushälterin oftmals brüsk abgewiesen
habe, wenn er den Pfarrer besuchen wollte. Im Rückblick erkannte
er dieses Verhalten als den Versuch, ihn vor den Übergriffen des
Geistlichen zu schützen. Sie stellte sich damit zwar nicht explizit
gegen den Täter, wohl aber zeigte sie sich widersetzlich gegenüber
dem Verhalten ihres Chefs.

Auch gegenteilige Erfahrungen wurden berichtet: Die Haushälterin eines Missbrauchstäters etwa habe sogar die Messdiener ermu-
tigt, in kurzen Hosen zum Priester zu gehen, wie sich ein Betroffener
erinnerte: »In der Vikarie gab es eine Person, die Haushälterin, die

zweifelsfrei die Bedürfnisse ihres ›Herrn‹ unterstützte [...]. Missbrauch lief offensichtlich nach Plan. Sie brachte mich zum Wohnraum mit Bemerkungen wie: ›Da der Herr nicht gerne Pudding mag, iss du ihn, wenn du zu ihm gehst‹, oder ›der Herr freut sich, wenn du ganz nah bei ihm bist‹, oder ›es ist schöner, wenn du mit kurzer Hose zu ihm gehst.‹«[120] In dieser Zuführung drückt sich massiv die religiös verschleierte Überhöhung des Priesters aus.[121] Dieselbe Haushälterin habe nach der Versetzung des Priesters sogar noch die Familie des Betroffenen besucht und diese »eingeschworen, auf keinen Fall etwas zu erzählen«.[122] Und wie ist es zu werten, wenn eine Pfarrhaushälterin die Kinder, die der missbrauchende Priester aus einem Kinderheim zu sich geholt hatte, mit heißer Schokolade und Keksen bewirtete?[123] Machte die Frau die Opfer gefügig? Oder versuchte sie den Kindern auf ihre Art beizustehen? Funktional betrachtet hat sie sicher dazu beigetragen, dass der Missbrauch im Sinne des Täters funktionierte. Es sind diese Beispiele, die eindrücklich und ohne die individuelle Verantwortung der Täter zu schmälern zeigen, wie stark Missbrauch als soziales Geschehen zu betrachten ist und wie entscheidend im Positiven wie im Negativen die Haltungen der Menschen im nahen sozialen Umfeld des Tatgeschehens sind.

Im staatlichen Zusammenhang sind es Polizei und Justiz, die Verbrechen nach Möglichkeit verhindern, begangene Straftaten verfolgen, aufklären und verurteilen. Im besten Fall schreckt Strafe ab, wobei es beim sexuellen Missbrauch vor allem die Angst vor der Aufdeckung und der damit verbundenen gesellschaftlichen Ächtung ist, die potentielle Täter zurückhält. Damit bilden das Rechtssystem, Justiz und Strafverfolgungsbehörden einen wichtigen institutionellen Kontext, der gesamtgesellschaftlich und damit auch innerkirchlich die Ausübung und den Umgang mit Missbrauch prägt.

Die Untersuchung von Fällen, wie sie aktengestützt für das Bistum Münster betrieben wurde, zeigt deutlich, dass der Institutionenschutz nicht nur innerkirchlich, bei den Klerikern, kirchlichen

Mitarbeitern und bei stark kirchengebundenen Katholikinnen und Katholiken, griff. Die Fallrekonstruktionen lassen zumindest vermuten, dass auch die Strafverfolgungsbehörden und die Justiz in manchen Fällen zu ungewöhnlicher Zurückhaltung oder Kooperationen mit kirchlichen Stellen durchaus bereit waren. Ziel solcher Absprachen war es, zu vermeiden, dass das Renommee der Kirche durch öffentliches Aufsehen Schaden nimmt. Daran hatten nicht nur die Kirchenfunktionäre selbst, sondern auch so manche Richterin und Staatsanwältin und so mancher Richter und Staatsanwalt Interesse.

»Bringt ihn da weg, sonst holen wir ihn!«[124] – An diesen Ausspruch erinnerte sich der zuständige Dechant, der einen Missbrauchstäter im oldenburgischen Teil des Bistums Münster nach Bekanntwerden der Vorfälle aus seinem Pfarrhaus schnellstmöglich in einen anderen Tätigkeitsbereich versetzen sollte. »Zuvor, so berichtet er, habe er noch mit dem besagten Staatsanwalt telefoniert, von dem er wusste, dass er mit dem Weihbischof gut bekannt war. Während des Telefonats habe er den Eindruck gewonnen, dass dieser vom Weihbischof über die Sachlage bereits informiert worden war.« Wenn diese Darstellung zutrifft, so schlussfolgert der Historiker Klaus Große Kracht, »dann wurde durch ein Zusammenspiel der lokalen Verantwortungsträger von Kirche und Justiz die Tat verdunkelt und der Strafverfolgung entzogen.«[125] Juristisch, so stellt ein jüngst ergangenes Urteil klar, gibt es in diesem Fall nichts mehr zu verfolgen: Ein vor kurzem eröffnetes Verfahren wegen Verdachts auf Strafvereitelung gegen den Generalstaatsanwalt wurde aufgrund von Verjährungsfristen eingestellt.[126]

Wie so oft bestätigt auch in diesem Fall die Ausnahme die Regel. Vor dem Hintergrund dieser Beobachtungen sticht ein anderer Fall hervor, an den der *ZEIT*-Journalist Jonas Seufert im September 2021 erinnerte:[127] In Kassel zeigte die Mutter eines betroffenen Kindes 1994 nicht nur den mutmaßlichen Täter, einen im Bistum Fulda tätigen Pfarrer, an, sondern auch dessen Vorgesetzte: den Erzbischof

Johannes Dyba und den für diese Region zuständigen Weihbischof
Johannes Kapp. Damit hatte dieser Fall politisch eine besondere Brisanz, stand doch nicht irgendein Kirchenmann im Zentrum, sondern
das konservative Flaggschiff der damaligen katholischen Szene: Wie
kaum ein anderer Bischof hatte sich Dyba gegen Schwule, gegen Liberalisierung der Abtreibung, aber auch gegen »linke« Strömungen
im Katholizismus, wie beispielsweise den Bund der Deutschen Katholischen Jugend (BDKJ), gewandt. Bis zu seinem Tod, so schrieb
die *Frankfurter Allgemeine Zeitung* 2010 in ihren Nachruf, füllte
Dyba »die Rolle des agent provocateur der Bischofskonferenz und
des Lieblingslehrers des juste milieu in den Medien und der Politik
[...] bis zu seinem frühen Tod alleine aus.«[128]

Gerade Dyba sollte jetzt dafür zur Verantwortung gezogen werden, dass er wie auch sein Weihbischof von den Übergriffen eines
ihnen zugeordneten Pfarrers gewusst, diesen aber lediglich in die
Nachbargemeinde versetzt hätten. Pfarrer B. war rechtskräftig verurteilt und in zehn Fällen für schuldig gesprochen worden, sieben davon aufgrund von Missbrauch von Schutzbefohlenen. Eine Freiheitsstrafe von zwei Jahren auf Bewährung hatte das Amtsgericht Kassel
1995 für angemessen gehalten. »Hätte der Dienstherr rechtzeitig und
durchgreifend den Angeklagten an weiterer Gemeindearbeit gehin-
dert, wäre es nicht zu weiteren Vorfällen gekommen«, so führte der
Richter in seinem Urteilsspruch damals aus.

Waren nicht spätestens jetzt auch die Personalverantwortlichen
zur Verantwortung zu ziehen und war nicht nach der Maßgabe des
§ 171, Verletzung der Fürsorge- und Erziehungspflicht, zu ermitteln?
Bis dato beschrieb die »Fürsorgepflicht« vor allem ein direktes Verhältnis von Fürsorgendem und Befürsorgten, weniger aber die Konstellation von Bischof und Priester und vor allem nicht die Konstellation Bischof und die ihm zugeordneten Gläubigen seiner Diözese.

Vor allem aber war der Nachweis zu erbringen, dass Dyba tatsächlich von den Vorfällen wusste und sich dennoch für die weitere
Verwendung des vorbestraften Pfarrers entschied.

Der ermittelnde Staatsanwalt Peter Harz erwirkte keinen Schuldspruch, wohl aber nach einem Opfer-Täter-Gespräch eine Einstellung des Verfahrens nach § 153: »Absehen von der Verfolgung bei
Geringfügigkeit« unter Auflagen. Akzeptierte der Beschuldigte
diesen Urteilsspruch, dann hätte er damit formal mit dem Verfah-
rensablauf zumindest gegenüber dem Betroffenen seine Verantwortung anerkannt. Wenige Monate später aber, am 17. Januar 1997,
stellte die Generalstaatsanwaltschaft Frankfurt das Verfahren jetzt
nach § 170 der Strafprozessordnung ein und erklärte damit, dass
aus ihrer Sicht keine Schuld vorhanden war. Wie politisch war
dieses Verfahren? 25 Jahre danach antwortet Peter Harz mit nur
einem Wort: »›hochpolitisch‹ – und dann nichts mehr. Für mehr
habe er keine Aussagegenehmigung«, so schließt der Bericht des
ZEIT-Autors.[129]

Heute ist die Situation anders, die Justiz ist sensibilisiert und arbeitet
mit den verschiedenen Bistümern, den Aufarbeitungskommissionen
und so manchem Forschungsprojekt zusammen. Ermittlungen gegen
Kirchenobere in Deutschland sind – Stand September 2021 – nicht
bekannt.[130] Für die meisten Fälle wird es keine Strafverfolgung gegen
Bischöfe und andere Personalverantwortliche mehr geben können.
Nicht nur das Gros der Missbrauchstaten, sondern auch eventuelle
Beihilfehandlungen oder Unterlassungen der Kirchenhierarchen
sind verjährt. Sexueller Kindesmissbrauch verjährt nach zehn Jahren,
schwerer Kindermissbrauch nach 20 Jahren. Diese Fristen wurden
zwar mit Gesetzesänderungen 1994, 2013 und 2015 insoweit ver-
längert, als dass sie erst mit dem Erreichen des 18., dann des 21. und
aktuell des 30. Lebensjahres des Opfers zu laufen begannen. Aber
für vorher bereits verjährte Taten änderte sich damit nichts. Und angesichts der Tatsache, dass viele Missbrauchsbetroffene sich erst seit
2010 dazu entschlossen haben, über ihre Erfahrungen zu berichten,
ist das Gros der im zweiten Drittel des 20. Jahrhunderts begangenen
Taten heute juristisch nicht mehr relevant.

Besonders krass sticht der Unterschied im staatlichen Verhalten und der Justiz im Vergleich zu anderen nationalen Zusammenhängen hervor: Große und Aufsehen erregende Prozesse gegen führende Kirchenfunktionäre hat es beispielsweise in Australien, in den Vereinigten Staaten oder in Großbritannien und Frankreich gegeben. Zusätzlich sind in den anglophonen Ländern Australien, Kanada, Großbritannien sowie Schweden und anderen Ländern von staatlicher Seite aus Kommissionen eingerichtet worden, die von außen sowohl das Ausmaß der Verbrechen eruieren, persönliche Schuld der Akteure und strukturelle Hintergründe ermitteln wie auch über mögliche Auflagen für die Zukunft beraten.

In Deutschland halten sich staatliche Stellen demgegenüber auffällig zurück. Die Vorstellung bleibt, dass die Kirche selbst den in ihren Reihen verübten sexuellen Missbrauch aufarbeiten solle und könne. Öffentlich wirksam gewordene Friktionen, die aufzeigen, wie problematisch das damit getroffene und allgemein akzeptierte Arrangement ist, hat es nur zu wenigen Zeitpunkten in der langen Chronologie des Missbrauchsskandals in der deutschen katholischen Kirche gegeben: Nach den Aufdeckungen des systematischen Missbrauchs im Berliner Canisius-Kolleg war es die damalige Bundesjustizministerin und FDP-Politikerin Sabine Leutheusser-Schnarrenberger, die der katholischen Kirche mangelnden Willen zur Aufklärung vorwarf.[131] Der damalige Vorsitzende der Bischofskonferenz, der Freiburger Robert Zollitsch, reagierte prompt und mit scharfer Zunge: Die Ministerin habe falsche Behauptungen aufgestellt und die Rechtstreue der Kirche in Frage gestellt. Ein zunächst gesetztes Ultimatum an die Ministerin, die Äußerungen binnen 24 Stunden zurückzunehmen, zog Zollitsch zurück. Letztlich war es wohl Kanzlerin Angela Merkel, die diesen Machtpoker entschied. Nach einem Telefonat mit Zollitsch erklärte sie öffentlich, »keinen Zweifel [daran zu haben], dass die Bischöfe die Opfer im Blick hätten.« Damit war politisch ein Stoppschild gesetzt und klar signalisiert, dass sich die Aufarbeitung des sexuellen Missbrauchs im Katholischen in den Bahnen des Staat-Kirche-Verhältnis bewegen sollte: Der bundesrepublikanische Weg einer faktisch engen Zusammenarbeit von Staat und Kirche und einer besonderen Privilegierung der Letzteren wird gelegentlich als Kooperationsmodell bezeichnet.

Diese positive Charakterisierung trifft in vielen Belangen zu, mit Blick auf den sexuellen Missbrauch aber hat sie sich negativ als »hinkende Trennung« erwiesen. Der Rückblick auf über ein Jahrzehnt Aufarbeitung seit 2010 zeigt, dass keine der beteiligten Seiten davon profitiert hat: Der Staat hat sich einer Kompetenz beraubt, die im Sinne des Rechts und der Gerechtigkeit nicht von Vorteil war. Die Kirche ist mit der Aufarbeitung überfordert. Das Tätersystem kann sich nicht selbst von dem Verbrechen befreien. Und selbst die Konservativen in der Kirche merken langsam, dass die fortwährende Skandalgeschichte zu einer quantitativen wie auch moralischen Auszehrung der Kirche führt, die an den Grundfesten ihrer Existenz rüttelt. Vor allem aber sind es die Betroffenen selbst, die Opfer des Missbrauchs, denen keine Gerechtigkeit widerfährt und die sich in der Auseinandersetzung mit einer überaus mächtigen und machtbewussten Institution, deren Apparat seit Jahrhunderten Übung darin hat, die eigenen Belange gegen außen zu verteidigen, in ihrem Kampf um Gerechtigkeit alleingelassen sehen.

TÄTERSYSTEM KIRCHE? KATHOLISCHE STRUKTUREN ALS ERMÖGLICHUNGS- BEDINGUNGEN DES MISSBRAUCHS

Wie ist zu erklären, dass eine Institution, die sich wie kaum eine andere der radikalen Nächstenliebe verschrieben hat, sich zu einem Zusammenhang entwickelt, der sexuellem Missbrauch einen besonderen Nährboden bietet? Die wohl nur auf den ersten Blick naiv erscheinende Frage, die am Anfang dieses Buches stand, wird im folgenden Kapitel bewusst noch einmal aufgenommen, wenn es um eine Skizze des Tätersystems Kirche geht.

Fest steht: Die Schuld für Verbrechen liegt primär bei denjenigen, die sie begehen. Es ist daher aller Mühe wert und auch den Betroffenen geschuldet, individuelle Schuld von Tätern und Verantwortlichen festzustellen und über diese im Rahmen der Gesetze zu urteilen. Sexueller Missbrauch ist jedoch mehr als ein individuelles Vergehen. Pädosexuelle Taten haben in der Regel Systemcharakter, der eine überindividuelle Aufarbeitung zur Folge haben muss. Die

»Täter-Opfer-Institutionen-Dynamik«[1] muss eingeordnet werden in einen institutionengeschichtlichen Zusammenhang sowie in ihr jeweiliges zeithistorisches Umfeld.

Wie kein anderer hat der von Stanley Tucci gespielte Anwalt Mitchell Garabedian dies zum Ausdruck gebracht: In dem mit einem Oskar ausgezeichneten Film *Spotlight* über den Kampf eines Bostoner Journalistenteams zur Aufdeckung systematischen Missbrauchs in der amerikanischen Kirche äußert sich der Opferanwalt: »*If it takes a village to raise a child, it takes a village to abuse one.*«[2] Neben Unterstützenden, Mitwissenden, Vertuschenden und fehlerhaft agierenden Verantwortlichen sind es viele weitere Akteure und Faktoren, die Missbrauch begünstigen oder, im wünschenswerten Fall, verhindern: das Selbstverständnis und das Selbstbild der Organisation, ihre Kommunikations- und Fehlerkultur, die Macht- und Hierarchiebeziehungen, mit Blick auf sexuellen Missbrauch die konzeptuelle Wahrnehmung und der Umgang mit Körperlichkeit und Sexualität, zwischenmenschlichen Beziehungen und sexualisierter Gewalt. Mit diesem systemischen Fokus wird keinesfalls die persönliche Verantwortung der Täter oder der Verantwortlichen geschmälert, sondern stattdessen ein sozialer Zugang gewählt, der nicht nur für das Verstehen von Missbrauch, sondern auch für Aufarbeitung und Prävention enorm bedeutsam ist.[3]

Schon früh haben Aktivistinnen und Aktivisten aus dem Kreis der Betroffenen diese Einsicht geteilt und deshalb von der katholischen Kirche als »Täterorganisation« gesprochen.[4] Die damit verfolgte politische Stoßrichtung war eindeutig und ist auf entsprechenden Protest gestoßen, sowohl zeitgenössisch wie auch in den vergangenen Jahren. Doch dieser Widerspruch wird angesichts der Lawine von aufgedeckten Fällen von Missbrauch und Leitungsversagen immer verhaltener.

In den vergangenen Jahren exponierten sich zunehmend Akteure aus der Kirche, die diesen Begriff auf sich selbst münzten: Nicht erstaunlich ist es, wenn beispielsweise ein Vertreter des Bundes Deut-

scher Katholischer Jugend (BDKJ) von der Kirche als »Täterorganisation« spricht, um den auch anderweitig von den Jugendverbänden
gefahrenen Oppositionskurs mit drastischem Mittel zu demonstrieren.[5] Dass aber auch der Limburger Bischof Georg Bätzing, mittlerweile Vorsitzender der Bischofskonferenz, 2018 davon sprach, dass
sich die Kirche sagen lassen müsse, »Täterorganisation« zu sein, muss
aufhorchen lassen. Die Kirche habe Täter geschützt, falsch gehandelt und vor allem habe sie »Opfer [...] und systemische Faktoren,
die sexuellen Missbrauch befördern, nicht im Blick gehabt«.[6] Am
18. November 2021 und damit am *Europäischen Tages des Schutzes
von Kindern vor sexueller Ausbeutung und sexueller Gewalt* sprach der
Kölner Weihbischof Rolf Steinhäuser, der kommissarisch Erzbischof
Woelki, der sich angesichts des Skandals um seine Person in einer
Auszeit befand, vertrat, anlässlich eines Bußgottesdienstes im Kölner Dom von sich als dem »Chef der Täterorganisation Erzbistum
Köln«.[7] Die Einsicht in den systemischen Charakter, der sexuellem
Missbrauch zugrunde liegt, ist breit in der innerkirchlichen Öffentlichkeit angekommen, das zeigen die ausgewählten Beispiele unter
vielen weiteren. Zugleich aber bleibt bei diesen Sprechakten prominenter Kirchenfunktionäre ein schaler Geschmack zurück, wenn der
dramatischen Selbstbezichtigung keine praktischen Konsequenzen
folgen.

Die Argumentation im Folgenden nimmt diesen systemischen Ansatz auf, modifiziert ihn aber in einer Hinsicht: Die katholische
Kirche wird nicht als Täterorganisation analysiert. Organisationen,
so bestimmen es vor allem Soziologie und Ökonomie, haben in der
Regel spezifische Funktionen und verfolgen fest definierte Zwecke.
Mit Blick auf sexuellen Missbrauch verfolgt die katholische Kirche
diesen »Zweck« nicht. Auch die schärfsten unter ihren Kritikerinnen
und Kritikern werden der katholischen Kirche zugestehen, dass sie
nicht – überspitzt formuliert – als Kinderschänderring gegründet
wurde, sondern dass die Organisation mit dem Ziel der Etablierung,

Verbreitung und Pflege ihres konfessionellen Bekenntnisses auf einem anderen Anliegen aufbaut.

Dennoch gilt auch im Fall der katholischen Kirche, was der Sozialpädagoge Jens Brachmann bei der Untersuchung sexualisierter Gewalt in der Odenwaldschule konstatiert hat: Mit Missbrauch kontaminierte Einrichtungen sind als »Tätersysteme« zu analysieren.[8] Sie bieten nicht nur den faktischen Tatkontext, sondern sie stellen und schaffen auch die Bedingungen, die den Missbrauch und dessen Vertuschen ermöglichen.

Im Fall der Kirche liegen die dabei zu berücksichtigenden Punkte auf der Hand: Konkret geht es im Folgenden um die institutionelle Verfasstheit und die Machtbeziehungen im Katholizismus, das Weihepriestertum und den darauf basierenden Klerikalismus und die besondere Sexualmoral, wie sie von katholischer Seite entwickelt und in der Pastoral umgesetzt wurde und wird. Welche Ideen, welche Wertvorstellungen, welche Weltsichten prägen die Missbrauchstäter, welche die Vertuschenden und welche die *Bystanders*? Welche Praktiken, Routinen, aber auch ungewöhnlichen Interventionen kennzeichnen die Institution? Welche in institutionellen Rahmungen eingeübten Verfahrenswege und Abstimmungs- und Kontrollmechanismen sind wichtig? Wie steht es um Machtkonstellationen im Katholischen, um Sensibilität für deren Missbrauch und auch um die Kultur der Vorsicht und der Fürsorge? Es soll im Folgenden nach den strukturellen Bedingungen gefragt werden, die Missbrauch ermöglichen und zugleich ein »Klima in der Kirche begünstigten, in dem die institutionellen Abwehrreflexe nach wie vor stärker sind als die Bestrebungen, sich jenen moralischen Ansprüchen zu unterwerfen, welche die Kirche gegenüber ihren Mitgliedern wie auch gegenüber der Gesellschaft erhebt.«[9]

Diese in der Organisation vorhandenen Bedingungen und Risikofaktoren ermöglichen und begünstigen Missbrauch und Vertuschung, sie sind aber nicht die unmittelbare Ursache dafür – diese Unterscheidung ist wichtig: Nicht weil sich jemand für das zölibatäre Leben eines Priesters entscheidet, wird er zum Missbrauchstäter. Nicht weil die katholische Sexualmoral verquer, realitätsfern und kaum noch vermittelbar ist, begehen katholisch Sozialisierte Missbrauch. Nicht weil der Bischof strukturell in seinem Amt überfordert ist, vertuscht er Missbrauchstaten. Wohl aber – und das ist die entscheidende Wendung des Gedankens, der im Folgenden entwickelt werden soll – begünstigen die spezifisch zölibatäre Lebensform, die bigotte Sexualmoral und die zugespitzte Machtkonzentration und Intransparenz in der katholischen Kirche sexuellen Missbrauch.

Ein Einwand gegen eine solche intellektuelle Volte liegt auf der Hand und ist bereits des Öfteren erhoben worden: Wird mit einem solchen systemischen Zugriff vor allem politisch und kirchenpolitisch argumentiert? Zölibat, Machtstrukturen, Klerikalismus – all die genannten Faktoren sind seit Jahrzehnten der Gegenstand eines erbitterten innerkirchlichen Richtungsstreits und werden auch in den kommenden Jahren bei den laufenden Beratungen des Synodalen Wegs eine entscheidende Rolle spielen. 2010 musste sich beispielsweise der Direktor des Canisius-Kollegs in Berlin, Klaus Mertes, den Vorwurf gefallen lassen, mit seiner Aufdeckung der »Jesuitenaffäre« vor allem Kirchenpolitik zu machen. In einem Leitartikel erhob die *FAZ* den Vorwurf, der Jesuitenpater Mertes habe »seine Bitte um Vergebung und sein Versprechen rücksichtsloser Aufklärung und Ursachenforschung mit maßloser Kritik gegen die kirchliche Lehre und gegen die kirchliche Autorität verknüpft.«[10] Innerkirchlich sind es Bischöfe wie der Regensburger Episkopus Rudolf Voderholzer, die Vertreterinnen und Vertretern kirchenkritischer Positionen in der Aufarbeitung von Missbrauch vorwerfen, »Missbrauch mit dem Missbrauch« zu betreiben und diesen für kirchenpolitische Ziele zu instrumentalisieren. Anfang des Jahres 2022 reagierte er auf die Diskussion um das Gutachten zum Erzbistum München-Freising mit der abwertenden

Einschätzung, dass sei »das Feuer, auf dem die Suppe des Synodalen
Wegs gekocht« werde.[11]

Es fällt schwer, diese Positionen maßvoll zu bewerten, da die systemischen Zusammenhänge massiv hervorstechen. Vom Aufzeigen
des erhobenen Zeigefingers derjenigen, die vor einer (vorgeblichen)
Politisierung der Missbrauchskrise warnen, bleibt allenfalls die Mah-
nung zur Differenzierung und zur Fokussierung auf die Belange der
Betroffenen: Missbrauchsaufarbeitung zielt primär auf Gerechtigkeit, auf Anerkennung der Leiderfahrungen und, wo möglich, auf
Wiedergutmachung und Entschädigung für die Betroffenen. Dieser
Gruppe sind, wenn sie mit der Kirche gebrochen haben, die internen
Strukturen der Kirche wie Zölibat, Autoritätsstrukturen und andere
ekklesiale Machtfragen im Zweifel nicht mehr wichtig. Dennoch
sind die angesprochenen Strukturprobleme in zweierlei Hinsicht entscheidend für ein umfassenderes Verständnis: Sie erlauben, die Dynamik von Missbrauch analytisch zu verstehen und bieten ebenfalls
eine Orientierung für mögliche Prävention. Ein Reagieren auf den
tausendfachen Missbrauch in der katholischen Kirche wird sich nicht
darauf beschränken können, Verordnungen zu verschärfen, eine bes-
sere Überwachung anzustreben und höhere Strafen zu verhängen.
Stattdessen wird es um substanzielle theologische Diskussionen und
Veränderungen gehen müssen – und das nicht nur als intuitiver, aus
alten kirchenpolitischen Kämpfen abgeleiteter Reflex, sondern als
tiefgreifende Konsequenz aus der Missbrauchskrise.

Es gibt angesichts der immer neuen Aufdeckungen von Missbrauchstaten den vielleicht verständlichen, aber wenig hilfreichen Wunsch, die
oftmals als ungeheuerlich empfundenen Taten des Missbrauchs und
vor allem ihrer Vertuschung in eindeutigen Zuschreibungen greifbar
zu machen. In der Regel konzentriert man sich dann in einem juristischen Klein-Klein vor allem auf hohe kirchliche Würdenträger und
gleicht deren Verhalten mit den Maßgaben des allgemeinen Rechts

wie auch des Kirchenrechts ab: Wer hat zu welchem Zeitpunkt was gewusst? Wer hat Pflichten verletzt, Taten nicht weitergemeldet, Täter nicht angezeigt, Sanktionen unterlassen und – allen anderen Fragen voraus – wer ist gegenüber den Opfern untätig und ignorant geblieben? Insbesondere die in verschiedenen Bistümern – aber noch lange nicht allen! – angefertigten juristischen Gutachten konzentrieren sich auf die Verletzung von Pflichten wie die der Aufklärung, der Anzeige und Information, der Sanktionierung sowie der Verhinderung und der Pflicht zur Opferfürsorge (wobei Letztere eben von den jeweiligen Bestimmungen vor den 2000er-Jahren kirchenrechtlich nicht geregelt war). Dabei konzentrieren sich die Studien und vor allem auch die Medien gemäß ihren eigenen Aufmerksamkeitsregeln meist auf prominente Köpfe. Zuletzt war es der emeritierte Benedikt XVI., vormals Joseph Ratzinger, der wegen seiner Rolle als Erzbischof von München und Freising ganz oben stand in der Aufmerksamkeit der Öffentlichkeit. Ansonsten sind es zumeist die jeweiligen Bistumsleitungen, die Bischöfe und die ihnen direkt zugeordneten Geistlichen wie die Generalvikare, die im Zentrum der Aufmerksamkeit stehen. Zu untersuchen, wer wann welche Pflichtenkreise verletzte, ist aller Mühen wert und in manchen Fällen auch juristisch nach wie vor relevant.

Bei der Aufarbeitung des Missbrauchs und vor allem bei der Frage danach, welche Konsequenzen zu ziehen sind, hilft diese Perspektive aber nur bedingt. Auch die Kirchenprominenten agieren in Strukturen und Zusammenhängen, die ihre Handlungen formen, ermöglichen und begrenzen. Um die Kirche als Tätersystem zu analysieren und besser zu verstehen, wie Missbrauch und dessen Vertuschen praktisch funktioniert, müssen exakt solche systemisch-organisatorischen Zusammenhänge in den Blick genommen werden: Ein genauer Blick in die Personalkonferenz als dem vielleicht wichtigsten Machtgremium des Bistums zeigt, wie Entscheidungen im Umgang mit sexuellem Missbrauch getroffen und damit auch das Vertuschen initiiert wurde. Aller Eingebundenheit in Gremien zum Trotz lag und liegt die Entscheidungsgewalt bis heute zentral beim jeweiligen Bischof. An dessen Amt und den damit eingenommenen Rollen und Funktionen lässt sich zeigen, an welcher Stelle die damit verbundene Machtfülle sich als dysfunktional erweist. Ein potenziell entscheidender Kontext für den Umgang mit Missbrauch war das Kirchenrecht, welches neben dem allgemeinen Strafrecht den Rahmen bildete – ein Rechts- und Regelwerk, an das sich auch die kirchlichen Akteure oft genug selbst nicht halten und welches in anderen Fällen nur unzulänglich funktioniert.

Das Agieren der Bistumsleitung: Täterfürsorge in der Personalkonferenz

Dreh- und Angelpunkt der Personalplanung von Klerikern ist in den deutschen Diözesen meist die Personalkonferenz, in manchen Bistümern auch als Ordinariatskonferenz etabliert. Auch in der Reaktion auf sexuellen Missbrauch ist sie die wichtigste Schaltstelle. Vertreten sind hier der Bischof, die Weihbischöfe mit ihrer jeweils regionalen Zuständigkeit, der Generalvikar als der Chef der Verwaltung und der Direktor der Personalabteilung. Die dort Versammelten entscheiden über den Einsatz von Priestern in der Gemeindepastoral und in den jeweiligen Funktionsstellen. In dieser Runde werden bis heute Karrieren ermöglicht und verhindert. Ebenso werden dort Verfehlungen von Priestern und mögliche Schwierigkeiten besprochen und entschieden, wie darauf zu reagieren ist. Welch zentrale Rolle dieses Gremium auch mit Blick auf sexuellen Missbrauch in der katholischen Kirche hat, demonstriert nicht nur ein 2019 veröffentlichtes Interview des früheren Erzbischofs von Hamburg Werner Thissen, sondern auch weitere Informationen eines langjährigen, auf eigenen Wunsch anonym bleibenden Mitglieds der Personalkonferenz im Bistum Münster, das im Rahmen eines Forschungsprojekts interviewt wurde.[12]

Das Konstrukt der Personalkonferenz und ihre Arbeitsweise sind speziell, sie unterscheiden sich von vergleichbaren Kommissionen und Ausschüssen in anderen Institutionen. In ihrem Charakter schillert die Personalkonferenz eigentümlich, sie ist Kommission und Küchenkabinett des Bischofs zugleich. Alle Beteiligten wissen von ihrer Existenz, einen offiziellen Status hat die Runde dennoch nicht. In vielen Bistümern sind ihre Zuständigkeiten und Kompetenzen nicht verbindlich geregelt, sondern haben sich vor allem aus der Gewohnheit heraus entwickelt. Was sich in der Praxis eingespielt hat und halbwegs funktioniert, ist deswegen aber noch nicht automatisch für Belastungssituationen tauglich. Noch im Januar 2021 forderte beispielsweise ein Projektbericht der Beratungsgesellschaft *KPMG* das Bistum Essen dazu auf, »(Entscheidungs-)Transparenz« unter anderem dadurch herzustellen, dass der Personalkonferenz eine Geschäftsordnung gegeben würde.[13] Aktuell, so stellen die Unternehmensberater fest, trete die Personalkonferenz in Personalfragen sowohl als Beratungsgremium des Bischofs wie auch als Entscheidungsgremium auf. Auch die Zuordnung zur entsprechenden Hauptabteilung Personal sei letztlich ungeklärt.[14]

Bis vor Kurzem war die Personalkonferenz ausschließlich eine Entscheiderrunde. Die dort zusammentretenden Personen waren männlich und vor allem waren sie geweiht. Das war kein Zufall, sondern folgte einer im Katholizismus streng eingehaltenen Prämisse: Über Personalangelegenheiten von Klerikern sollten nur Kleriker informiert sein und entscheiden können. Laien und insbesondere Frauen hatten dabei außen vor zu bleiben. Welch weite Kreise diese Prämisse einer hermetischen klerikalen Ordnung zog, lässt sich an einem anderen Beispiel aufzeigen: Selbst an den theologischen Fakultäten staatlicher Universitäten wurde lange Zeit mindestens ein Lehrstuhl im jeweiligen theologischen Kernfach mit einem Professor besetzt, der seinerseits Priester war. Auf diese Weise sollten die sich auf dieses Amt vorbereitenden Seminaristen ihr Studium komplett bei geweihten

Männern absolvieren können. Die Kompetenzen und die Hierarchie
im Gremium selbst war für den Zusammenhang Personalkonferenz
nicht definiert, ergab sich aber aus den Rängen der Beteiligten. »Die
Autorität der Bischöfe«, so erinnert sich ein langjähriges Mitglied der
Personalkonferenz im Bistum Münster, »war groß«.[15]

Die Beratungen und vor allem die Ergebnisse der Sitzungen wurden lange Zeit im Bistum Münster nicht protokolliert, erst ab 2008
machte man schriftliche Notizen. Die Nichtschriftlichkeit ist ein
Kennzeichen vormoderner Gesellschaften – und anscheinend bis vor
wenigen Jahren auch eines des zentralen Entscheidungsgremiums der
katholischen Kirche. »Es gab keine Einladung, keine Tagesordnung,
kein Protokoll«, berichtet der langjährige Generalvikar des Bistums
Münster, Werner Thissen, in einem Interview mit der Bistumszei-
tung *Kirche + Leben*.[16] Man habe sich gut verstanden, so kommentierte ein langjährig Beteiligter dieser Runde ergänzend, sodass man
davon ausging, auf Protokolle wohl verzichten zu können.

Hinter der mangelnden Verschriftlichung steckte aber mehr: Hinsichtlich mangelhafter Verschriftlichung der Arbeitssitzungen auf
eine zugrundeliegende Vertrauensbasis zu verweisen, ist ein Katego-
rienfehler. Ob Protokoll geführt wird oder nicht, ist nicht nur eine
Formfrage am Rande, sondern verändert das Arbeiten in einem solchen Kreis entscheidend: Mündlich strukturierte Arbeitsabläufe sind
generell situativer und weniger abstrakt oder formell angelegt. Als
Speichermedium für Entscheidungen bleibt allein das individuelle
Gedächtnis der Beteiligten, aus dem die Informationen dann situativ und funktional abgerufen werden – oder eben auch nicht. Ganz
praktisch kann dieses Vorgehen zum Beispiel darin resultieren, dass
Wissen über Missbrauchsfälle und -täter verloren geht, wenn sich
die Runde in ihrer Zusammensetzung verändert – oder eben auch
bewusst in der Versenkung bleibt, wenn die Beteiligten dies wollen.
Was positiv als »unbürokratisch« gelten könnte, so Thissen im Interview selbstkritisch, erscheint im Licht der Missbrauchsaufdeckung

vor allem als unprofessionell: »Es fehlten jegliche Standards professioneller Personalführung.«[17]

Machtpolitisch lässt sich das schärfer akzentuieren: Wer eine Kungelrunde einrichten will, der tut gut daran, dem Vorbild der Konstruktion der Personalkonferenz zu folgen. In der skizzierten Form bindet sich das Gremium nicht an Regeln und Verfahrensweisen, muss nicht einmal im eigenen Tun eine Konsistenz herstellen, sondern kann ganz situativ entscheiden.

Nebenbei bieten sich auch sämtliche Möglichkeiten der Geheimhaltung des Gesagten: Was nicht nach draußen dringen soll, kann verlässlich abgeschirmt werden, indem die Informationen im Kreis der Teilnehmenden bleiben. Ein »Leck« ist schon deswegen unwahrscheinlich, da es schnell zuzuordnen ist. Umgekehrt aber kann das Wissen auch von den Beteiligten sehr gezielt eingesetzt werden. Wie schwierig die damit verbundene Regellosigkeit und Intransparenz den Nachvollzug bestimmter Entscheidungen macht, zeigen die zahlreichen Fragen nach der Verantwortung von Würdenträgern bei der Aufarbeitung von Fällen des sexuellen Missbrauchs, wie sie in der Presse diskutiert wurden.

Ein dominierendes Thema sei der sexuelle Missbrauch in der Personalkonferenz nie gewesen, berichtete Werner Thissen aus seiner Zeit als Generalvikar. Ein Beteiligter führte die Nichtthematisierung oder das nur knappe Aufgreifen vor allem auf Scham zurück: Den Bistumsverantwortlichen hätten die Informationen über die Missbrauchstaten »die Luft weggenommen«. Daraus erklärten sich dann auch das Verdrängen und Tabuisieren der Taten: »Wir waren entweder nicht willens oder nicht in der Lage, das zu benennen, was sich ereignet hat.« Laut Thissen war sexueller Missbrauch allenfalls ein »Nischenthema« in der Personalkonferenz. »Wir wussten damals nicht, dass sexueller Kindesmissbrauch ein weit verbreitetes gesellschaftliches Übel ist, an dem wir als Kirche erheblichen Anteil haben.« Eine Missbrauchsstudie, die so horrende Zahlen und vor allem ein so erschreckendes Täterverhalten offenbare, habe man sich nicht vorstellen können.

Auch in dem Zeitraum nach Aufdeckung der Missbrauchsfälle im Katholizismus der USA im Jahr 2002 habe man sich, so berichtete der jetzige Bischof von Essen, Franz-Josef Overbeck, der Problematik nur sehr zögerlich und widerstrebend angenähert. Als er 2007 zum Weihbischof ernannt und damit Mitglied in der Personalkonferenz wurde, beobachtete er das Verhalten seiner Gremienkollegen und anderer hoher Geistlicher: Manche hätten »Empathie gezeigt«, andere sich herausgezogen, für den einen »war es halt so, wie es war« und ein Dritter habe dazu »immer geschwiegen«.[18]

Dennoch entwickelte sich, folgt man den Schilderungen von Thissen, eine gewisse Routine dieses Gremiums im Umgang mit sexuellem Missbrauch: »In der Regel« wurden alle Mitglieder der Personalkonferenz über den Vorwurf informiert. Über den Fall wurde gesprochen und dann einer aus der Runde damit beauftragt, den »Sachverhalt zu erheben«. Darunter verstand die Personalkonferenz keine formelle Untersuchung, sondern ein formloses Gespräch mit dem Beschuldigten. Entweder habe das derjenige aus der Runde übernommen, der über den Vorfall unterrichtet habe, oder derjenige, der regional zuständig war. Ein Beteiligter aus der Personalkonferenz differenziert diese Schilderung: Das Gespräch über den Missbrauch habe sich oftmals auf wenige Hinweise und Andeutungen beschränkt, »da war etwas mit Kindern«. Auch Overbeck, der 2007 als Weihbischof Mitglied des Kreises wurde und im Münsteraner Projekt zu seiner Tätigkeit in der Personalkonferenz interviewt wurde, bestätigte das: »Da war was«, mit diesen Worten hätte der Münsteraner Bischof Lettmann allenfalls angedeutet, wenn es neue Fälle zu sexuellem Missbrauch von Kindern gab. Auch auf Overbecks Insistieren hin, dass diese Übergriffe konsequenter verfolgt werden müssten, habe Lettmann nicht reagiert.[19]

Auf Nachfragen zur weiteren Entwicklung des Falls habe es dann ebenso verklausuliert geheißen, dass »alles geregelt sei«. Wie viel einzelne Mitglieder der Personalkonferenz darüber hinaus von dem jeweiligen Fall gewusst haben, sei sehr unterschiedlich gewesen. »In der Personalkonferenz wurden zwar Namen, aber nie das Ausmaß des Übergriffs bzw. der sexuellen Gewalt thematisiert«, so erinnert sich Heinrich Timmerevers, aktuell Bischof von Dresden-Meißen. Man sprach nicht oder nur das Nötigste über das, was man nicht wahrhaben wollte oder bewusst verschwieg. Katholische Sprachlosigkeit gab es also nicht nur auf Seiten der Betroffenen – wo diese aus Scham, der eigenen Verletztheit wegen und aufgrund psychischer Bedingungen nicht sprechen konnten. Bei den Mitgliedern der Personalkonferenz konnte diesem Verhalten eine ganze Bandbreite von Motiven unterliegen – von eigenem Ekel vor diesen »Vorgängen«, »Angelegenheiten« oder »Sachen«, so einige der verschleiernden Bezeichnungen, oder der persönlichen Unfähigkeit, über sexuellen Missbrauch zu sprechen, bis hin zur bewussten und kalkulierten Nicht-Thematisierung dieser Vorgänge.

Im Zweifelsfall wurde dann der Beschuldigte aus der Pfarrstelle genommen und an einen Therapeuten verwiesen, »und dieser arbeitete dann mit ihm«, so ein Beteiligter an der Konferenz. Im Bistum Münster habe man sich dabei auf einen der Runde bereits bekannten Mediziner verlassen. Sobald dieser gemeldet habe, dass der Beschuldigte wieder »stabilisiert« sei, habe die Personalkonferenz dann dessen Einsatz zunächst außerhalb, dann später auch in der Pastoralarbeit erwogen und besprochen.

Selbstkritisch analysiert Thissen im Jahr 2019 das Agieren der Personalkonferenz: Aus der Sicht von heute habe man das Thema und die einzelnen Fälle »sehr gern und schnell [...] abgeschoben«, und zwar auf den Therapeuten. Die Geistlichen gingen davon aus, dass eine Behandlung und eine Therapie grundsätzlich dazu führen könnten, dass der Missbrauchsbeschuldigte und -täter wieder zu Aufgaben in der Seelsorge befähigt werden könne. Damit befanden sie sich in Einklang mit der Einschätzung, die auch von vielen Medizinerinnen und anderen Experten vertreten wurde.[20] Davon ausgehend verbot sich auch eine weitergehende Informierung der Öffentlichkeit, denn das Ziel war ja die Wiederintegration des Beschuldigten in den Priesterdienst. Gab der Therapeut grünes Licht, galt dies als Signal, dass der Betreffende wieder »stabilisiert« sei. Im Nachhinein, so Thissen, sei ihm klar, dass die Personalkonferenz den Therapeuten »ausgenutzt« habe: »Wir haben das von uns weggeschoben auf ihn, und dort, wo er sich zu viel drum kümmern musste, haben wir zu wenig getan.«

Der Kontakt zum behandelnden Therapeuten habe sich weitgehend auf die Frage reduziert, ob der Täter wieder einsetzbar sei. Er könne sich »nicht an einen Fall« erinnern, in dem der Therapeut nicht den erneuten Einsatz empfohlen habe. Im Gegenteil habe es in mindestens einem Fall sogar die Empfehlung gegeben, einen Täter als »beste Therapie« möglichst rasch wieder in der Gemeindepastoral einzusetzen. Die Frage nach einer Bestrafung stellte sich laut einem Teilnehmer nicht: »In einer Personalkonferenz fragte mal jemand: ›Muss der Täter denn nicht bestraft werden?‹ Die einstimmige Meinung war: Der hat sich doch durch sein Vergehen am meisten schon selbst bestraft.«[21]

Letztlich lag die Übertragung der Verantwortung auf den Therapeuten ganz auf der grundsätzlich verfolgten Linie: Die Konferenz habe eine »heilende Einstellung« zum Beschuldigten gehabt. Ihre Sorge zielte, so die Erinnerung eines Beteiligten, auf Hilfe für den »schuldig gewordenen Priester«. Die Gründe für die besondere Akzentuierung der Täterfürsorge sind vielfältig: Zunächst hat sicher dazu beigetragen, dass die Täter den Beteiligten in der Personalkonferenz mehr oder weniger gut bekannt waren. Sie waren »Mitbrüder«, die man aus dem Studium, der gemeinsamen Ausbildung im Kandidaten- oder Priesterseminar, den vielen Veranstaltungen des Bistums oder gar aus den miteinander geteilten geistlichen Gemeinschaften kannte. »Da kommt sehr schnell der Mitleidseffekt auf«, so Thissen gegenüber *Kirche + Leben*.

Neben diesen persönlichen Verflechtungen einte Missbrauchstäter und die Mitglieder der Personalkonferenz aber noch ein weiteres, letztlich viel stärkeres Motiv: Die Männer auf beiden Seiten waren Priester, die damit als geweihte Männer gemeinsam in einer besonderen, religiös fundierten und theologisch beschriebenen Existenzform lebten.

Für die Personalkonferenz leitete sich daraus eine Prämisse ab: Im Umgang mit den beschuldigten Priestern stand an erster Stelle der sich aus dem theologischen Weiheverständnis ergebende Wunsch, unter allen Umständen »die Priesterberufung zu retten« – so erinnert sich ein Mitglied aus dem Münsteraner Gremium. Theologisch betrachtet verfügt der Priester über eine besondere göttliche Gnadengabe: die Weihe. Durch diese erlangt der Priester Anteil an der Vollmacht Jesu Christi und vertritt diesen *in persona*.[22] Somit gilt er also nicht einfach nur als Repräsentant der Kirche, sondern in ihm und seinem Tun sei Jesus präsent. Das Weihesakrament wird dabei selbst als Handeln Gottes verstanden, welches den Priester während seiner Weihe mit einem unauslöschlichen Prägemal (*character indelebilis*) versieht, das durch Menschen nicht einfach wieder ausgelöscht werden kann, nicht einmal aufgrund einer schweren Sünde.[23]

Vor diesem theologischen Hintergrund agierte die Personalkonferenz und verfolgte dabei vor allem ein Ziel: Schaden von der Kirche abzuwenden, indem man den Skandal vermied und vor allem aber die Existenz des Priesters als geweihten Mann Gottes rettete. »Die kirchliche Sorge um den Zölibat«, so folgert der Theologe Dominik Burkard aus einer historischen Untersuchung der dogmatischen Entwicklung, »einerseits als Teil des Weiheversprechens des Priesters gegenüber dem Bischof und damit Teil der kirchlichen Disziplin, andererseits als integrativer Bestandteil priesterlicher Spiritualität, steht damit von vornherein in der Gefahr, in der kirchlichen Perspektive den strafrechtlich relevanten Akt des Missbrauchs zu überdecken.« Zugleich konzentrierte sich die Aufmerksamkeit damit auf die »›beschädigte‹ Person des Täters«, während die Betroffenen aus dem Blick gerieten. Der Zölibat ist damit einmal mehr nicht der unmittelbare Auslöser von Missbrauch, wohl aber lenkt er in der administrativen Auseinandersetzung von wichtigen zwischenmenschlichen Zusammenhängen ab.[24]

Demnach richtete sich auch das Verhalten gegenüber der Öffentlichkeit daran aus: Um dem Priester die Chance zu einem Neubeginn zu geben, wurden nach der Versetzung des Täters in eine andere Gemeinde nur wenige der dort beschäftigten oder ihm vorgesetzten Kleriker über die Vorgeschichte des neuen Kollegen informiert. Eine größere Transparenz konnte und vor allem wollte die Personalkonferenz nicht herstellen, denn – so erinnert sich einer der Mitglieder der Personalkonferenz – nach außen hin habe es »still bleiben« müssen.[25]

Mit der intensiven Täterfürsorge gerieten zwei weitere Aspekte aus dem Fokus: Strafrechtliche Belange hatte die Personalkonferenz, so Thissen, nicht im Blick. »Die Zusammenarbeit mit den staatlichen Stellen, die heute selbstverständlich ist, sahen wir nicht.«[26] Dementsprechend blieben auch die Opfer ungesehen. »Der Kontakt mit Betroffenen war minimal«, so berichtet Thissen.[27] Man habe, so die Einschätzung zum Zeitpunkt des Interviews, von den tiefgreifenden Folgen für die Betroffenen keine Vorstellungen gehabt, so erinnert sich der Personalkonferenz-Beteiligte. Aus der Konferenz heraus habe man das Aufsehen vermeiden wollen, welches der Besuch eines Weihbischofs oder eines Generalvikars ausgelöst hätte, und allenfalls den Ortspfarrer damit beauftragt, mit den Familien Kontakt aufzunehmen, ohne aber nachgeprüft zu haben, ob und wie intensiv diese Treffen tatsächlich stattfanden.

Unprofessionalität in der Personalführung, mangelnde Distanz zu den Tätern, kein Bezug zu den staatlichen Strafverfolgungsbehörden wie Staatsanwaltschaft und Polizei, extrem wenig bis keine Sensibilität für die Opfer, die Betroffenen und ihre Angehörigen; stattdessen ein übergroßes und vor allem funktionalisiertes Vertrauen in den Therapeuten, der mit seinen Empfehlungen vor allem der Erwartungshaltung und dem Wunsch der Pastoralkonferenz entsprechen sollte und entsprach: dem klerikalen Mitbruder zu ermöglichen, seine priesterliche Existenz fortzusetzen. Die Personalkonferenz war der zentrale Zusammenhang, in dem die Bistümer mit Missbrauchsfällen umgingen. Aber weder bot die Institution die Voraussetzungen dazu, noch konnten und wollten die Beteiligten dies in angemessener Weise tun.

Der Bischof als Zentralfigur des Bistums – und des Vertuschens

Auch wenn der Bischof als Mitglied der Personalkonferenz in diese eingebunden war, so bleibt er doch kirchenrechtlich der alleinige Entscheider im Bistum, sodass sich bei einer vor allem rechtlichen und auf die Machtstrukturen ausgerichteten Analyse des Missbrauchs auch die Analysen auf ihn konzentrieren. Nach dem Codex des Kanonischen Rechts, dem *Codex Iuris Canonici,* von 1983 hat er »die ordentliche, eigenberechtigte und unmittelbare Gewalt« inne, die zur Ausübung seines Amtes benötigt wird. Ausgenommen davon sind nur die Belange, die »aufgrund einer Anordnung des Papstes der höchsten oder einer anderen kirchlichen Autorität vorbehalten« sind.[28] Der Theologe und Psychotherapeut Wunibald Müller charakterisiert den Bischof daher als »Monarchen« und fordert somit die »Abschaffung der Monarchie in der Kirche« als eine Konsequenz aus der Missbrauchskrise.[29]

Damit sieht sich Müller in Einklang mit zumindest einigen Stimmen aus der Riege der Oberhirten: Die »Einschränkung der Bischofs-Macht wäre ein Gewinn«, so lässt sich der Münsteraner Oberhirte Felix Genn in der Weihnachtsausgabe 2021 der *Rheinischen Post* zitieren. Viele Aufgaben, Kompetenzen und Verantwortlichkeiten eines Bischofs hätten, so Genn, mit der »Sakramentalität dieses Amtes« wenig zu tun.[30]

Damit drehte der Bistumsleiter gedanklich eine Entwicklung zurück, die in Deutschland spätestens in den 1930er-Jahren ihren Anfang genommen hatte: die Konzentration von kirchlicher Macht auf der mittleren Ebene des Bistums und dabei speziell in der Person des Bischofs. Mit dem Antritt des Hitlerregimes und dem Aufstieg der NS-Diktatur gerieten vor allem die katholischen Laienorganisationen unter Druck. All die kirchlichen Aktivitäten, die nicht verboten oder zerschlagen wurden, schlüpften mit den Bestimmungen des Konkordats »unter den Schutzmantel des bischöflichen Amtes«.[31] *Grosso modo* blieb diese Konstellation auch nach 1945 bestehen und wurde sogar verstärkt, wenn die Reorganisation der kirchlichen Strukturen in der Bundesrepublik Deutschland vor allem mit zentralisiertem Blick auf Bistum und Bischof betrieben wurde. Am deutlichsten bemerkbar machte sich diese Konstellation in der Einführung der Diözesankirchensteuer. Ab 1950 gingen die staatlich eingetriebenen Finanzmittel an das jeweilige Bistum, so dass der Bischof zum finanzstärksten pastoralen Akteur wurde, der die Orden und die Pfarreien schon bald in den Schatten stellte. Damit war auch einer Entwicklung der Boden bereitet, die bis heute anhält: Die Bistumsverwaltung differenzierte sich in Seelsorge-, Bau-, Personal- und Finanzabteilungen aus und wurde dabei vor allem größer. Parallel zu ähnlichen Entwicklungen in der staatlichen Verwaltung expandierten die Generalvikariate zu Großbehörden.[32]

Das Zweite Vatikanum verstärkte diese Tendenz zur Konzentration von Kompetenz und Macht beim Bischof: Im Konzil der Kirche über die Kirche versammelten sich Bischöfe aus aller Welt und erweiterten das Profil ihres eigenen Amtes. Der Bischof wurde im Dekret über die Hirtenaufgabe der Bischöfe *Christus Dominus* (Nr. 11–21) zum eigentlichen Lehrer, Priester und Hirten des Bistums erklärt:

»Leitender Seelsorger und Theologe, Verwaltungschef und Repräsentant einer Großorganisation – all diese Aufgaben wuchsen enger
denn je zusammen und an das Amt des Bischofs heran.«[33] Hinzu
kam, dass mit dem Konzept der *sacra potestas* die über Jahrhunderte
entwickelte Differenzierung zwischen Weihevollmacht und Jurisdik-
tionsvollmacht eingeebnet und im Bischofsamt zusammengeführt
wurde. Verstärkt wurden diese Konzentrationsprozesse durch die sich
entwickelnde Medienlandschaft: Auf der Suche nach Personen, die
den Strukturen ein Gesicht gaben, rückten neben dem Papst auf der
nationalen und regionalen Ebene die Bischöfe in den Vordergrund.[34]
Damit war ein System errichtet, welches zum beiderseitigen Vorteil
funktionierte: »Politische Konflikte, Kirchensteuer und Konzil (förderten) einen Prozess, in dem die Bischöfe immer stärker den Ausbau
der Strukturen kirchlichen Lebens administrierten, während sich das
ebenfalls durch das Konzil aufgewertete Volk Gottes in diesen Gege-
benheiten einrichtete«.[35]

War dieses Arrangement mit der immer stärker um sich greifenden Säkularisierung schon länger wacklig geworden, so zerbrach es endgültig
mit der öffentlichen Diskussion des Missbrauchsskandals seit 2010.
Neben der Enttäuschung darüber, dass die Bischöfe die auf beiden
Seiten liebgewonnenen Strukturen nicht aufrechterhalten konnten,
trat die Entrüstung darüber in den Vordergrund, dass viele der geweihten Bistumsleiter selbst nicht nach den eigenen Regeln agierten,
sondern zur Vertuschung aktiv und bewusst beigetragen hatten.

»Ich sage ganz ehrlich: Die doppelte Rolle von Seelsorge und Rich-
teramt ist hoch problematisch: Für die Täter bin ich der harte Richter; für die Betroffene der, der nichts macht. Und das bringt mich
an psychische Grenzen«, so äußerte sich der amtierende Bischof von
Münster, Felix Genn, im Interview mit dem Forschungsprojekt zur
Aufarbeitung des sexuellen Missbrauchs im Bistum Münster.[36] Was
Genn an dieser Stelle als persönliche Überforderung beschreibt, ist

im großen Rahmen vor allem ein strukturelles Problem: die fehlende Differenzierung von Rollen, die überhaupt ein objektiv agierendes Verfahren zum Umgang mit Missbrauchsfällen und vor allem mit Tätern möglich macht. Es ist die Totalrolle des Bischofs, die dann auch die Flucht aus der persönlichen Verantwortung möglich macht, wenn Bischöfe regelmäßig in ihrer Kommentierung konkreter Missbrauchsfälle nicht nur die eigene Überforderung betonen, sondern auch vom »Ich« in die unverbindlichere Formulierung »Wir« wechseln, wie zuletzt bei Kardinal Reinhard Marx nach der Veröffentlichung der Münchener Studie zu beobachten war: Er sei Teil des »klerikalen Systems«, so betonte der Erzbischof, um seine ebenfalls eingestandene persönliche Verantwortung in diese Kollektivverantwortung einzuordnen und sich damit als Funktionsträger ins große Ganze einzureihen.[37]

Das ist die Situation, in der sich mehr und mehr Stimmen erheben, die nach der Verfasstheit der Kirche und ihren Machtstrukturen fragen: »Verfasst nach dem Modell einer absolutistischen Monarchie, inszeniert nach den Gepflogenheiten einer ständischen Gesellschaft und geschmückt mit Zutaten aus dem bunten Kosmos des höfischen Rituals tritt die Kirche heute auf wie aus einer anderen Zeitrechnung«,[38] fasst es der Moraltheologe Daniel Bogner zusammen. Begründet wird die besondere Konstellation meist mit einer Denkfigur, die als »Offenbarungssouveränismus« charakterisiert werden kann.[39] Durch die Offenbarung durch Jesus Christus sei die Kirche ihrem inneren Wesen nach keine Demokratie, da auch der göttliche Stifterwille nicht volatilen Mehrheitsverhältnissen unterliege. Nicht Macht, sondern Vollmacht präge die politische Konstellation der Kirche und diese sei nun mal, vereinfacht gesprochen, auf wenige Männer übertragen, die für das Lehramt der Kirche stehen und dieses mit Anspruch auf Gehorsam autoritativ und letztgültig auslegen. Eine strikte Gehorsamsverpflichtung von unten nach oben, die immer wieder religiös-symbolisch untermauert wird, findet keine

Entsprechung in der umgekehrten Richtung. Kirchliche Vollmacht soll als Dienst ausgeübt werden. »Ob dies geschieht, beurteilten die sacri ministri, die heiligen Diener, selbst.«[40] Der Kirchenrechtler Norbert Lüdecke charakterisiert dieses System als eine »Einbahnstraße der Verantwortung«.[41]

Theologisch ist diese Konzeption schon lange angezweifelt worden.[42] In der politischen Kultur der Kirche ist sie aber als Idealvorstellung und geübte Praxis hoch präsent. Die Auseinandersetzung mit sexuellem Missbrauch in der Kirche hat die Machtfrage in der Kirche jedoch erneut auf die Tagesordnung gebracht: Wer hat die Macht, übt sie aus und – eine Frage, die momentan nur sehr verwaschen gestellt wird – wer übernimmt Verantwortung für die Konsequenzen dieser Praktik? Ebenso entscheidend ist die Frage danach, in welche Mechanismen der Kontrolle und Rückkopplung sich diese Machtstrukturen einbinden lassen. Diese Fragen sind nicht neu, aber sie stechen im Kontext der Missbrauchskrise noch einmal in besonderer Deutlichkeit hervor.

Das Kirchenrecht, das katholische Lehramt und die weltliche Justiz

Das Kirchenrecht ist ein eigentümliches Konstrukt. Der *Codex Iuris Canonici* (CIC) leitet sich ursprünglich aus den Zehn Geboten ab. Die dahinterliegende Philosophie, so wird man zusammenfassend sagen können, ist es nicht, Gerechtigkeit herzustellen, sondern moralische Gewissheit. Der Normenkatalog rührt nicht von Überlegungen zu Menschenrechten her, sondern basiert auf dem von Gott offenbarten Glaubenssystem. Das zu schützende Rechtsgut sind nicht die Rechte des einzelnen Individuums, sondern der Schutz der göttlichen Ordnung.

Mit Blick auf sexuelles Verhalten steht damit dann vor allem das sechste Gebot im Mittelpunkt, »Du sollst nicht ehebrechen«.

Geschützt wird also die Ehe zwischen Mann und Frau vor allem dann, wenn sie auf die Zeugung von Kindern angelegt ist. Mit Blick auf Priester ist der CIC wesentlich als klerikales Standesrecht konzipiert: Verstöße gegen den Zölibat, homosexuelle Handlungen und Kindesmissbrauch werden so als Vergehen *›contra sextum‹*, sprich: gegen das sechste Gebot, angesehen.[43]

Kindesmissbrauch wird im CIC von 1917 in den Kontext von Zölibatsverstößen, Ehebruch, Homosexualität und Kuppelei eingeordnet. Die Bestimmungen zum Missbrauch von Kindern unter 16 Jahren wurden 1922 in der Instruktion *Crimen Sollicitationis*, die sich vor allem auf die Ausnutzung der Beichte für die Anbahnung sexueller Kontakte bezog, noch einmal verschärft:[44] Als schlimmstes Verbrechen gilt in diesem Schreiben die Homosexualität, der dann der sexuelle Missbrauch von Kindern wie auch der sexuelle Verkehr mit Tieren gleichgestellt wurden. Die Instruktion regelte, dass solche Fälle dem *Heiligen Offizium*, der Kongregation für die Glaubenslehre, anzuzeigen seien. In der Öffentlichkeit außerhalb der Kirche aber sollten solche Verfehlungen geheim bleiben – genau wie die Instruktion selbst, die ebenfalls als geheim eingestuft wurde.[45] Erst 2019, und damit unter dem zunehmenden Druck der Missbrauchskrise, wurde das »päpstliche Geheimnis« vom Vatikan aufgehoben und damit die Möglichkeit zu mehr Transparenz eröffnet.[46]

Der Kodex als Basis des Kirchenrechts wurde im Nachgang des Zweiten Vatikanums überarbeitet und 1983 in seiner neuen Fassung veröffentlicht. Ein neuer Geist sollte das Gesetzeswerk durchziehen, um das alte Selbstbild von der »Rechtskirche« abzulösen durch die Idealvorstellung der »Liebeskirche«.[47] Das größere Mitgefühl bezog sich aber eher auf die gefallenen Mitbrüder als auf die Betroffenen von Missbrauch: Zwar blieb sexueller Missbrauch weiterhin ein schweres Vergehen, welches mit Strafen bis zur Entlassung aus dem Klerikerstand geahndet werden sollte. Daneben aber eröffnete der neue Kodex dem Ortsbischof die Möglichkeit, zunächst auf die »mitbrüderliche

Ermahnung« zu setzen: »Der Ordinarius hat dafür zu sorgen, daß der Gerichts- oder der Verwaltungsweg zur Verhängung oder Feststellung von Strafen nur dann beschritten wird, wenn er erkannt hat, daß weder durch mitbrüderliche Ermahnung noch durch Verweis noch durch andere Wege des pastoralen Bemühens ein Ärgernis hinreichend behoben, die Gerechtigkeit wiederhergestellt und der Täter gebessert werden kann«.[48] Nicht das Strafrecht und der Strafprozess, sondern eine fürsorgliche, pastorale Herangehensweise wurden dem Bischof empfohlen, denn dieser sollte nicht strafen, sondern »heilen«.

Eine echte Trendänderung zeigte sich erst in Reaktion auf die Aufdeckung des systematischen Missbrauchs von Kindern und Jugendlichen durch katholische Priester in den USA und Irland. Neben Sonderstatuten, die nur für diese beiden Nationalkatholizismen erlassen wurden, gab es 2001 ein päpstliches *Motu proprio* mit den bezeichnenden und titelgebenden Anfangsworten *Sacramentorum sanctitatis tutela* (SST) – Stoßrichtung war auch hier der »Schutz der Heiligkeit der Sakramente«, so der Titel, und nicht etwa Gerechtigkeit für die Betroffenen.[49] Mit diesem Erlass wurden die von der Glaubenskongregation unter Kardinal Joseph Ratzinger, damals Präfekt der Glaubenskongregation, erarbeiteten *Normae de gravioribus delictis,* Normen über schwerwiegende Straftaten, eingesetzt.[50]

Wichtig waren an den Neuerungen, dass das Schutzalter der Kinder jetzt allgemein auf 18 Jahre und die Verjährungsfrist auf zehn Jahre, beginnend mit dem 18. Geburtstag des Opfers, heraufgesetzt wurden. Vor allem aber zog der Vatikan die Kompetenzen in der Bearbeitung von Missbrauchsfällen an sich. Sobald nach einer örtlichen Untersuchung »wenigstens wahrscheinliche Kenntnisse« vorlagen, musste der Ortsbischof den Vorfall nach Rom melden.

2010 wurden die Bestimmungen ebenso wie die von der Deutschen Bischofskonferenz 2002 erlassenen Leitsätze »Zum Vorgehen bei sexuellem Missbrauch Minderjähriger durch Geistliche« erneut verschärft: Verlängerung der Verjährungsfrist von zehn auf zwanzig

Jahre, die Einordnung der Verbreitung von pornographischen Bildern von Kindern unter 14 Jahren als schwere Straftat, die rechtliche Gleichstellung von erwachsenen Schutzbefohlenen mit Kindern, die Zulassung von Richtern im kirchlichen Strafrecht ohne Weihe und einige weitere Punkte. Viele der Vorwürfe, die Bischöfen und Generalvikaren seit 2010 gemacht wurden, beziehen sich auf die Zuwiderhandlung gegen diese Bestimmungen. Sofern ein Bischof eine – wie es jetzt in der deutschen Übersetzung hieß – »mindestens wahrscheinliche Nachricht über eine schwerwiegende Straftat« erhielt, musste er diese nach erfolgter Voruntersuchung an die Kongregation für die Glaubenslehre melden, unabhängig möglicher Verjährungsfristen.[51]

Ab 2013 mühte sich Papst Franziskus darum, die rechtlichen Verfahren im Umgang mit Fällen sexuellen Missbrauchs in der gesamten Weltkirche zu ordnen und zu verschärfen. Im Jahr 2020 wurde dann in Form eines *Vademecums* eine Sammlung all der Vorschriften herausgegeben, die bei der Reaktion auf sexuellem Missbrauch zum Tragen kommen sollten.[52] Was als Zentralisierung und Straffung gedacht war, erzielte nur manchmal den angestrebten vereinheitlichenden und disziplinierenden Effekt. Wegen der schieren Masse der seitdem in Rom auflaufenden Verfahren konnten viele nicht zeitnah entschieden werden, sondern wurden eher verschleppt.[53]

Ein zweiter Problemkreis betrifft das Verhältnis von Kirchenrecht zum allgemeinen Strafrecht. Auch wenn hochrangige Geistliche wie Bischof Stephan Ackermann in Reaktionen auf gegenteilige Äußerungen des ehemaligen Papstes Benedikt XVI. zum Münchener Gutachten betonen, dass es keine »kirchliche Paralleljustiz« gebe, zeigt die Praxis mindestens gelegentlich gegenläufige Entwicklungen.[54]

Noch Ende November 2015 – und damit ein Jahrfünft nach Canisius – berichtete *Der Spiegel* von einer »Geheimen Paralleljustiz«. Das Bistum Hildesheim, so der Vorwurf, habe die Aufklärung eines juristisch damals noch relevanten pädokriminellen Aktes eines der Haupttäter im Canisius-Kolleg, des Jesuitenpriesters R., so lange verschleppt, bis dieser nicht mehr verfolgt werden konnte. Dabei war R. zu diesem Zeitpunkt bereits als Pädokrimineller überführt, schon in zwei anderen Fällen hatte das Bistum einräumen müssen, diesen »leider« nicht nachgegangen zu sein. Ein gegen den Täter eingeleitetes Ermittlungsverfahren habe sich nur auf eine randständige Tat bezogen und sei aufgrund von geringem öffentlichen Interesse gegen die Zahlung einer Geldstrafe eingestellt worden. Das alles, so die Vorwürfe von Betroffenenvertretern, sei »geheim abgelaufen«. Nicht einmal das betroffene Mädchen selbst sei darüber informiert worden.[55]

Mit Blick auf die Kirchengeschichte lässt sich leicht ausmachen, wo solche Tendenzen zur kirchlichen Paralleljustiz auf einen »unbearbeiteten historischen Systembruch« zurückzuführen sind.[56] Mit der Säkularisation zu Beginn des 19. Jahrhundert hatte sich nicht nur die ökonomische Basis des Katholizismus grundlegend verändert. Zugleich verband sich damit die Umorganisation von Rechtsprechung im kirchlichen und weltlichen Raum: Als die geistlichen Herren von der weltlichen Herrschaft, die mit der Auflösung der geistlichen Territorien einherging, getrennt wurden, ging damit auch die Aussetzung des kirchlichen beziehungsweise die Überordnung des weltlichen Rechts einher. Die Kirche hatte sich ab diesem Zeitpunkt weltlichem Recht unterzuordnen. Dennoch erhielten sich Relikte der vorher über Jahrhunderte eingeübten Praxis, dass das Kirchenrecht nicht unter, sondern neben dem weltlichen Recht stand. Mit Blick auf den Missbrauch ist dabei das *privilegium fori* von besonderer Bedeutung. Nach diesem Grundsatz nahm die Kirche für sich das Recht in Anspruch, Geistliche bei Verbrechen und Vergehen nicht vor ein weltliches Gericht zu bringen, sondern über diese selbst zu urteilen. Erst mit der Säkularisation wurde dieser Rechtsgrundsatz in Frage gestellt. Innerkirchlich aber setzte man weiter darauf: Selbst in der Kodifizierung des Kirchenrechts im CIC von 1917 formulierte der Vatikan, dass die Kirche zwar die weltliche Gesetzgebung anerkenne, aber auf dem Anspruch des *privilegium fori* weiter beharre. In rein

weltlichen Angelegenheiten akzeptiere die Kirche die weltliche Gesetzgebung, sobald aber eine »Sünde« mit einbezogen sei, sei auch das
Kirchenrecht anzuwenden. Faktisch wurde das *privilegium fori* rasch
bedeutungslos, prinzipiell aber spielte es im Denken der Kirchenhierarchie weiterhin eine große Rolle. Im Hintergrund stand die bereits
an der Wende vom 4. zum 5. Jahrhundert entwickelte Überzeugung,
dass kein Laie über einen Kleriker richten solle, bildete Letzterer
doch einen eigenen, besonders ausgezeichneten, ausgebildeten und
höheren Stand.[57] Die in den vergangenen Jahren international und
von weltlichen Gerichten geführten Prozesse gegen hochrangige katholische Geistliche demonstrierten dann den endgültigen Bruch mit
dieser faktisch schon abgeschafften, aber doch mental lange nachwir-
kenden Tradition.

Die von der Kirche beanspruchte rechtliche Autonomie im Rechts-
gebaren gegenüber dem Klerus war besonders deshalb ein sensibler
und wichtiger Punkt, weil es sich um das originäre Recht eines sehr
speziell konstituierten Personenverbandes handelte: Mit der Priesterweihe war ein religiöser, kultisch-sakramentaler Akt verbunden, mit
dem sich ein besonderes Verhältnis zwischen dem Weihenden, dem
Bischof, und dem Geweihten, dem Priester, konstituierte. Besonders
deshalb, weil die Beziehung von Autorität und Gehorsam bestimmt
sein sollte und zugleich die ganze individuelle Persönlichkeit umfasste – also viel mehr als ein »klassisches« Arbeitnehmer-Arbeitge-
berverhältnis heutiger Zeit beinhaltet.

Zugleich aber, so hat der Kirchenhistoriker Dominik Burkard herausgearbeitet, verbindet sich damit in der bischöflichen Praxis meist
kein striktes Einfordern dieses Gehorsams. Das Versprechen bleibt –
von Krisenzeiten abgesehen – abstrakt. Sobald ein Bischof massiv auf
den Gehorsam pochen würde, so die begründete Hypothese, droht
die Rolle des Bischofs als Autorität paradoxerweise Schaden zu nehmen. Zugleich aber steckt auch dahinter ein theologisches Verständnis: So wie man neutestamentlich sehr kritisch zum Gehorsamseid

gegenüber einer Autorität stand, so tief verwurzelt war und ist eine *Laissez-faire*-Haltung als Teil der Spiritualität: Denn angesichts der Größe Gottes lässt sich die Schwäche des Menschen nur in Demut und Selbstrücknahme ertragen. »Der kaum noch zu übertreffende Anspruch der Theologie (und Theorie) im Prinzipiellen und die Selbstrelativierung in einer dahinter signifikant zurückbleibenden Praxis. Beides gehört zum sprichwörtlichen ›*Et – Et*‹, dem katholischen ›sowohl – als auch‹.«[58]

Täterideologie: Klerikalismus und Pastoralmacht

Dass die besondere Stellung des Täters als Priester eine entscheidende Bedeutung für die Missbrauchstaten hat, gilt auf zweifache Weise: Es ist die Pastoralmacht des Täters, die ihm den Einfluss über seine Opfer sichert. Und es war in vielen Fällen die klerikale Solidarität des Bischofs und der Mitglieder der Personalkonferenz mit den »Brüdern im Nebel« – so die euphemistisch-verdruckste Umschreibung im Kölner Erzbistum –, die dazu führte, dass Verbrechen und Vergehen nicht den Staatsanwaltschaften zugeleitet, sondern innerklerikal vertuscht wurden.

Insgesamt stehen, darauf weisen alle bislang angestellten Untersuchungen hin, etwa vier Prozent des Weltklerus in Rede, sexuellen Missbrauch begangen zu haben. Zusätzlich dazu ist von einer nicht weiter quantifizierbaren, aber mutmaßlich hohen Dunkelziffer auszugehen. Damit betreffen die Vorwürfe und die Verbrechen einen kleinen, aber erheblichen Teil des katholischen Klerus.

Der damit eigentlich angerichtete »Schaden« reicht aber weit über die mit dieser Zahl angedeuteten Größenordnung hinaus. Für die katholische Kirche sind der Priester und das Priesterbild entscheidende Größen. Die sexualisierte Gewalt, die von Priestern ausgeht, zerstört den Kern der Beziehungen in der Religionsgemeinschaft selbst. In der katholischen Kirche hat sich ein besonderer Umstand herausgebildet, der bis heute das Selbstverständnis und die pastorale Praxis der Kirche prägt: Anders als Kirchen der Reformation, bei denen das Wort und seine Verkündigung im Mittelpunkt stehen, basiert die katholische Kirche auf einer Theologie und einer Pastoral der Sakramente. Sakramente sind im weitesten Sinne als Heilszeichen zu verstehen. Nicht allein die Taufe, die Firmung, die Eucharistie, die Beichte, die Krankensalbung und die Ehe, sondern auch die Kirche selbst wird als Sakrament verstanden, durch welches Gott sich den Menschen vermittelt. Es sind diese sakralen Riten, die Individuen in das Mysterium Gottes einbeziehen.

Im Zentrum dieses Prozesses steht der Priester als derjenige, der die Sakramente spendet. Er ist damit viel mehr als eine bloße Leitungsperson, die gegenüber der Gemeinde bestimmte Funktionen übernimmt und ihr nur deshalb vorsteht. Er – so hat es sich insbesondere seit dem 19. Jahrhundert entwickelt – fungiert als Sakramentenspender, und damit nicht nur als Repräsentant der Kirche, sondern auch als der zentrale Vermittler zwischen Gott und Mensch.

Nicht schon immer, wie gelegentlich unterstellt, sondern wohl erst seit Ende des 18. Jahrhunderts avancierte das Priesteramt, parallel zu einer beispiellosen Aufwertung des Papsttums, zu einer zentralen Führungsrolle: Der Priester stand nicht mehr nur der Gemeinde vor, sondern war durch seine Weihe ein *homo dei*, ein Mann Gottes. Somit war er das Gesicht der Kirche vor Ort und verkündete nicht nur Gottes Worte, sondern verkörperte *in persona* und aus dieser Autorität heraus auch Jesus Christus auf Erden. »Nur als Priesterkirche, so scheint es, ist die römisch-katholische Kirche sie selbst.«[59] Im bikonfessionellen Vergleich hat zuletzt der Reformationshistoriker Thomas Kaufmann dieses Spezifikum katholischen Kirchenverständnisses im Abgleich mit dem Protestantismus noch einmal hervorgehoben. Mit der Heiligkeit und Unantastbarkeit des Priesters und dessen sakramentalem Wirken, so auf eine kurze Gleichung gebracht, stehe und falle die Heiligkeit und Unantastbarkeit der Institution Kirche

insgesamt. Umgekehrt gewendet: Wie die »Ursünde« in vielen Jahrhunderten in der Theologie als Ausgangspunkt für ein hoch differenziertes System aus Schuld, Buße, Strafe und Vergebung entwickelt
wurde, so hat auch der sexuelle Missbrauch das Potenzial, diese Weltdeutung und das von ihr getragene System von Grund auf in Frage
zu stellen.

Dass der Zusammenhang von Priestertum und sexuellem Missbrauch
nicht von außen herangetragen wird, zeigen Verlautbarungen von
höchster katholischer Stelle: Papst Franziskus hat in seinem Schreiben »an das Volk Gottes« vom 20. August 2018 Klerikalismus als
»Hochmut« und »Selbstherrlichkeit« von Priestern beschrieben und
als eine der Hauptursachen für den Missbrauch charakterisiert. Die
Selbsterhöhung von Priestern sei »eine Pest in der Kirche«. Und:
»Zum Missbrauch Nein zu sagen heißt zu jeder Form von Klerikalismus mit Nachdruck Nein zu sagen.«[60]
    So energisch diese Aufforderung auch klingt, so sehr verfehlt sie
doch in ihrer Allgemeinheit das katholische Spezifikum von Klerikalismus. Diese Haltung ist nicht allein durch persönliches Fehlverhalten oder Charakterschwächen einzelner Priester, die hochmütig oder
selbstherrlich agieren, und auch nicht mit dem Standesdünkel der
Geweihten als Kollektiv zu erklären. Stattdessen, so die im Folgenden
verfolgte These, ist der Klerikalismus eine besondere Form der Täter-
ideologie, die sowohl die Taten selbst mit ermöglicht wie auch das
Vertuschen ganz wesentlich vorangetrieben hat.

Im Laufe ihrer neuzeitlichen Geschichte hat insbesondere die katholische Kirche eine Form von Zugriff auf ihre Gläubigen entwickelt,
die zumindest idealtypisch eine nahezu unbeschränkte Machtausübung des Priesters über den Gläubigen mitdenkt. Der Philosoph
Michel Foucault hat diesen Zusammenhang 1978 in dem Begriff der
Pastoralmacht verdichtet. »Die christliche Pastoral bzw. die christliche Kirche [...] hat die einzigartige und der antiken Kultur wohl

gänzlich fremde Idee entwickelt, daß jedes Individuum unabhängig
von seinem Alter, von seiner Stellung sein ganzes Leben hindurch
und bis ins Detail seiner Aktionen hinein regiert werden müsse und
sich regieren lassen müsse; daß es sich zu seinem Heil lenken lassen
müsse und zwar von jemandem, mit dem es in einem umfassenden
und zugleich peniblen Gehorsamsverhältnis verbunden sei.«[61]

Das christliche »Pastorat« zielt nach dieser Konzeption auf das See-
lenheil jedes Einzelnen und ist deswegen auf eine Totalität zwischen
Machtausübendem und Übermächtigten angewiesen: Der mächtige
Beichtvater wird zum Allwissenden, der mit Gewissensleitung und
Gewissensprüfung, Geständnispraxis und der Forderung des reinen
Gehorsams eine neue Form der Gouvernementalität praktiziert.
»Man kann diese Form von Macht nicht ausüben«, so Foucault,
»ohne zu wissen, was in den Köpfen der Leute vor sich geht, ohne
ihre Seelen zu erforschen, ohne sie zu veranlassen, ihre innersten Ge-
heimnisse zu offenbaren. Sie impliziert Kenntnis des Gewissens und
eine Fähigkeit, es zu steuern.«[62]

In der von Foucault formulierten Absolutheit ist das theoretische
Konzept der »Pastoralmacht« statisch, voll von Vorannahmen und
somit letztlich für eine historische Analyse kaum nutzbar. Doch weil
sich in der katholischen Pastoral Praktiken und eine Selbstbeschreibung finden, die dem direkt entsprechen, lässt sich mit diesem Konzept dennoch ein wichtiges Spezifikum beschreiben. Übersetzt in die
religiöse Sprache der 1950er-Jahre, auf viel ältere Wurzeln zurückge-
hend und bis heute nachklingend – und dabei ist nur vom Normativen, nicht von der Praxis zu sprechen –, findet sich Pastoralmacht
in der im Katholizismus definierten Aufgabe der »Seelenführung«
wieder. Damit wird eine Form der geistlichen Anleitung bezeichnet,
in welcher der Priester den Gläubigen auf seinem religiösen Weg begleitet. Voraussetzung dafür ist, dass der Gläubige nicht nur Sünden
und Fehler bekennt, sondern sein ganzes Innenleben mit dem Beichtvater teilt. Was der katholische Theologe Josef Adloff zu Beginn des

20. Jahrhunderts in Büchern wie »Beichtvater und Seelenführer« oder »Seelenführung und Berufspflege« entwickelte,[63] ist bis heute ein Kernkonzept der priesterlich-katholischen Pastoral. Darin werden zwei Akteursrollen definiert: die des sich vollständig öffnenden Gläubigen und die des sich in seiner Aufgabe verzehrenden, den Gläubigen leitenden Geistlichen. Während der eine jeglicher persönlichen Autonomie beraubt ist, wird der andere daraus resultierend in seiner Position signifikant überhöht.

Dass diese Konzeption keinesfalls als überholt gilt, zeigt der Blick in aktuelle seelsorgliche Literatur und lehramtliche Instruktionen. Die Arbeitshilfe für Beichtväter und geistliche Begleiter vom 9. März 2011, die die Kongregation für den Klerus veröffentlicht hat,[64] zitierte Johannes Paul II. und dessen nachsynodales Apostolisches Schreiben *Pastores dabo vobis* (Hirten gebe ich Euch) vom 25. März 1992: »Die Priester sind in der Kirche und für die Kirche eine sakramentale Vergegenwärtigung Jesu Christi, des Hauptes und Hirten; sie verkünden mit Vollmacht sein Wort, sie wiederholen sein vergebendes Wirken und sein umfassendes Heilsangebot, vor allem durch die Taufe, die Buße und die Eucharistie, sie sorgen wie er liebevoll bis zur völligen Selbsthingabe für die Herde, die sie in der Einheit sammeln und durch Christus im Geist zum Vater führen.«[65]

Die Arbeitshilfe verweist außerdem auf den Idealtypus des Beichtvaters und den Patron der Priester, nämlich den Pfarrer von Ars: Jean-Marie Vianney, geboren 1786, war einfältig, lernschwach, nervös und depressiv. Zeitgenössisch galt er zunächst als wenig geeigneter, vielleicht sogar etwas zurückgebliebener Kandidat für das Amt, der sich schwertat mit Studium und Ausbildung, den Spott seiner Mitbrüder und Vorgesetzten zu ertragen hatte, dann aber zum Vorbild eines sich für den Sünder verzehrenden Priesters stilisiert wurde. Er habe, so die Legende, in den letzten 33 Jahren seines Lebens »täglich 10 bis 17 Stunden im Beichtstuhl [verbracht]. Manchmal hörte er so lange die Beichte, bis er ohnmächtig wurde. Im heißen Sommer

1859 war er am Ende seiner Kräfte und empfing noch krank im Bett Menschen, die die Absolution wollten. Am Morgen des 4. August starb er, wurde 45 Jahre später selig- und im Jahr 1925 heiliggesprochen«.[66] Dieses Lebensbild des Pfarrers von Ars und damit desjenigen, der mit seinem »täglichen Martyrium«, dem Abnehmen der Beichte, als Priester Vorbild für die Mitglieder seiner Profession sein soll und in der Ausbildung als beispielhafter »Seelenführer« angeführt wird, ist bis heute weit verbreitet.[67] Nach wie vor gilt Vianney als Vorbild für die aktiven Kleriker. Im »Jahr des Priesters« 2010 prangte am Petersdom ein Banner mit einem überlebensgroßen Bildnis des Pfarrers von Ars.

Mit der heutigen Praxis des Beichtsakraments haben diese Schilderungen allenfalls am Rande noch etwas zu tun: Die Individual- oder Ohrenbeichte ist als Sakrament nahezu vollständig verschwunden und hat kollektiven Formen der Buße Platz gemacht oder – so die Regel – ist im Leben der Gläubigen ersatzlos weggefallen.[68] In der Lebenswirklichkeit der meisten Katholikinnen und Katholiken haben die Seelenführungsphantasien keine Entsprechung.

In den lehramtlichen Texten, aus denen eben zitiert wurde, wird dieser Einbruch registriert, aber lediglich als Schwundstufe beklagt, gegen die der Klerus anarbeiten müsse. »Wo immer ein Priester sich zur Abnahme der Beichte bereithält, kommt früher oder später auch ein Beichtender an; und dort, wo der Beichtvater seine Aufnahmebereitschaft in standhafter Geduld beharrlich beweist, stellen sich viele Beichtende ein!«[69] Aller pastoraltheologischen Entwicklung und allem Einbezug von psychologischer, soziologischer und sonstiger Expertise zum Trotz bleibt weiterhin das Ideal des Pfarrers als Seelenführer mit all seiner machtdurchwirkten Dialektik bestehen.

Im Zentrum dieser und vieler anderer Überlegungen steht die Person des Priesters. In der Gruppe sind sie als Kleriker und damit als besonderer Stand definiert, der sich substanziell von den Laien unterscheidet.

Diese übergeordnete Stellung des Klerikers ist kirchenrechtlich und mit Verweis auf einen göttlichen Ursprung festgeschrieben. »Kraft göttlicher Weisung gibt es in der Kirche unter den Gläubigen geistliche Amtsträger, die im Recht auch Kleriker genannt werden, die übrigen dagegen heißen auch Laien.«[70] Es sind die Kleriker, die in der Heilsökonomie der Messe den aktiven Part innehaben, während die Laien diesen allenfalls passiv unterstützen.[71] Diese Rollenunterscheidung ging über viele Jahrhunderte mit der Differenz zwischen Gebildeten – den Klerikern – und Ungebildeten – den Laien – einher. Deshalb wurde über viele Jahrhunderte kritisch darüber diskutiert, ob Laien die Bibel lesen sollten, da dies im katholischen Verständnis vor allem dem Klerus vorbehalten sein sollte, stünden doch nur ihm mit Weihe und Bildung die nötigen Voraussetzungen zur Verfügung, den heiligen Text angemessen auszulegen.

Zusätzlich abgesichert wird diese Erhöhung auf theologischer Grundlage: Denn nach Lehre der katholischen Kirche gilt, dass der Priester dem Laien nicht nur funktional als Gemeindeleiter übergeordnet ist, sondern auch in seinem Wesen. Es ist die Weihe, die ihm Anteil an der Vollmacht Jesu Christi gibt und dafür sorgt, dass er diesen *in persona* vertritt.[72] Das Weihesakrament wird dabei selbst als Handeln Gottes verstanden, der den Priester während seiner Weihe mit einem unauslöschlichen Prägemal (*character indelebilis*) versieht, das durch den Menschen nicht einfach wieder ausgelöscht werden kann, nicht einmal durch eine schwerwiegende Sünde.[73]

Der geweihte Mann wird systematisch als »sakramentale Vergegenwärtigung Christi« verstanden. In ihrer Tätigkeit galten (und gelten) die Priester als von Amts wegen berufene Stellvertreter Christi in der Gemeinde. Durch die Weihe herausgehoben, standen sie den Gottesdiensten vor, legten die Schrift aus und spendeten Segen und Sakramente. Für das Gros der Gläubigen waren sie darüber hinaus das eigentliche »Gesicht« der Religionsgemeinschaft, verkörperten diese vor Ort und fungierten somit bis in die zweite Hälfte des 20. Jahr-

hunderts hinein als das wichtigste Bindeglied zwischen privater Le-
benswelt, der Organisation Kirche und das durch sie vermittelte Heil.
Schon mit diesen wenigen Beispielen ist verdeutlicht, dass es sich in
der Definition des Priesters nie um eine reine Funktionsbenennung
oder Rollenbeschreibung handelte, sondern sich der Gegensatz zum
Laien im Gegenteil zu einer sozial und spirituell verdichteten hierarchischen Abstufung entwickelte. Der katholische Priester war mehr
als nur ein Gemeindeleiter, er avancierte als »Hochwürden« nicht nur
zur Zentralgestalt der Vermittlung, sondern auch zur Verkörperung
des Göttlichen gegenüber den Menschen. Diese binäre Konstruktion zwischen Laien und Klerikern prägt die Frömmigkeit wie auch
das interne Leben in der Institution bis heute enorm: »Dort, wo die
religiöse Arbeitsteilung zwischen Priestern und Laien nach diesem
Modell verläuft, entwickelt sich geradezu zwangsläufig ein System
des ›Klerikalismus‹, den man als sozialstrukturelle Überhöhung des
Priesters über seine religiöse Funktion hinaus charakterisieren kann«,
so Klaus Große Kracht in der Studie zum sexuellen Missbrauch im
Bistum Münster.[74]

Diese kirchenrechtliche und amtstheologische Auszeichnung des
katholischen Priesters gegenüber den nichtgeweihten Gläubigen ist
nicht Vergangenheit, sondern gegenwärtig immer noch präsent und
erfuhr in den vergangenen Jahren sogar eine Verstärkung: Das »Jahr
des Priesters« 2010 bereitete Papst Benedikt XVI. im Sommer 2009
vor, als das Ausmaß des Missbrauchsskandals in der Kirche dem Pontifex schon seit langem bekannt war.[75] Zustimmend zitierte der Papst
Worte des Schutzheiligen der Priester, des Pfarrers von Ars: »Oh, wie
groß ist der Priester! [...] Gott gehorcht ihm: Er spricht zwei Sätze
aus, und auf sein Wort hin steigt der Herr vom Himmel herab und
schließt sich in eine kleine Hostie ein. Nach Gott ist der Priester
alles! [...] Ohne den Priester würden der Tod und das Leiden unseres Herrn zu nichts nützen. Der Priester ist es, der das Werk der
Erlösung auf Erden fortführt [...]. Der Priester besitzt den Schlüssel

zu den himmlischen Schätzen: Er ist es, der die Tür öffnet; er ist der Haushälter des lieben Gottes; der Verwalter seiner Güter [...]. Laßt eine Pfarrei zwanzig Jahre lang ohne Priester, und man wird dort die Tiere anbeten«.[76]

Es ist nur folgerichtig, dass auch deutsche Kirchenhierarchen in dieses Horn stießen. Kardinal Meisner charakterisierte – ebenfalls 2010 – seinen Weihbischof Rainer Maria Woelki anlässlich dessen Silbernen Priesterjubiläums als einen »Engel seiner Gemeinde«. Ferner nutzte er den gegebenen Anlass, um »[d]ie Präsenz des Priesters« im Allgemeinen als »Zeichen der Gegenwart Christi[s] in unserer armen Welt« zu bezeichnen.[77] Lobeshymnen wie diese sind keine Seltenheit. Es lassen sich zahlreiche weitere Beispiele dafür finden, wie Kleriker Kleriker und damit letztlich niemanden anderes als sich selbst feierten.

Diese besondere Stellung des Priesters im Katholizismus war nicht von vornherein gegeben, im Gegenteil: Der biblisch bezeugte Jesus, so die Mehrheitsmeinung unter den Exegeten, verstand sein eigenes Wirken nicht als priesterlich.[78] Die Vorstellung, dass Jesus beim letzten Abendmahl eine überzeitliche Form des Priesteramts gestiftet habe, ist somit nicht haltbar, hatte aber dennoch enormen Einfluss in der Kirche: Im 19. Jahrhundert avancierte die Ursprungsfiktion der göttlich eingesetzten Kirche und somit auch des göttlich eingesetzten Klerus zur populären Selbstlegitimation. Der geweihte Mann, Repräsentant Gottes auf Erden und zugleich unbefleckt, sprich: asexuell und zölibatär lebend, ist eine historisch gewachsene Rolle im Katholizismus.

Drei wesentliche Stationen lassen sich benennen, um die aktuelle Figur und die Rolle des Priesters, wie sie im Katholizismus vorherrscht, historisch herzuleiten:

In der Spätantike und im Mittelalter entwickelte sich die Vorstellung von sexueller Reinheit, die dem Priester als Vorsteher und Vollzieher des Gottesdienstes eigen sein müsse. Die Rolle des Priesters entwickelte sich in dieser Zeit zu der eines Opferpriesters, dessen eigentliche Aufgabe die Messfeier war. Für diese Aufgabe qualifizierte ihn die sexuelle Abstinenz. Nur diese – so die Vorstellung – halte ihn rein für den Opferdienst. Der Priester avancierte mit der Weihe zum exklusiven Mittler, dem mit der Amtsgewalt auch eine Konsekrationsgewalt zukam, die er dann *in persona* Christi wahrnahm. Auf diese Weise war der Schritt getan, der den Kleriker nicht nur funktional, sondern in seinem Wesen vom Laien unterschied.[79]

Als mit dem Ende des Investiturstreits und dem Wormser Konkordat 1122 der Streit zwischen weltlicher und geistlicher Herrschaft beigelegt wurde, begann der Einstieg in die Klerikerkirche auch institutionell und machtpolitisch zu greifen: Die bis dahin übliche Investitur von Laien, die mit dem Eintritt in das geistliche Amt auch weltliche Macht und den Zugriff auf das damit verbundene Territorium zugesprochen bekamen, endete abrupt. Fortan wurde die Investitur von Priestern eine Sache der Kirche, die nun von weltlichen Belangen tendenziell stärker unterschieden wurde. Die Idee eines wesenhaften Unterschieds zwischen Laien und Klerikern beförderte diese Entwicklung noch einmal.

Eine dritte entscheidende Wende stellte das Konzil von Trient dar, welches in verschiedenen Sitzungsperioden nach der Mitte des 16. Jahrhunderts auf die Herausforderung der protestantischen Reformation reagierte. Die dort versammelten Kirchenmänner formulierten zwar keine eigene Theologie des Priesters, etablierten aber Rahmenbedingungen, mit denen sie das Priesterideal zeitgenössisch erneuerten. Damit schufen sie eine Vorlage, die insbesondere im 19. Jahrhundert zu einer konservativen Wende idealisiert wurde und in mancher Hinsicht den Klerus bis heute prägt: Der Disziplinierung der Laien, deren rechtmäßiger Glaube in Visitationen und in Sendgerichten geprüft wurde, entsprach eine Normierung der Priesterausbildung und eine Disziplinierung des Priesterlebens, die über die folgenden Jahrhunderte zum heutigen Modell führte. In Eichstätt wurde mit dem Collegium Willibaldinum 1564 das erste Seminar für Weltpriester errichtet, in dem die Kandidaten ihre Ausbildung erhielten. Flächendeckend griffen die Neuerungen des tridentinischen Seminardekrets aber erst zu Beginn des 18. Jahrhunderts. Bereits im 19. Jahrhundert verband sich daraufhin mit dem Besuch eines Priesterseminars auch das Absolvieren eines Theologiestudiums.[80] In dieser Kombination entwickelte sich ein hohes Maß an standesethischer und theologischer Disziplinierung, die die jungen Männer gemeinsam erfuhren. In Auseinandersetzung mit Liberalismus und Moderne erklärte dann Pius IX. im 19. Jahrhundert die rigide Ausbildung im Seminar zur Regelvorgabe. Auf diese Weise wurden die Anwärter und späteren Priester im Sinne einer »totalen Institution« zusammengebunden und in einem »Ineinander von schulischer und aszetischer Formung« geprägt.[81]

Insbesondere im verklärenden Rückblick auf das Trienter Konzil entstand in den ersten antimodernistischen Jahrzehnten des 20. Jahrhunderts eine geschlossene neuscholastische Konzeption der Priesterausbildung wie auch des Priesteramtes: Im Seminar als »ultramontane[r] Gegenentwurf zur säkularen Welt« sollte ein Priestertypus entstehen, der übermenschlich-erhaben, geistlich-asketisch nach Selbstheiligung strebte.[82] Bis heute wirken diese Wurzeln fort, wenn in den entsprechenden Einrichtungen »Außenkontakte« in Form von Praktika und Gemeindebesuchen sorgfältig geplant werden. Dieser Umstand zeugt vor allem von einem: Das System war und ist prinzipiell in sich geschlossen konzipiert, der darin ausgebildete Priester wird als Mitglied eines besonderen Standes sozialisiert.

Nach dem Zweiten Weltkrieg knüpften die deutschen Bischöfe unmittelbar an dieses Priesterideal an. Getragen vom Anspruch der Kirche als »Siegerin in Trümmern« und der Vorstellung, dass die Institution den Nationalsozialismus unbeschadet überstanden habe, ignorierten führende Köpfe mögliche liturgische und spirituelle Erneuerungen der 1920er-Jahre und setzten beim Priesterbild wie auch bei der Ausbildung ganz auf die traditionell vorgespurten Gleise: »Lehren, Heiligen, Führen« – diese Trias gab beispielsweise der

Münsteraner Bischof Michael Keller noch Ende der 1950er-Jahre als Devise für seinen Priesternachwuchs aus. Ein Priester müsse ein großer Beter und ein »hervorragende[r] Geist der Tugend« sein, er müsse sich nicht nur vor schwerer Sünde, sondern auch vor dem geringsten Fehler hüten.[83] Die Differenz zwischen Laien und Geweihten markierte er drastisch: »Zwischen einem Priester und einem rechtschaffenen Laien sollte ein Unterschied sein wie zwischen Himmel und Erde«, so zitierte Keller Papst Pius X. in einer Ansprache vor Kandidaten für das Priesteramt.[84]

Das damit verbundene Konzept scheiterte jedoch in der Realität der kommenden Jahrzehnte krachend: Immer weniger Männer wollten Priester werden und sich den mit diesem Lebensmodell verbundenen Anforderungen unterwerfen. Wurden 1962 noch 557 Kandidaten zu Priestern geweiht, so sank diese Zahl 1976 auf einen vorläufigen Tiefpunkt von 182 Weihen. In den Folgejahren erlebte der Priesterberuf zwar wieder einen zaghaften Anstieg von bis zu 297 Kandidaten im Jahr 1989, nur um daraufhin dauerhaft in den zweistelligen Bereich abzurutschen. In den unmittelbar vergangenen Jahren konnten jährlich lediglich 50 bis 75 Nachwuchskleriker pro Jahr verzeichnet werden, Tendenz sinkend.[85]

Die sakrale und ethische Überhöhung des Priesteramtes und die damit verbundenen Selbst- und Fremdzuschreibungen bildeten den Hintergrund der Debatte um die »Priesterkrise« seit den 1960er-Jahren. Die Fallhöhe für diese Statusgruppe war beträchtlich. Angesichts des gesellschaftlichen Wertewandels seit dem Ende des Jahrzehnts sowie einer zunehmenden Infragestellung traditioneller Autoritätsrollen – sowohl gesamtgesellschaftlich als auch binnenkirchlich – verblasste das Ansehen der sakralisierten Amtsperson des »Hochwürden« zunehmend.[86] Theologisch entwickelte das Zweite Vatikanum zwischen 1962 und 1965 entscheidende Impulse und fungierte als Produkt und Promotor der beschriebenen Entwicklungen. Die

Konzilsväter verzichteten darauf, eine exklusiv juridische Theologie des Klerus zu formulieren. Stattdessen ordneten sie das Priestertum dem Oberbegriff »Gottesvolk« zu. Stärker als die evangelischen Pfarrerinnen und Pfarrer hatte daher der katholische Klerus seit Mitte der 1960er-Jahre seine Rolle neu zu definieren. Auf der einen Seite stand die neu formulierte Vorstellung vom gemeinsamen Priestertum aller Gläubigen, die eine deutlich nivellierende Tendenz hatte und die Amtsautorität gewissermaßen in Frage stellte. Auf der anderen Seite blieb der Selbstanspruch und zum Teil auch die Erwartung, dass sich ein Priester deutlich von den übrigen Gläubigen zu unterscheiden habe. Deshalb setzten die Konzilsväter auch auf die Kontinuität der alten Seminarform.

Der »Abschied von Hochwürden«, so urteilte ein Laie bereits 1969, war unwiederbringlich eingeleitet.[87] Der »Spagat« des Weltpriesters zwischen Mitchrist und hervorgehobener sakraler Amtsperson wurde seit den 1960er-Jahren beständig vergrößert und machte den verunsicherten Klerus schon in der Wahrnehmung der Zeitgenossen zum »Konzilsgeschädigten«.[88]

Den bislang letzten Höhepunkt der Diskussion um die Rolle und das Rollenverständnis des Klerus markierten die Schriften von Eugen Drewermann: Der 1992 suspendierte Paderborner Priester und Psychoanalytiker erstellte nach eigenen Aussagen »das Psychogramm eines Ideals« und skizzierte den Klerus als gezeichnet von Selbstverleugnung und psychischer Deformierung.[89] Aus der Sozialfigur des »Hirten« und »Hochwürden« der 1950er-Jahre wurde in der öffentlichen Wahrnehmung ein tendenziell überforderter Seelsorger, dem es nicht mehr gelang, seine Schäfchen für sich zu gewinnen. Vor allem aber verlor er in seiner Rolle als Wächter und Berater in Sexualfragen. Heute gilt der Priester als Mann und sexuelles Wesen auch vielen Gläubigen eher als suspekt denn als Orientierungsfigur.

Damit tut sich ein Zwiespalt auf, der von denjenigen, die sich für diese spezielle Karriere entscheiden, biographisch-individuell wie

auch kollektiv schwer zu bewältigen ist: Während frühere Priester-
berufungen von einem weit verbreiteten sozialen Ansehen des Geistlichen – nicht nur die Familie, sondern auch das ganze Dorf waren
stolz auf »ihren« Priester – geprägt waren, verringerte sich diese Gra-
tifikation über die Jahrzehnte mehr und mehr. Auf gesellschaftliches
Ansehen kann ein Priester sich heute nicht mehr verlassen, im Gegenteil: Nicht erst seit der Aufdeckung der Missbrauchsfälle und deren
breiter öffentlicher Diskussion sinkt das Sozialprestige der Institution
Kirche, ebenso wie das der sie tragenden Priesterkaste, drastisch.

Schon vorher waren Priester mit einem gewaltigen Machtverlust
konfrontiert: Es sind nicht mehr sie, die als Geistliche das Leben
ihrer Gläubigen bestimmen. Stattdessen sind es die Gläubigen, die
für sich entscheiden, wann sie jeweils die Angebote des Priesters für
sich annehmen wollen. All das geschieht vor dem Hintergrund einer
tiefgreifenden Säkularisierung, hier verstanden als ein Bedeutungsverlust der Institution Kirche nicht nur in den jeweils individuellen Lebensvollzügen, sondern auch für die Gesellschaft insgesamt.
Auch wenn der Stellenwert religiöser Gehalte für das einzelne Leben
vielleicht sogar an Bedeutung zunimmt, so werden die traditionellen
Religionsgemeinschaften und damit auch die katholische Kirche für
die Gesellschaft existentiell wie auch habituell immer unwichtiger.[90]

Ein Teil der Priester und der Kandidaten für dieses Amt reagiert mit
einem sekundären Klerikalismus auf diese als Zumutungen empfun-
dene Entwicklungen. Man betont erneut die Distanz zu den Laien,
verschärft Privilegierungsregeln und versucht auf diese Weise, Kritik
und Irritation von sich fernzuhalten. Diese neokonservative Wende
lässt sich laut dem Theologen und Priester Paul Zulehner als ein »se-
kundärer Abwehrklerikalismus« charakterisieren: Man knüpft an die
in der Vergangenheit gegebenen Machtverhältnisse an und versucht
diese für die Gegenwart zu restaurieren. Unterstützt wird diese Tendenz durch die Abgeschlossenheit des inneren Zirkels, in dem das

Ideal und auch die damit verbundene Selbstsicht des Klerus als eine exklusive und elitäre Position zelebriert wird. Hinzu kommt, dass die klerikalen Männer innerhalb der Kirche kirchenrechtlich, theologisch wie auch machtpolitisch nach wie vor äußerst privilegiert sind. Gegenüber den Laien sendet diese Entwicklung eine hoch ambivalente Botschaft aus: Für viele Beobachterinnen und Beobachter von außen ist sie ein Signal der Schwäche, denn wer sich in dieser Weise der Selbstabschließung selber stärken muss, ist offenkundig in gewisser Weise gefährdet, instabil und ohnmächtig.

Bei einem anderen, kleineren Teil der Gläubigen nährt diese Tendenz einen Klerikalismus von unten: Herrschaft und Charisma sind Menschen nicht eigen, sondern werden diesen von außen – von den Beherrschten – zugeschrieben. Dieser Mechanismus gilt auch für die priesterliche Macht. Insbesondere in der Auseinandersetzung mit dem sexuellen Missbrauch zeigen sich auch von Laienseite zahlreiche Abwehrbemühungen, die von der Realitätsverweigerung bis hin zur Mithilfe bei der Vertuschung reichen, um das überkommene und erwünschte überhöhte Priesterbild nicht zu gefährden: Das hartnäckige Bestreiten von Vorwürfen, Weihnachtsgebäck für den rechtskräftig verurteilten Missbrauchstäter, die demonstrative Einladung in den Festumzug des Schützenvereins – diese und viele andere Praktiken stehen für einen Klerikalismus von unten, der die ungleiche Machtverteilung stützt.[91]

Ist der Klerikalismus ein Fehler im System, der sich beseitigen lässt? Die Ansätze dazu, die das Zweite Vatikanum geliefert hat, haben sich religionsgeschichtlich nicht durchgesetzt: Das Konzil der Kirche über die Kirche betonte mit der Formulierung von dem einen Gottesvolk und der Unterscheidung zwischen dem »gemeinsamen« und dem »hierarchischen« Priestertum die Würde der Laien, die die Welt verkörpern, und ihre eigenständige Berufung zum Apostolat.[92] Zugleich verzichtete man auf die Formulierung einer exklusiven juridischen Theologie des Priestertums. Aber was diese Neuformulierung bedeutete, blieb in der Folgezeit offen und umstritten. Mittels der römischen Technik der Juxtaposition stellte man nicht nur in den Konzilsdokumenten progressive und konservative Formulierungen unverbunden nebeneinander, vielmehr knüpften die Kirchengewaltigen auch anderweitig weiterhin umstandslos an das alte Priesterbild an: Als Paul VI. 1975 einen Text zur Priestersendung publizierte, stilisierte er die Angesprochenen zu »engelsgleichen« und der menschlichen Sphäre entrückten Wesen.[93]

Die Selbststilisierung im Klerus kontrastiert krass mit Inneneinblicken in das System Priesterseminar, wie sie das Genre der Enthüllungsliteratur auf dem Büchermarkt präsentiert: Aus dem Kandidatenseminar Borromaeum des Bistums Münster berichtete Stefan Jürgens, bis heute Pfarrer und über seine Radioandachten und viel beachteten Bestseller auch überregional bekannt geworden, von einer latenten und offenen Homoerotik unter den Seminaristen und ihren Vorgesetzten zum Ende der 1980er- und Anfang der 1990er-Jahre. »Irgendwer schlich sich immer in irgendwelche Zimmer oder wollte mit irgendwem duschen. Mancher Heimatpfarrer besuchte und befummelte seinen ›Schützling‹, mancher hochrangige Geistliche schleppte Priesteramtskandidaten ab, darunter Ahnungslose und Karrierebewusste. Einer der damaligen Direktoren sagte, man müsse aufpassen, ›wer in diesem Haus als Nächster mit dem Hintern wackelt‹.«[94] In der Studie zu Macht und Missbrauch im Bistum Münster ist ebenfalls ein Fall aus den Akten rekonstruiert, in dem ein kirchlicher Würdenträger gegenüber einem Besucher des Borromaeums sexuell zudringlich wurde und mit der Hand in dessen Hose langte, um seinen Penis zu berühren. In der Konsequenz gab es zwar ein Hausverbot für den hohen Geistlichen, ohne diesen aber in weiteren Funktionen einzuschränken oder sonstige Maßnahmen zu verhängen.[95] Der Ex-Seminarist Daniel Bühling schlägt in dieselbe Kerbe, wenn er davon berichtet, wie ältere Seminaristen regelmäßig die Neulinge »abcheckten«, um nach potenziellen Partnern zu suchen.

Ein gelingendes Leben unter dem Zölibat beschreibt Bühling als Ausnahme und skizziert als Regel ein Scheitern an den Ansprüchen: »Diejenigen, die eine Lüge leben und sich für eine heimliche Partnerschaft entscheiden. Diejenigen, die sich an den Zölibat halten und an ihrer Einsamkeit zerbrechen ... Immer wieder denke ich an all die Priester und Priesteramtskandidaten, die ihre Sexualität heimlich ausleben und sich deshalb schuldig fühlen. Die ihre Partner oder Partnerinnen mehr oder weniger offen an ihrer Seite haben und damit gegen die Regeln der Kirche verstoßen. Die sich nach außen vergeistigt, ja geradezu heilig geben und im Privatleben ›die Sau herauslassen‹.«[96] International beachtet, in seiner Machart durchaus reißerisch, kommt der französische Journalist und LGBT-Aktivist Frédéric Martel 2019 in seinem Buch »Sodom. Macht, Homosexualität und Doppelmoral im Vatikan« daher. Martel beschreibt darin den Vatikan als das machtpolitische Zentrum der katholischen Kirche, das von einer großen und mächtigen Mehrheit ranghoher schwuler Kleriker dominiert wird.[97]

Das Problem in dieser Konstellation sind weder die hetero- oder homosexuellen Kontakte oder Orientierungen der Geistlichen in den Institutionen und Machthierarchien der katholischen Kirche. Das Problem sind vielmehr die zahlreichen Doppelbödigkeiten, Heimlichkeiten und Unwahrhaftigkeiten, die im Abgleich mit der katholischen Sexuallehre und der vorherrschenden Bigotterie entstehen. Wie sollen die jungen Männer in einem Seminar unter diesen Umständen eine reflektierte Sexualität entwickeln, die vielleicht sogar in einem zölibatären Leben resultieren kann? Und wie soll aus diesem Zusammenhang ein lebens- und lustbejahendes Nachdenken über Sexualität nach außen entwickelt werden?

Beide Facetten des Priesterbildes – die sakrale Überhöhung wie auch die Erscheinung als sexuelles Mangelwesen – bleiben bis heute in der Diskussion um sexuellen Missbrauch im katholischen Zusammenhang stark präsent. Beim Blick auf die Taten und die Täter selbst geht es um eine psychosoziale Einordnung. Der Zölibat als geistige Lebensform hat wenig direkten Bezug zum Missbrauch, wohl aber

sind indirekt Verbindungslinien zu sehen. Es bleibt zu vermuten, dass
der Priesterberuf Männer anzieht, die Fragen und Unsicherheiten in
ihrer psychosozialen Entwicklung ausweichen wollen. Sie schlüpfen
stattdessen in eine soziale Rolle, die asexuell gedacht wird und mit
viel Sozialprestige ausgestattet ist, ohne aber selbst einen reflektierten
Umgang mit ihrer Sexualität zu finden. »Die sexuelle Ausbeutung
von Wehrlosen«, so schließt der SZ-Journalist Heribert Prantl scharf-
sinnig, »ist das Risiko einer zwangszölibatären, autoritären Kirche«.[98]

Und auch die Praxis des Vertuschens und der Priorisierung von Täterfürsorge erklärt sich aus diesem Klerikalismus: Wenn in Personalkon-
ferenzen und damit dem *inner circle* der Bistumsleitung in katholisch
verdruckster Weise die Rede auf sexuellen Missbrauch von Minderjährigen kam, dann sah man sich verpflichtet, diesem Kleriker und
Mitbruder einen Weg zu eröffnen, weiter Priester zu sein. Im Zweifel
war hierbei nicht Mitleid mit dem Mitbruder, sondern ein primär ek-
klesiologisches Motiv ausschlaggebend: Oberste Priorität war es, dass
das Sakrament der Priesterweihe und damit die besondere Lebensform weiter Geltung habe. Also galt es, den Missbrauch als Zölibatsbruch zu »reparieren«, um auf diese Weise die Situation zu beheben
und den Priester wieder in seinen Stand zurückzuführen.

Um diese Praxis aus der inneren Logik der Beteiligten nachzuvoll-
ziehen, braucht es viel Theologie und spezielles Wissen darüber,
was ein Sakrament ausmacht und welche Bedeutung insbesondere
der Priesterweihe in der katholischen Kirche zukommt. Reflektiert
man diese Zusammenhänge aber vor dem Hintergrund einer freiheit-
lich-demokratischen Grund- und Rechtsordnung, verschieben sich
die Koordinaten grundlegend. Es werden die Umrisse einer religiös
begründeten Sonderwelt deutlich, in der andere Vorstellungen von
richtig und falsch, von Recht und Gerechtigkeit gelten als in der Gesellschaft insgesamt. Um vergleichbare Mechanismen und Logiken
zu anderen Zeiten oder in anderen Zusammenhängen ausmachen zu

können, braucht es viel Fantasie und historische Weitsicht. Wer hierüber nachdenkt, stößt rasch auf Macht- und Herrschaftsstrukturen der Vormoderne, oder moderne Parallelgesellschaften, wie sie vor allem in Clan- und anderen informellen Strukturen existieren.

Katholische Bigotterie: Sexualmoral als hierarchisches Schisma

Missbrauch und dessen Vertuschung sind nicht nur durch die organisatorischen Strukturen der Institution und deren womöglich schriftlich fixierte Normen, sondern auch von bestimmten Werthaltungen und davon abgeleiteten Diskursen geprägt. Sexueller Missbrauch in der katholischen Kirche, so das Argument im Folgenden, geschieht auf dem Nährboden eines höchst problematischen, vielleicht sogar toxischen Umgangs mit Sexualität und Sexualmoral in der katholischen Kirche. Zwischen den lehramtlich verkündeten Maximen und den gelebten Praktiken vieler, nahezu aller, klafft ein tiefer Graben. Dieser Graben trägt zu dem vom Theologen und Religionsphilosophen Eugen Biser konstatierten Schisma zwischen Hierarchie und Kirchenvolk entscheidend bei.[99] Das Thema Sexualität ist in den vergangenen Jahrzehnten ein zumindest schwieriges, in weiten Kreisen gar ein Tabuthema innerhalb der katholischen Kirche gewesen: »Geschlechtsverkehr«, so eine zeitgenössisch viel verwendete Vokabel, ist ständig präsent und wird doch selten offen angesprochen – und so entfaltet sich das Paradoxon des lauten Beschweigens von Sexualität.

Ein kontrafaktisches Gedankenexperiment verdeutlicht die Auswirkungen dieser Stigmatisierung für eine Kultur des Missbrauchs und des Vertuschens eindringlich: Man stelle sich vor, in der Kirche würden wiederholt Menschen totgeschlagen oder ermordet. Alle wären sich rasch einig, dass man die Taten lückenlos aufklären, die Täter überführen, bestrafen und mit einer Null-Toleranz-Haltung den Verbrechen möglichst schnell ein Ende bereiten müsse.

Im Bereich der Sexualität aber scheint die Situation aus der katholischen Binnenperspektive viel weniger eindeutig. Hier regiert ein Graubereich. Offenes Sprechen über Sexualität, das eigene (Liebes-) Leben oder auch davon betroffene gesellschaftliche Zusammenhänge? Fehlanzeige! Viele Priester und Ordensleute, kirchliche Mitarbeiterinnen und Mitarbeiter, aber auch gläubige Christinnen und Christen sehen sich dem Zwiespalt ausgesetzt, dass sich ihr persönliches Verhalten nicht mit den Vorgaben der katholischen Sexualmoral deckt. Wie bereits erwähnt, gehen konservative Schätzungen beispielsweise davon aus, dass mindestens zwanzig Prozent der Priester homosexuell orientiert sind. Ein Teil dieser Priester lebt diese sexuelle Präferenz in unterschiedlichen Varianten aus und entscheidet sich für einen Lebensentwurf, in den sexuelle und romantische Beziehungen integriert sind. Wie auch ein größerer Teil der heterosexuell orientierten Amtsbrüder leben sie mit einem Partner, müssen diesen aber verstecken oder trauen sich nur mehr oder weniger offen mit ihm zusammenzuleben.

Seine Liebe so zu leben, wie es ihm passt – was dem oder der Einzelnen unbenommen sein sollte, wird dann zum Problem, wenn es sich mit den Regeln der Institution nicht deckt und deswegen zu einer Atmosphäre der Heimlichtuerei, Verlogenheit und des ständigen Argwohns vor Denunziation führt.

In einem solchen Zusammenhang verwischen nicht nur die Unterschiede zwischen einem Verbrechen wie dem Kindesmissbrauch und dem Zölibatsbruch in Form einer einvernehmlichen sexuellen Beziehung zu einem erwachsenen Menschen. Strafrechtlich ist der Unterschied glasklar: Ersteres ist ein schweres Verbrechen, Letzteres legal und allenfalls im Verhältnis zum Arbeitgeber Kirche bedenklich. In einem solchen Zusammenhang, in dem die juridische Klarheit zugunsten eines Graubereichs verschwimmt, wächst eine Stimmung der Bigotterie, der Scheinheiligkeit, in der ein authentischer und konstruktiver Umgang mit Sexualität kaum noch möglich zu sein scheint. Im Zusammenhang mit sexuellem Missbrauch ist das folgenschwer: Die Ausgangssituation macht es zuvorderst für Betroffene, aber auch für *Bystanders* und die religiöse Gemeinschaft insgesamt außerordentlich mühsam, über Sexualität allgemein und die Verbrechen des damit verbundenen Machtmissbrauchs im Speziellen zu sprechen. Als Betroffener sein eigenes Leid zum Thema zu machen, als Dritter auf Missstände hinzuweisen oder sich anderweitig zum Thema zu äußern, wird den Akteuren somit erschwert. Für Pädokriminelle, aber auch für das Vertuschen von sexuellen Missbrauchstaten bietet eine solche Kultur des Geheimhaltens und des Verschweigens, des Andeutens und doch Für-sich-Behaltens die besten Voraussetzungen, um unentdeckt zu bleiben.

Die Normierung von Sexualität ist kein Spezifikum der katholischen Kirche, im Gegenteil: Alle Religionsgemeinschaften tendieren dazu, bestimmte Segmente im Leben ihrer Mitglieder mehr oder weniger streng zu reglementieren. Neben dem Eintritt in das Erwachsenenalter, der Partnerschaft und dem Tod gehören auch Sexualität und die damit verbundenen Fragen nach Zeugung, Geburt und oftmals das Auf- und Erziehen von Kindern dazu.

Die katholische Kirche und der Katholizismus haben sich spätestens im Verlauf des 20. Jahrhunderts auf diesem Gebiet einen Markenkern erarbeitet oder aber, um es kritisch zu formulieren, in eben diese Sackgasse verrannt: Ein größerer Teil der Verkündigung und der pastoralen Bemühungen zielte auf die Regulierung des sexuellen Verhaltens ihrer Mitglieder.

Was theologiegeschichtlich auf tiefe Wurzeln zurückzuführen ist und in der pastoralen Praxis auf einen langen Vorlauf zurückblicken kann, wird im Folgenden vor allem aus der Entwicklung in der zweiten Hälfte des 20. Jahrhunderts und der Zuspitzung des innerkirchlichen Schismas seit Ende der 1960er-Jahre hergeleitet. Das ist der Zeitraum, der auch das Gros der seit über zehn Jahren so intensiv

diskutierten Missbrauchsfälle umfasst. Zugleich wird das Bild von
»1968« als Hochwassermarke gesellschaftlicher Umbrüche in der politischen Kultur wie auch innerkirchlich immer wieder (fälschlicher-
weise) bemüht, um Missbrauch zu erklären, zuletzt prominent vom
Papa emeritus Benedikt XVI.[100]

Damit sind aus einer Perspektive des gelebten Glaubens die Jahr-
gänge von Katholikinnen und Katholiken umfasst, die in den ersten
zwei Dritteln des 20. Jahrhunderts ihre Jugendjahre verbracht haben.
Diejenigen von ihnen, die sich eines hohen Alters erfreuen, werden
mit Verwunderung, sicher mit einem Befreiungsgefühl, vielleicht
aber auch mit einer Nuance von Verbitterung wegen der selbst erlebten Drangsale auf die Entwicklung seit den 1970er-Jahren blicken:
Viele der noch bis in die 1960er-Jahre als unumstößlich geltenden
Verhaltensanforderungen wurden geschliffen und veränderten sich
zumindest in der Praxis ganz grundlegend. Ein Beispiel vom Anfang
des Jahres 2022 zeigt deutlich die Veränderung: Wenn einzelne deutsche Bischöfe die Initiative *#OutInChurch* begrüßen, mit der sich
125 Mitarbeitende der Kirche, aber auch kirchlicher Einrichtungen
wie Krankenhäuser und Schulen, zu ihrer schwulen, lesbischen oder
queeren sexuellen Orientierung offen bekennen, ist der Kontrast zu
den Jahren und Jahrzehnten davor, aber auch zu Teilen der katholischen Gegenwart riesig. Homosexualität galt als Verirrung wider die
Natur, als Todsünde. Diese Auffassung ist nicht perdu, sondern wird
lehramtlich weiterhin vertreten.
    Ende März 2021 antwortete die Kongregation für die Glaubens-
lehre ganz im Sinne der traditionellen Lehre auf die Frage, ob die
Kirche die Vollmacht habe, Verbindungen von Personen gleichen
Geschlechts zu segnen. Die Antwort lautete »Nein« und wiederholte
in ihrer Begründung mit etwas diplomatischeren Worten, was die Position des Lehramts war: Um der »Natur der Sakramentalien« zu entsprechen, sei es nicht erlaubt, »Beziehungen oder selbst stabilen Partnerschaften einen Segen zu erteilen, die eine sexuelle Praxis außerhalb

der Ehe (das heißt außerhalb einer unauflöslichen Verbindung eines Mannes und einer Frau, die an sich für die Lebensweitergabe offen ist) einschließen, wie dies bei Verbindungen von Personen gleichen Geschlechts der Fall ist.«[101]

Aber mittlerweile wird zumindest in Teilen der Kirche nach Wegen gesucht, um zum einen arbeitsrechtlich, vor allem aber wohl praktisch mit diesem Spannungsverhältnis konfliktfrei umzugehen. Aber auch zwei zugedrückte Augen garantieren keine kirchliche Rechtssicherheit und erst recht keine pastorale Gleichstellung für schwule, lesbische oder auch queere Menschen, sondern stehen nur exemplarisch für einen pragmatischen Umgang mit einer prinzipiell angespannten Situation.

Die faktische Ursache der Spannungen an sich ist bereits seit langem bekannt und wissenschaftlich sowie populär gut ausgeleuchtet.[102]

Grundsätzlich zielt die katholische Sexualmoral auf die Einhegung von Sex in die körperliche Beziehung zwischen Eheleuten, die auf die Zeugung von Kindern ausgerichtet sein soll. Alle anderen Formen von Sexualität gelten als suspekt und sind verboten.[103]

Für die Zeit der 1950er- und 1960er-Jahre bringt es ein Zitat des Redemptoristenpaters Bernhard Häring auf den Punkt: »Nach der heute allgemeinen Lehre der Autoren ist nicht nur die volle Befriedigung, sondern jede völlig frei gewollte direkte Erregung der Geschlechtslust außerhalb der geordneten ehelichen Liebe der ganzen Art nach schwer sündhaft«[104], so die Beschreibung aus seinem populären Band zum »Gesetz Christi«, der zuletzt 1967 neu aufgelegt wurde. Im Katechismus, mittels verschiedener anderer Medien, aber auch per Wanderprediger wurde diese Botschaft an den Mann, die Frau, vor allem aber an die Jugend gebracht: Zeitgenössisch weit verbreitet waren in den Nachkriegsjahrzehnten ebenfalls die Reden und Radioansprachen des Jesuitenpaters Leppich, der wegen seiner stakkatoartigen Rhetorik als »Maschinengewehr Gottes« galt. Seine

Botschaft war klar und drastisch formuliert: »Ausrichtung der Sexualität auf Kinderreichtum, auf ein ›sauberes, naturentsprechendes
Familienleben‹ in katholisch-kirchlicher Geschlossenheit und Aus-
grenzung anderer Sexualität als teuflisch, auszutreiben nur durch
strikte Kirchenfrömmigkeit.«[105] Kasuistisch wurden diese Prämissen
dann bis in die kleinste Verästelung weitergedacht. Der Kapuzinerpa-
ter Heribert Jone unterschied in seiner »Katholischen Moraltheologie« verschiedene Formen der männlichen »Pollution«: Während ein
absichtlich herbeigeführter Samenerguss »immer schwer sündhaft«
sei, sei es erlaubt »zu baden, Waschungen vorzunehmen, zu reiten
usw., auch wenn man voraussieht, daß infolge besonderer Veranlagung Pollution eintritt.« Selbst der nächtliche Samenerguss wurde zur
Sünde erklärt, wenn auch nur zu einer »lässlichen«.[106]

Selbst Eheleuten wurden rigide Verhaltensempfehlungen aufer-
legt: Die kleine Broschüre »Richtig beichten« – im Februar 1975
mit dem bischöflichen Imprimatur versehen, 1995 zum elften Mal
aufgelegt – empfahl Eheleuten, zur Gewissensprüfung Fragen an sich
selbst zu stellen, die besonders über die Sexualität, den Körper und
das Leben der Frau bestimmten. »Habe ich von der Ehe ungebührlich
Gebrauch gemacht? Habe ich meinem Ehegatten sein Recht verweigert? [...]. Habe ich empfängnisverhütende Mittel gebraucht? Habe
ich andere dazu angeleitet, sich solcher Mittel zu bedienen? Habe
ich in irgendeiner Form – durch Rat, Gerede, Haltung usw. – dazu
beigetragen, ein kinderfeindliches Klima zu schaffen?«[107] Eheleuten
drohte die Verweigerung der Freisprechung in der Beichte, wenn sie
ihre Sexualität nicht mit weiteren Kindern verbinden wollten. Die
Frage nach dem (nicht gestatteten) *coitus interruptus* wurde ebenso
standardmäßig wie die nach dem »Allein oder mit anderen« bei allen
Themen der individuellen »Unzucht« gestellt.

All diese Vorstellungen blieben nicht folgenlos, sondern hatten für
die in der katholischen Kirche beheimateten Gläubigen durchaus
Konsequenzen. Diese Folgen für den oder die Einzelne wie auch für

die Religionsgemeinschaft insgesamt waren breit bekannt, unter reflektierten Seelsorgern kursierte das Wort von der »Ehenot«: »Wenn
der liebe Gott so hart urteilen täte wie die Priester, dann käme kein
Verheirateter in den Himmel«,[108] so beschrieb Ende der 1950er-Jahre
ein Arbeiterehepaar, beide Mitte dreißig, den Konflikt zwischen dem
kirchlichen Verbot der Empfängnisverhütung und der persönlichen
Sexualpraxis. In der Konsequenz dieser »Ehenot«, so fasste der nie-
derländische Religionssoziologe Osmund Schreuder die Ergebnisse
seiner qualitativen Studie zu familiären Verhältnissen in Vororten zusammen, trennten viele Jungverheiratete, die sich religiös durchaus
gebunden fühlten, Kirche und Ehe in der Praxis voneinander. »Die
Trennung wird vor allem dadurch vollzogen, daß man ein relativ ›sa-
kramentloses‹ religiöses Leben führt.«[109] Diese Entwicklung strahlte
weit in die religiöse Praxis aus, besonders augenfällig wird das mit
Blick auf die Beichte: Als Individual- oder »Ohrenbeichte« ist dieses
Sakrament heute fast vollständig verschwunden. Da sich die Fragen
des Priesters in den 1950er- und 1960er-Jahren oftmals auf die Kontrolle von Sexualpraktiken konzentrierte, wurde diese als psychische
Belastung empfunden, der man sich durch Abstinenz entzog.

Die zwischen 1930 und 1950 Geborenen wuchsen in einer Umgebung auf, in der die religiösen Verhältnisse der Bundesrepublik zwar
äußerlich bemerkenswert stabil und geordnet schienen. Dennoch
hatten sich viele von ihnen bereits weitgehend von den kirchlichen
Moralvorstellungen entfernt. »Ohne die kirchlichen Normen offen
zu kritisieren«, so resümiert der Historiker Lukas Rölli-Alkemper
seine Untersuchung zum bürgerlich-kirchlichen Familienbild und
zur Praxis familiären Zusammenlebens, »richtete sich ein Großteil
selbst der kirchentreuen Katholiken nicht mehr nach ihnen, sondern
nach allgemeinen gesellschaftlichen Leitbildern.«[110] Zumindest ein
Teil des Verlusts an profunder Kirchenbindung, so lässt sich rückblickend zusammenfassen, war hausgemacht und erklärt sich aus der
besonderen Differenz von Sexualmoral einerseits und tatsächlichem

Verhalten der Gläubigen andererseits. Die wachsende Kluft zwischen amtskirchlichen Vorgaben und dem alltäglichen Leben der Gläubigen war ein wesentlicher Treiber für den zunächst stillen, dann aber auch lauten Auszug vieler Mitglieder aus der katholischen Kirche.[111]

Andere, die nicht die Distanz zur katholischen Kirche suchten, kämpften mit den Folgen der überkommenen Vorgaben bis hin zu enormen psychischen Belastungen. »Ich bin in einer so streng katholischen Familie aufgewachsen«, bekannte ein 45-jähriger, verheirateter, aber kinderloser Katholik, dass ihm beim Rückblick auf sein Leben wenig einfalle, womit er versucht habe, »die Sexualität zu entdecken«, dagegen vieles »was alles getan wurde, um die Entdeckung der Sexualität zu verhindern.«[112] »Wir verfluchten unsere Erziehung«, gestand im selben Jahr ein katholischer Abteilungsleiter. »Die Scham war beiderseits so groß, daß weder ich es wagte, die Scheide meiner Frau anzuschauen, noch wagte meine Frau, mein Glied zu berühren.« »Auch beim Baden der Kinder sollten wir nicht zuschauen«, erinnerte sich ein Katholik in seinen dreißiger Lebensjahren. »Je mehr ich spürte, ein nacktes Mädchen nicht sehen zu dürfen, desto faszinierender wurde für mich der Anblick eines nackten Mädchens. Bald war das Geschlechtsteil eines Mädchens das einzige, was mich an Mädchen interessierte.« Seit der ersten Beichte »betrachtete ich alles, was irgendwie mit dem Geschlecht zusammenhing, als schwere Sünde.«[113]

Der Kirchenhistoriker und Priester Arnold Angenendt, der das Verhältnis der Kirche zu Liebe und Sexualität in den Mittelpunkt eines seiner letzten Bücher stellte, berichtete von einem Gespräch mit seiner Mutter, einer hochfrommen Frau. Noch auf dem Sterbebett habe diese ihm die Einsicht mitgegeben: »Was die Pastöre früher den Frauen im Beichtstuhl gesagt haben, das war verkehrt.«[114] Mit Blick auf sexuellen Missbrauch war die dadurch verursachte Haltung gegenüber der Sexualität verhängnisvoll: »Der wohl schlimmste Schaden dieser Erziehung«, so formulierte der später suspendierte katholische Priester und Psychoanalytiker Eugen Drewermann, »liegt in der Sprachlosigkeit dem gesamten Thema Sexualität gegenüber.«[115]

Wo die geschilderten Fälle die besonderen Bedrängnisse dokumentieren, in denen sich Gläubige sahen, da steht die Vorgeschichte mancher Publikation selbst für einen mittlerweile doch veränderten Umgang damit: Der Münchner Religionsphilosoph Fritz Leist hatte mit 62 größtenteils verheirateten Christinnen und Christen und fünf katholischen Priestern Interviews geführt, die er 1972 in einem Taschenbuch unter dem Titel »Der sexuelle Notstand und die Kirchen« veröffentlichte. Ein Drittel der am 28. April ausgelieferten 15.000 Exemplare musste allerdings schon knapp zwei Wochen später, am 12. Mai, eingestampft werden, da der Verlag das Buch nicht weiter vertreiben wollte. Es lag schon zeitgenössisch nahe, dass es dort eine amtskirchliche Intervention gegenüber dem stark auf das Geschäft mit den Kirchen angewiesenen Verlag Herder gegeben hatte.[116] Anders als vorher aber war, dass dieser Schritt nun öffentlich skandalisiert wurde. Die Wochenzeitschrift *Der Spiegel* berichtete vom »ersten katholischen« Buch-Skandal seit über einem Jahrzehnt«.[117] Diese Episode zeigt, dass sich die Kritik an der rigiden Sexualmoral nicht mehr stumm halten ließ.

Wie kein anderes innerkirchliches Dokument steht die *Enzyklika Humanae Vitae* und deren Rezeption für diese Entwicklung und damit für das katholische »1968«. Papst Paul VI. hatte die drängenden Fragen zur Ehe und zur Empfängnisverhütung bewusst aus dem Beratungsprozess des Zweiten Vatikanums ausgeklammert, um in einer eigens eingesetzten Beratungskommission ein ihm zupasskommendes Ergebnis zu erreichen: In seinen Ausführungen verbot der Papst alle Sexualpraktiken, mit denen die Befruchtung einer Eizelle gezielt unterbunden wurde. »Jede Handlung ist verwerflich, die entweder in Voraussicht oder während des Vollzugs des ehelichen Aktes oder im Anschluss an ihn beim Ablauf seiner natürlichen Auswirkungen darauf abstellt, die Fortpflanzung zu verhindern, sei es als Ziel, sei es als Mittel zum Ziel.«[118] Alle »künstlichen« Verhütungsmittel, wie die Antibabypille und Kondome, waren damit verboten. Allein die Enthaltsamkeit während der fruchtbaren Phasen des weiblichen Zyklus wurde vom Vatikan als dafür zulässig erklärt, um eine Empfängnis zu vermeiden. Die Enzyklika formulierte, so der Kirchenrechtler Norbert Lüdecke, »ein ausnahmslos geltendes Erfüllungsgebot, es gibt nur Befolgung oder Verstoß«.[119]

Dass der Papst und sein Beraterstab wussten, wie schwer die Annahme dieser Vorschriften fallen musste, illustriert ein besonderer Hinweis in der Zeitschrift *Die römische Warte*, in der regelmäßig Berichte und Kommentare der Vatikanzeitschrift *L'Osservatore Romano* für das deutsche Publikum zugänglich gemacht wurden. Das Gehorsamsgebot gelte auch dann, wenn die Forderung selbst dem Gläubigen nicht eingängig sei, so führte der Dominikaner und Theologieprofessor Rosario Gagnebet aus. Er habe sich zu verhalten wie ein Kranker, der den Rat des ihn behandelnden Arztes nicht nachvollziehen könne, oder wie die »Soldaten des letzten Krieges [...], die Anordnungen ihrer Offiziere aus[führten], ohne die Strategie der großen Führung und die Taktik ihrer unmittelbaren Vorgesetzten zu kennen«.[120]

Es war dann den deutschen Bischöfen vorbehalten, in ihrer »Königsteiner Erklärung« vom 30. August 1968 die Brücken zu den Gläubigen zu bauen und einen offenen Affront zu vermeiden: Indem die deutschen Oberhirten die Katholikinnen und Katholiken faktisch auf ihr Gewissen als Letztinstanz verwiesen, hatten sie zwar formal nicht mit dem Papst gebrochen, aber dennoch den Gläubigen eine bislang völlig neue individuelle Interpretationsmacht zugestanden. In den folgenden Jahren verzichtete die Kirche aus machtstrategischen Gründen darauf, diese Verhaltensanweisungen in der Pastoral durchsetzen zu wollen, ohne aber sich von diesen und anderen rigorosen Positionen ihrer eigenen Lehre zu trennen. Aus der Retrospektive betrachtet, zeigt sich, dass Paul VI. mit dem Versuch, keine Änderungen

der Doktrin zuzulassen, gerade das Gegenteil bewirkte: nämlich eine
»Dynamik nicht intendierter langfristiger Veränderungen«.[121]

Was kirchenhistorisch wie auch gesellschaftsgeschichtlich in Zukunft
noch weiter auszuloten ist, kann an dieser Stelle mit Blick auf das
Thema des sexuellen Missbrauchs in der katholischen Kirche auf zwei
Perspektiven zugespitzt werden:

Nach dem gelegentlich sogar tumultartigen Protest um die sogenannte »Pillenenzyklika« setzte danach das »große Schweigen« ein,
und das aus gleich zwei Gründen: Für das Gros der Kirchenmitglie-
der hatte die Kirchenleitung ihre Autorität und ihre Orientierungs-
funktion in Sachen Sexualität verloren. Um diese Position musste
man sich anschließend nicht mehr streiten, da sie für das Leben der
Einzelnen als nicht mehr relevant wahrgenommen wurde. Seit den
1960er- und 1970er-Jahren haben die Kirchen ihre schon immer
begrenzten, aber doch wirkmächtigen Einflussmöglichkeiten auf
die Normierung sexuellen Verhaltens verloren. Zurück zu der engen
Verknüpfung von gesellschaftlicher Moral und religiös geprägter Sexuallehre zu gelangen, wie es in den Ansätzen der 1950er-Jahren zu
beobachten war, schien undenkbar.

Aber auch in den kircheninternen Kreisen zeigten sich ähnliche
Verhaltensmuster: Priester vermieden das Thema gegenüber ihren
Gläubigen, wie auch diese ihr Liebesleben zur Privatsache erklärten.
Zudem verlor die Kirchenleitung, also der Klerus selbst, zunehmend
die Sprachfähigkeit in Sachen Sexualität: »Die unterschiedslose Verurteilung von ehelicher Sexualität als ›schwerer Sünde‹, nur weil gerade eine Schwangerschaft verhindert werden sollte, [...] machte (es)
nicht mehr möglich, die wirklich problematischen Formen sexuellen
Verhaltens zu adressieren, in denen sexuelle Selbstbestimmung miss-
achtet und Macht zu Lasten von Ohnmächtigen ausgeübt wurde.«[122]
In der Praxis von Diözesen und Gemeinden bedeutete die Entwicklung, Widersprüche zu dulden, Unaufrichtigkeiten zu tolerieren und
sich noch einmal tiefer in der katholischen Bigotterie einzurichten.

Ein zweiter Punkt ist ebenso eng mit dem Thema Missbrauch verbunden, zielt aber stärker auf die ekklesiologische Dimension: Durch
die Betonung der immensen Bedeutung des Gegenstandes wurde
den Gläubigen durch das Lehrschreiben die Pflicht zum Gehorsam
eingeschärft. Immerhin spreche der Papst, so die Enzyklika, für die
»Kirche als Mutter und Lehrmeisterin aller Völker«.[123] Nicht allein
das Argument zähle, sondern die Autorität des Papstes, die sich auf
den besonderen Beistand des Heiligen Geistes und der göttlichen
Legitimation des Würdenträgers stütze und begründe. Somit haben
einzelne Gläubige jeden Widerspruch zu unterlassen. Bischöfe, Priester und Theologen ermahnte Paul VI., »in freudiger Ergebenheit und
Unterwerfung« die rechte Sprache für die Vermittlung der kirchlichen Lehre zu finden. Weder im Beichtstuhl noch in der Verkündigung dürfe der geringste Zweifel an der Position der katholischen
Kirche aufkommen.

Die Sachfrage um die Empfängnisverhütung wurde auf diese
Weise zur Machtfrage um Autorität und Gehorsam stilisiert. Wer
gegen die Bestimmungen der Enzyklika argumentierte, agierte zugleich auch gegen die göttlich legitimierte Institution Kirche. Hinter diesem Machtanspruch mussten die leidvollen Erfahrungen der
dadurch Betroffenen zurückstehen: So ging beispielsweise der amerikanische Papstberater und Jesuit John C. Ford ganz nonchalant
davon aus, dass Eheleute eben Opfer zu bringen hätten. Ein Wechsel
in der Doktrin zur Empfängnisverhütung sei allein deswegen nicht
möglich, weil dann die Autorität des Lehramtes Schaden nehme, erklärte der Priester als Mitglied der päpstlichen Kommission. »Meiner Meinung nach konnte die Kirche weder über die Jahrhunderte
hinweg noch ein Jahrhundert lang einen so schweren Fehler begehen, indem sie im Namen Jesu Christi so große Lasten aufgebürdet
hatte, wenn nicht Jesus Christus selbst diese abverlangt hätte [...]
Wenn die Kirche sich so ungeheuerlich geirrt haben könnte, dann
werden die Gläubigen nicht mehr an ihre Lehrautorität glauben
können.«[124]

Wo Rom auf den absoluten Vorrang der Lehrautorität pochte und auf diese Weise die Perspektive der Gläubigen völlig aus dem Blick verlor, da spitzte sich vor Ort in den Bistümern die Situation noch einmal zu: Für den Oberhirten musste die Auseinandersetzung um *Humanae Vitae* den Anreiz erhöhen, Fälle von sexuellem Missbrauch möglichst rasch und umfassend zu vertuschen. Wie sonst hätte man zumindest den Schein des normativen Anspruchs der Institution auf diesem Gebiet wahren können?

Die repressive Sexualmoral, die Sprachlosigkeit, Undifferenziertheit und Bigotterie im Diskurs über körperliche Liebe, die erneute Betonung der kirchlichen Autorität und die uneingeschränkte Gehorsamsforderung – all das waren nicht unmittelbare Ursachen für den Missbrauch von Klerikern an Minderjährigen und Schutzbefohlenen. Aber diese Faktoren trugen und begünstigten die Vergehen und Verbrechen und in besonderem Maße deren Vertuschung. Als Ermöglichungsbedingungen bilden sie den katholischen Kontext sexuellen Missbrauchs. Umgekehrt und ins Praktische gewendet bedeutet diese Diagnose, dass die Kirche in der Aufarbeitung der Missbrauchskrise viel mehr wird tun müssen, als realitätsnähere Normen, eine verstärkte Überwachung und eine Präventionsarbeit im engen Sinne zu erlassen. So wichtig all das ist: Die katholische Kirche muss vielmehr über ihr Selbst- und Amtsverständnis, über die damit verbundene Pastoralmacht und vor allem darüber nachdenken, wie sie einen menschen- und damit wohl auch gottesfreundlichen Zu- und Umgang mit menschlicher Sexualität ermöglichen kann.

RESÜMEE UND AUSBLICK: WIE UMGEHEN MIT DEM MISSBRAUCH? AUFARBEITUNGSSZENARIEN UND PERSPEKTIVEN IN GESELLSCHAFT, POLITIK UND KIRCHE

Die Missbrauchskrise gehört nicht der Vergangenheit an, sondern ist auch aktuell virulent – und das gleich in mehrfacher Hinsicht: Zuvorderst weisen Betroffene zu Recht darauf hin, dass diese zum Teil vor mehreren Jahrzehnten begangenen Verbrechen und die daraus resultierenden Verletzungen bis heute in ihrer eigenen Lebensgeschichte hoch präsent und schmerzhaft sind. Darüber hinaus steht zu befürchten, dass trotz einer erhöhten Sensibilität für das Thema auch aktuell noch katholische Geistliche Kinder, Jugendliche und Schutzbefohlene missbrauchen und übermächtigen, denn die Rahmenbedingungen, die Strukturen und die Weltanschauung des Apparates Kirche existieren nach wie vor. Und zuletzt sind es die Aufarbeitungsbemühungen seit der Jahrtausendwende, verstärkt seit Canisius

2010, die den Missbrauch in der katholischen Kirche wie auch in der politischen Öffentlichkeit hoch aktuell halten.

Auf dem Hintergrund dieser Konstellation soll im Folgenden resümierend nach den aktuell wichtigen Entwicklungen in der Missbrauchskrise gefragt werden. Wenn diese Auseinandersetzungen heute jeweils historisch kontextualisiert werden, ergeben sich zwar keine abschließenden Antworten auf die aktuell drängenden Fragen. Vielleicht aber kann auf diese Weise eine neue Sensibilität und Aufmerksamkeit für Zusammenhänge und unterschiedliche Standpunkte entstehen, um so die Diskussionen zu bereichern.

Aufarbeitung! Aufarbeitung?

Am 18. November 2021 und damit am »Europäischen Tages des Schutzes von Kindern vor sexueller Ausbeutung und sexueller Gewalt« lud der Kölner Weihbischof Rolf Steinhäuser ausgewählte Gäste zu einem Bußgottesdienst in den Kölner Dom. Gemeinsam mit Vertreterinnen und Vertretern von Betroffenen sexuellen Missbrauchs hatte die Erzdiözese am Rhein diesen liturgischen Akt konzipiert. Die Vornamen der Betroffenen wurden verlesen, für jede und jeden von ihnen eine Kerze im Altarraum des Domes angezündet.

Steinhäuser, der kommissarisch den sich in einer Auszeit befindenden Erzbischof Woelki vertrat, sprach von sich selbst als Leiter des Bistums und damit als »Chef der Täterorganisation Erzbistum Köln«.[1] Von Priestern und anderen Mitarbeitenden seien zahlreiche Verbrechen sexualisierter Gewalt an Kindern, Jugendlichen und Schutzbefohlenen verübt worden, so führte Steinhäuser im Dom aus. Ein juristisches Gutachten hatte zwar bescheinigt, dass er als einziger der drei Kölner Weihbischöfe zumindest formal keinen Verstoß gegen Recht und Kirchenrecht begangen habe. Dennoch erklärte er sich selbst schuldig für den Versuch, die Kirche zu schützen und die Betroffenen nicht im Blick gehabt zu haben: »Das ist mein Versagen und meine Sünde«.

Steinhäuser versuchte sich dann an einer reflektierten Erklärung: Er könne sich nicht für die Täter entschuldigen, wolle gleichzeitig aber auch die Gläubigen nicht in die Verantwortung nehmen. Der Kölner Bußgottesdienst müsse ohne Vergebung enden, denn: »Wir können uns nicht selbst absolvieren. Wir bitten auch die Betroffenen nicht um Vergebung, damit es uns besser geht.« Der Gottesdienst sei vielmehr »Schuldbekenntnis, Gedächtnis der Betroffenen, Fürbitte«.

Der Kölner Bußgottesdienst war einer der wenigen Anlässe, bei denen ein hoher Geistlicher halbwegs angemessen und mit den Mitteln, die die katholische Liturgie bietet, mit dem Missbrauch umgegangen ist: eine Beteiligung der Betroffenen bei der Planung, deren Partizipation und tragende Rolle in der Liturgie selbst, ein Bußimpuls, der nicht mit der Selbstabsolution endete, eine reflektierte Sicht auf Schuld und Verantwortung. Obwohl wahrscheinlich kaum eine Institution weltweit so bewandert im Nachdenken über und in der symbolischen Kommunikation von Reue und Buße ist, wurden diese Möglichkeiten bislang kaum ausgeschöpft. Steinhäuser hat hingegen demonstriert, was möglich sein kann.

Dass dennoch viele Betroffene nicht teilnehmen wollten und ihren Besuch demonstrativ verweigerten, hatte gute Gründe: Wo war Erzbischof Woelki, der tatsächlich persönlich involviert war und zuletzt durch eine perfide Umdeutung den Betroffenenbeirat dazu instrumentalisiert hatte, ein erstes juristisches Gutachten nicht zu veröffentlichen?[2] Steinhäuser wusste um die besondere Brisanz dieser Konstellation und kommentierte diese am Ende seiner Predigt: »Wenn Sie jetzt fragen: Warum kein Wort über den Kardinal? Ganz einfach: Weil er nicht da ist. Ich werde ihn weder beschuldigen noch versuchen, ihn zu entschuldigen.«[3]

Auch Steinhäuser selbst verfiel trotz sicherlich zu unterstellenden guten Willens in die katholische Diktion des »Wir«, wenn er neben seinem persönlichen Schuldbekenntnis in der ersten Person Plural undefiniert ließ, welcher Personenkreis als verantwortungstragend gemeint war. Laut Presseankündigung des Erzbistums hatte der Weihbischof »stellvertretend um Vergebung für die Fehler des Erzbistums Köln« bitten wollen.

Etliche Betroffene blieben demonstrativ fern, vor den Türen des Doms demonstrierten Vertreterinnen von »Maria 2.0« für eine unabhängige Aufarbeitung des sexuellen Missbrauchs. Patrick Bauer, früher Mitglied des Betroffenenbeirats des Bistums, beklagte zu Recht, dass der Gottesdienst nicht nur in Woelkis Abwesenheit stattfand, sondern auch ohne andere Täter und Verantwortliche. »Die eigentlichen Täter, die sich mit der Faust an die Brust schlagen und Buße leisten müssten, sind nicht dabei.« Im Jahr 2021, und damit über zehn Jahre nach Canisius, sind die Gräben so tief, dass selbst ein im Ansatz richtiger Impuls diese Kluft nicht mehr überbrücken kann.

Zur Geschichte des Missbrauchs in der katholischen Kirche gehört, das zeigt dieses Beispiel aus dem Erzbistum Köln, das im Wesentlichen erst seit 2010 einsetzende Bemühen, damit umzugehen. Auch wenn man bei so manchem hohen Kirchenfunktionär berechtigterweise skeptisch sein darf, inwieweit ihm die Aufdeckung des systematischen Missbrauchs im Canisius-Kolleg wirklich Neues brachte, so setzte doch ein verstärktes öffentliches Interesse in diesem Moment ein. Sowohl in Rom wie auch in der Deutschen Bischofskonferenz und auch in den einzelnen Diözesen sah man sich auf Grund des öffentlichen Drucks gezwungen zu handeln. Dabei agierten die Verantwortungsträger der Kirche stark im Kokon der Interessen der eigenen Institution.

»Aufarbeitung« avancierte dabei zum Leitbegriff, an dem sich viele Protagonisten des Umgangs mit dem Missbrauch vor allem innerkirchlich orientierten. Am prominentesten platzierte diesen Begriff die »Gemeinsame Erklärung« des damaligen Unabhängigen Beauftragten für Fragen des sexuellen Kindesmissbrauchs Johannes-Wilhelm Rörig und der Deutschen Bischofskonferenz im April 2020. »Verbindliche Kriterien und Standards für eine unabhängige Aufarbeitung«, so der Titel des Papiers, wolle man definieren und implementieren. Zentrale Kriterien der Aufarbeitung seien »Unabhängigkeit, Transparenz sowie Partizipation von Betroffenen«.[4] Dahinter stand nicht zuletzt der Wunsch, zumindest publizistisch wieder in die Offensive zu kommen. Sollte es vielleicht sogar gelingen, Standards in Sachen »Aufarbeitung« zu setzen, die dann positiv in andere Bereiche der Gesellschaft ausstrahlten? »Aufarbeitung«, so der sich aufdrängende Eindruck, avancierte dabei zum wenig profilierten Containerbegriff, zum Allheilmittel und zur Zauberformel.[5]

Schon die eingangs vorgestellte Episode um den kommissarischen Bistumsleiter Steinhäuser zeigt, dass dieses Vorhaben allenfalls ein frommer Wunsch gewesen ist, der aktuell in fast allen Belangen scheitert: Während einige Diözesen aktiv Schritte in Richtung einer Aufarbeitung gehen, halten sich andere Bischöfe auffallend zurück. Die Verantwortlichen schlagen organisatorisch-strukturell durchaus unterschiedliche Wege ein. Allem vorneweg haben aber vor allem die Vorgänge im Erzbistum Köln den Anspruch an »Aufarbeitung« des Missbrauchs völlig desavouiert. Unabhängig? Transparent? Unter Beteiligung der Betroffenen? Hatte sich Kardinal Woelki 2019 zunächst zu einer tiefgreifenden Aufklärung verpflichtet und ein rechtliches Gutachten zu den Missbrauchsfällen in seinem Erzbistum in Auftrag gegeben, untersagte er dann im Oktober 2020 die Veröffentlichung des ersten Gutachtens mit dem Verweis auf grobe methodische Fehler. »Unabhängig« war in diesem Fall nur der Kardinal, während sich die für das Gutachten engagierten Juristen der Kanzlei Westpfahl, Spilker und Wastl nach den Weisungen ihres Auftraggebers zu richten hatten. Die Vorwürfe konnten bis heute nicht überprüft werden, da das Dokument unveröffentlicht blieb. Dass dieselbe Kanzlei wenige Wochen später ein Gutachten zur Situation im Bistum Aachen veröffentlichte – diesmal ohne mit juristischen Fehlern konfrontiert oder mit äußerungsrechtlichen Prozessen überzogen zu werden –, führte diese Begründung ebenso ad absurdum wie das dann Anfang 2022 veröffentlichte Gutachten zum sexuellen Missbrauch in der Erzdiözese München-Freising, das von derselben Kanzlei erstellt worden war. In Köln hingegen ruderte Woelki im Januar 2021 erneut zurück und teilte mit, einzelnen Journalistinnen und Journalisten doch Einblick in das von ihm zurückgehaltene Dokument gewähren zu wollen. Allerdings endete auch diese Aktion im Eklat, da die Pressevertreterinnen und -vertreter nicht bereit waren, vorgelegte Verschwiegenheitserklärungen zu unterschreiben. »Transparenz« geht anders.

Der Umgang mit den Betroffenen des Missbrauchs ist wohl der eigentliche Skandal im Skandal. Der »Austausch auf Augenhöhe«, den Woelki 2018 den Betroffenen versprochen hatte, mutierte zu einer handfesten Instrumentalisierung des Betroffenenbeirats des Erzbistums Köln. Überrumpelt durch die massive Einrede juristischer Experten hatte sich das Betroffenengremium zunächst mit dem Zurückhalten des Gutachtens einverstanden erklärt, zerbrach aber daraufhin an den sich damit auftuenden Spannungen und Widersprüchen. Gemessen am Anspruch der »Partizipation von Betroffenen«, wie er in der »Gemeinsamen Erklärung« formuliert war, sind diese Vorgänge als geradezu infam zu werten.

Es ist mäßig interessant und noch weniger lehrreich, das Kölner Beispiel als Machtkampf zu analysieren. Selbst aus der Perspektive einer Hermeneutik der Intrige bleibt ein größerer Teil der Handlungen und Motive unerklärlich. Allenfalls der ausgelebte Hang zur Selbstzerstörung ist ebenso bemerkenswert wie beängstigend. Unterhalb dieser Klatsch- und Tratsch-Oberfläche aber traten einige Verkürzungen und Schwierigkeiten auf, die nicht nur die in Köln auftretenden Turbulenzen zu erklären helfen, sondern die es mit Gewinn auch für den Umgang mit sexuellem Missbrauch in der katholischen Kirche insgesamt zu bedenken gilt.

Ein erstes Moment ist die Offenheit des Containerbegriffs »Aufarbeitung« oder, zugespitzt und kritisch formuliert, die Konzeptlosigkeit, die dahinter steht. »Ungeschönt und ohne falsche Rücksichten« aufklären, das Versagen und die Schuld der Bistumsleitung benennen, um der Glaubwürdigkeit der Kirche willen und aus Verantwortung gegenüber den Opfern – mit hochtrabenden Worten hatte Woelki unmittelbar nach der MHG-Studie 2018 umfassende Aufarbeitung angekündigt.

Er knüpfte damit verbal wie auch konzeptionell an die geschichtspolitische Praxis der Bonner Republik an. »Aufarbeitung« war das Stichwort, mit dem diese seit den 1960er-Jahren mit dem Nationalsozialismus umgegangen war. So populär wurde der Begriff, weil er auf eingängige Weise den tiefenpsychologischen Angang des erinnernden Durcharbeitens mit einer Verheißung von in diesem Fall politischer Gesundung kombinierte. Im Unterschied zu Sigmund Freud, der nach dem Durcharbeiten das Loslassen für seine Patientinnen und Patienten vorsah, entwickelte sich im politisch-kollektiven Bereich das Ideal einer ständigen Auseinandersetzung mit den Verbrechen der Vergangenheit. In diesem Sinne funktionierte politische »Aufarbeitung« zu großen Teilen: In der postnationalsozialistischen Gesellschaft der jungen Bundesrepublik wurde bis weit in die 1970er-Jahre eine Erinnerung an den Holocaust und andere Verbrechen des nationalsozialistischen Deutschlands erkämpft, die Teile der Gesellschaft verweigern wollten. Damit war ein wichtiger Beitrag zur Demokratisierung und Liberalisierung der Bundesrepublik geleistet. Heute lässt sich das kritischer wenden: Wenn nur nicht vergessen, sondern beständig erinnert wird, ist dann die Gefahr einer diktatorischen Verengung gebannt? Auf diese Frage wird man am Beginn des dritten Jahrtausends weniger entschieden antworten als in den Jahrzehnten zuvor. Ob das oftmals ritualisierte »Nie wieder« tatsächlich eine gegen Diktatur imprägnierende Wirkung hat, wird aktuell insbesondere von Praktikerinnen und Praktikern in Aufarbeitungsinstitutionen durchaus angezweifelt.[6]

Schon dieser kurze Exkurs in die bundesdeutsche Erinnerungskultur und ihre verschiedenen Stadien verdeutlicht, dass »Aufarbeitung« ein

Containerbegriff ist, der als solcher allenfalls eine Richtung für den Umgang mit der Vergangenheit angibt, ohne aber schon ein klares Konzept zu formulieren. Wer »Aufarbeitung« will, muss exakter bestimmen, was er mit welchen Mitteln und mit welcher Zielsetzung eigentlich erreichen will. Die Phänomene »NS-Aufarbeitung« und »Aufarbeitung von sexuellem Missbrauch« sind ohne Zweifel hoch unterschiedlich: auf der einen Seite eine Diktatur, die von großen Teilen der deutschen Gesellschaft getragen war, auf der anderen Seite sexueller Missbrauch an Schutzbefohlenen durch einen kleinen Teil der mit Blick auf die Gesellschaft ebenfalls kleinen Gruppe katholischer Kleriker. Dennoch lässt sich aus dem Abgleich dieser beiden Vorgänge viel lernen und vielleicht sogar der eine oder andere »Standard« für die aktuelle Aufgabe entwickeln:

Eine erste Falle, in die nicht nur die Verantwortlichen im Kölner Zusammenhang getappt sind, ist die Vorstellung von Aufarbeitung als eines juristischen Tribunals. Selbstredend liegt es nahe, wenn Gerechtigkeit gesucht wird, nach der Justiz und ihren Vertreterinnen und Vertretern zu rufen. Auch die alliierten Besatzungsverwaltungen setzten bei ihren *Reeducation*- und *Reorientation*-Programmen unter anderem mit den Nürnberger Prozessen auf eine rechtliche Konstruktion. Rückblickend war die Signalwirkung in die deutsche Gesellschaft beträchtlich, führte aber zugleich zu Abwehrreaktionen bis hin zu Solidarisierungseffekten mit den Tätern. Die Aufarbeitung des Nationalsozialismus wurde ab dem Zeitpunkt in der Bevölkerung wirksam, als nicht nur die Spitzen vor Gericht gestellt, sondern in der Breite die Mechanismen der Diktatur und die Funktionsweisen des Unrechtsregimes thematisiert wurden. Zur Wahrheit des Umgangs mit der NS-Vergangenheit gehört allerdings auch, dass die Aufarbeitung des Nationalsozialismus in der Nachkriegsgesellschaft erst dann griff, als die Generation der Täter abgetreten war und die nachfolgenden Generationen sich mit diesem kollektiven Vermächtnis auseinandersetzten.

Ohne Zweifel ist es im Fall des sexuellen Missbrauchs in der katholischen Kirche enorm wichtig und aller Mühen wert, Täter und Vertuschende namhaft zu machen und auch, wenn möglich, strafrechtlich zu belangen. Dabei geht es um Eindeutigkeit, um die Zuschreibung von Verantwortlichkeit an einzelne Personen und um die Beurteilung von Verhalten aus rechtlicher Perspektive. Dennoch bleibt die Vorstellung von der heilenden Kraft eines retrospektiven Tribunals eine Chimäre: Für die Aufarbeitung im weiteren Sinne sind der rechtliche und der kirchenrechtliche Kontext nur einer von mehreren entscheidenden Aspekten. Es geht darüber hinaus um systemische Zusammenhänge in der Institution; um Verantwortlichkeiten, Entscheidungswege und Selbstverständnisse in der bestehenden Hierarchie; um Selbst- und Fremdbilder von Klerikern, aber auch von Laien; es geht um katholische Sexualmoral und damit um Mentalitäten und Einstellungen, die Missbrauch ermöglicht, begünstigt und zu dessen Vertuschung beigetragen haben – all das nach Möglichkeit in der Reflexion einer längeren zeitlichen Entwicklung, um Konstanten ebenso wie Veränderungen und Dynamiken in den Blick zu bekommen. Dabei geht es dann weniger um rechtlich scharf zuschreibbare Verfehlungen Einzelner, sondern um kulturelle Faktoren, die Missbrauch ermöglichen und befördern. Diese Zusammenhänge gilt es zu erkennen und – viel wichtiger – dann auch zu verändern.

Um in diesem Sinne handlungsleitend aufzuarbeiten, müssen verschiedene Ebenen unterschieden und die jeweiligen Akteurinnen und Akteure in ihren Möglichkeiten und Grenzen klar benannt werden. Dieses gilt sowohl für die Gruppe der Betroffenen und die Aufarbeitenden wie auch für die Täterinstitution.

Der Primat der Betroffenen

Die wichtigste Akteursgruppe in der Aufarbeitung sind die Betroffenen und ihre Interessen. Der »Notenschlüssel« der Aufarbeitung müsse, so sagte es der Jesuit und frühere Vorsteher des Berliner Canisius-Kollegs

Klaus Mertes, Gerechtigkeit für die Betroffenen sein.[7] In der Konsequenz bedeute das, dass Aufarbeitung nicht zur Imageverbesserung der Kirche betrieben werde, sondern die Stigmatisierung der Institution zu ertragen sei. Betroffene müssen sich nicht mehr für die inneren Belange der Kirche interessieren. Ihnen kann es einerlei sein, ob Priester zölibatär leben oder wie verquast die katholische Sexualmoral ist. Ihr Interesse muss und darf es sein, auf Gerechtigkeit zu dringen, Wiedergutmachung wie auch die Bestrafung der Täter zu verlangen und darauf hinzuarbeiten, dass ihre Erfahrungen in die breite Öffentlichkeit getragen und nicht vergessen werden. Kirchenreform wird erst im zweiten Schritt für diejenigen dieser Gruppe von Bedeutung sein, die weiterhin der Kirche angehören und diese verändern wollen.

Betroffene haben Ansprüche und Interessen, die mit denen der Täterinstitution Kirche inkompatibel sind und bleiben müssen. Diese Interessen können nicht vordergründig befriedigt werden, indem Betroffene in kirchliche Gremien integriert werden. Im Gegenteil: Gegen den katholischen Hang, Interessengegensätze im »geschwisterlichen Miteinander« aufgehen zu lassen und zu vernebeln, ist die Perspektive der Betroffenen eher die, Lobbyarbeit im besten Sinne und in eigener Sache zu betreiben. Statt auf Partizipation von Betroffenen muss die Kirche daher auf Selbstermächtigung dieser Gruppe setzen, sprich: Die Kirche muss die Betroffenen mit Ressourcen ausstatten, um sich selbst zu organisieren – und sich dann im zweiten Schritt auf die Formen der Zusammenarbeit einlassen, die gegebenenfalls von den Betroffenen angeboten werden.

Dabei ist in Rechnung zu stellen, dass Betroffenenvertretung zunächst nicht einheitlich ist, sondern ein vielfältiges und von Konflikten begleitetes Engagement. Denn Betroffene sind hoch unterschiedlich. Der Missbrauch kann ihr Leben zerstört haben oder durch besondere Resilienz ohne tief einschneidende Beeinträchtigungen in der eigenen Existenz verarbeitet worden sein. Manche suchen die Öffentlichkeit, profitieren davon, ihre Geschichte zu erzählen und Unterstützung zu bekommen. Andere sind froh darüber, dieses Verbrechen hinter sich gelassen zu haben und nicht mehr darüber reden zu müssen. Manche sind aus der Kirche ausgetreten, wenden sich aktiv gegen sie. Andere bleiben bewusst ihr Mitglied und arbeiten auf Veränderungen von innen hin. In diesem Kreis müssen sich Interessen und Ansprüche erst finden, um daraufhin formuliert werden zu können. Zu dieser autonomen Interessenvertretung braucht es organisatorische, finanzielle und politische Hilfe, aber nicht die Einbindung in kirchlich vorgegebene Strukturen.

Für die Kirche bedeutet dies, sich viel stärker und in Demut auf die Sichtweise von Betroffenen einzulassen. Und das zunächst einmal ganz praktisch: Es ist ein Unding, wenn ein Betroffener sich im Generalvikariat eines Bistums meldet und dort eine Anzeige erstattet, um dann wegen Nichtzuständigkeit abgewiesen zu werden, da der geistliche Missbrauchstäter einem Orden unterstand. Nicht der Betroffene hat sich der Kirchenlogik zu unterwerfen, sondern die Kirche sich so zu organisieren, dass Betroffene möglichst umstandslos zu ihrem Recht kommen. Oftmals macht es den Eindruck, dass Betroffene dann erwünscht sind, wenn sie sich den kirchlichen Aufarbeitungsbemühungen fügen, in den jeweils kirchenorganisatorisch festgefügten Bahnen und Zuständigkeiten eifrig mitarbeiten, Wiedergutmachungsleistungen akzeptieren und auf diese Weise dabei helfen, den Missbrauch ungeschehen und unsichtbar zu machen. Betroffenen, die im positiven Sinne als Lobbyisten der eigenen Ansprüche auftreten, zeigt sich die Kirche gegenüber oftmals zumindest hilflos, wenn nicht sogar abweisend.

Die beschränkte Rolle der Wissenschaft

Für die wissenschaftliche »Aufarbeitung« sind die Betroffenen wichtige Zeitzeuginnen und Zeitzeugen, ohne die die Dunkelziffer nicht aufgedeckter Taten noch viel höher bliebe. In vielen Fällen führt nur

ihre Erinnerung zu den richtigen Zusammenhängen, die dann im
besten Fall mit weiteren Überlieferungen aus Akten und Erinnerun-
gen anderer Beteiligter noch umfassender rekonstruiert werden können. Insbesondere das Münchner Gutachten vom Januar 2022 hat
gezeigt, wie die unmittelbare Zusammenarbeit mit Betroffenen neue
Erkenntnisse befördern kann.

Wissenschaft kann einen substanziellen, aber nur begrenzten Beitrag zur »Aufarbeitung« leisten: Dass es sich dabei nicht allein um einen Abgleich mit dem Recht handeln kann, verweist auf die Rolle von
Juristen, aber auch auf Protagonistinnen und Protagonisten aus den
Geschichts- und den Sozialwissenschaften. Wie alle anderen Wissenschaftlerinnen und Wissenschaftler auch, müssen sie auf »epistemische
Distanz« beharren. Wissenschaft kann ihre Beurteilungsmaßstäbe und
Orientierungspunkte nicht in der öffentlichen Diskussion finden,
sondern vor allem in der Rückkopplung an fachinterne Maßstäbe und
insbesondere in der internationalen Forschungsdiskussion. Auf diese
Weise werden nicht nur nationale Begrenzungen, sondern auch mögliche politische, persönliche oder andere subjektive Einbindungen reflektiert und abgemildert. Wissenschaft wird dann am produktivsten
beitragen, wenn sie eine kritische Begleiterin der Aufarbeitung ist: Sie
stellt fachliche Expertise zur Verfügung, stört aber auch immer dann
den Diskurs, wenn dieser allzu sehr ins Selbstverständliche abgleitet.

Die deutlichste Begrenzung wissenschaftlicher Studien liegt darin,
dass sie eben nur einen von mehreren Schritten zur eigentlichen
Aufarbeitung beitragen kann: »Aufarbeitung« umfasst mehr als die
fachwissenschaftliche Beschäftigung mit der Vergangenheit. Sie kann
weder bei der Rekonstruktion der Vergangenheit noch bei ihrer sym-
bolisch-erinnerungspolitischen Vergegenwärtigung stehenbleiben.
Die Zielperspektive von »Aufarbeitung« muss größer sein. In der
alten Bundesrepublik war die Zerschlagung des Nationalsozialismus
nur ein erster Schritt und untrennbar verbunden mit einem zweiten,
nämlich der Einbindung der deutschen Politik und Gesellschaft in

das parlamentarisch-politische System des Westens wie auch in die Sphäre einer marktwirtschaftlich-kapitalistischen Wirtschaftsordnung. »Die Gesellschaft [...] befrieden, Demokratie und Rechtsstaat stärken«, so formulierte Theodor W. Adorno 1959 in seinem epochemachenden Aufsatz »Was bedeutet: Aufarbeitung der Vergangenheit«[8] und sprach sich zugleich für einen radikalen Umbau der kapitalistischen Ordnung aus – eine Forderung, die so gar nicht zum dominanten politischen Zeitgeist der jungen Bundesrepublik passte und doch treffend illustriert, dass selbst in der Denkart Adornos die Beschäftigung mit der Vergangenheit eher einer der schwächeren Faktoren für den Wandel der politischen Kultur war: Neben dem Druck der Alliierten, der bipolaren Konstellation des Kalten Krieges wie auch der enorm unterstützenden Wirkung des sogenannten Wirtschaftswunders, welches alle Zumutungen ökonomisch abfederte, fiel die »Aufarbeitung« im engeren Sinne wenig ins Gewicht.

Der Staat als *lame duck*

Eine zumindest flankierende Rolle für die Aufarbeitung sexuellen Missbrauchs in der Kirche müsste in Deutschland der Staat einnehmen – tut es aber nicht. Sexueller Missbrauch, so macht es den Eindruck, lähmt nicht nur die Opfer und bringt diese zum Schweigen, sondern auch die Politik. Nicht nur in der juristischen Verfolgung von Missbrauchstaten blieben staatliche Stellen merkwürdig zurückhaltend und schauten öfter weg als hin. Auch in der Aufarbeitung nahmen Politik und Staat bis heute eher passive Rollen ein.

Damit geht die deutsche Politik einen anderen Weg als beispielsweise die Regierung in Irland. Dort zog der Staat die Kompetenz und die Durchführung der Missbrauchsaufarbeitung an sich, setzte seinerseits Kommissionen ein und ließ sie Beweise sammeln und Zeugen vernehmen. Das war ein Schritt zum Ende einer *undue deference*, einer unangemessenen Ehrerbietung der irischen Gesellschaft für die katholische Kirche.[9]

Wie erklärt sich die Zurückhaltung in Deutschland? Mindestens zwei Gründe sind zu benennen, ein historischer und ein aktueller: Mit Blick auf die Nachkriegsgeschichte sind es die kirchlichen Sonderrechte, Sonderregeln und Privilegien, wie sie seit 1945 gültig waren. Zwar sind heute die Kirchen keine politische Größe mehr, an die die Mächtigen des Landes gebunden sind, aber es lohnt vermutlich politisch auch nicht, es sich mit ihnen zu verscherzen. Staat und Kirche ko-existierten lange Zeit in einer *Win-win*-Situation, in der die Kirchen einen ideell-religiösen Überbau für die Gesellschaft bereitstellten und dafür mit einer starken organisatorischen Einbindung in Staat und Gesellschaft belohnt wurden. Diese Nähe schafft eine Loyalität, die schließlich nach Entschuldigungen für das Unentschuldbare suchen lässt. Was skeptisch als »hinkende Trennung« oder positiv als Kooperationsmodell beschrieben wurde, steht nun mit der Missbrauchskrise auf dem Prüfstand. Die Bischöfe in Deutschland haben mit ihrem Umgang mit dem sexuellen Missbrauch diese enge Verbindung von Staat und Kirche aufs Spiel gesetzt. In Zukunft ist wohl nicht auszuschließen, dass die Politik auf größere Distanz zur katholischen Kirche geht.

Ein zweiter Punkt drängt sich vor allem auf Grund der jüngsten Entwicklungen zur Erklärung des zögerlichen Verhaltens auf: Einige Bischöfe, vor allem aber viele Beobachterinnen und Beobachter von außen, haben im Laufe des Prozesses erkannt, dass die Kirche selbst die Aufarbeitung des sexuellen Missbrauchs in ihren eigenen Reihen nicht wird leisten können. Gefragt sei der Staat, der sein Wächteramt zum Schutz von Kindern auch an dieser Stelle wahrnehmen müsse, so appellierte der Politiker, Jurist und Ende Februar 2022 aus seinem Amt als Unabhängiger Beauftragter für Fragen des Sexuellen Missbrauchs (UBSKM) geschiedene Johannes-Wilhelm Rörig. Der Staat müsse »jetzt beweisen, dass er die unabhängige Aufarbeitung sexueller Gewalt ernst nimmt und alles dafür tut, damit diese unterstützt, kritisch begleitet und kontrolliert wird«,[10] so mahnt Rörig und verweist rückblickend darauf, dass dies in der Vergangenheit oft genug nicht geschehen sei. Da der Zugang zu Personalakten und Kirchenarchiven verweigert worden sei, fordert Rörig eine deutliche gesetzliche Regelung, dass das staatliche Recht dem kirchlichen »vorgeordnet« werde.[11] Ein Schritt in diese Richtung sei die Einrichtung der unabhängigen Aufarbeitungskommissionen, mit denen die kirchlichen Institutionen »die Steuerungshoheit über das insoweit bei ihnen stattfindende Aufarbeitungsgeschehen« verlören.[12] Wo sich die Kirche seit 2010 verbindlich und 2020 auch in einer kirchenrechtlichen Ordnung verpflichtet habe, jeden Fall von sexuellem Missbrauch zur Anzeige zu bringen, da sieht Rörig die Länder gefordert, die Ressourcen bereitzustellen, jeder Anzeige auch in »der gebotenen Weise« nachgehen zu können.[13] Grundlage für die weiteren Schritte sei eine gesetzliche Verankerung des UBSKM wie auch der Aufarbeitungskommission. Ihre Befugnisse und Möglichkeiten sollten erweitert werden, so dass sie selbst aufgewertet werde zu einer »zentralen staatlichen Kontroll- und Monitoringstelle«.[14]

Neben der Erweiterung der Befugnisse des UBSKM regt Rörig auch eine Erweiterung des Fokus an: Nicht allein die katholische Kirche, sondern auch andere Institutionen und Zusammenhänge wie der Sport, die Schule und auch Familien müssten in diese Arbeit einbezogen werden. Damit nahm Rörig aktuelle Erkenntnisse zu den Zusammenhängen auf, in denen sexueller Missbrauch stattfindet: Wertet man die Daten des von der Bundesregierung eingerichteten »Hilfe-Telefons sexueller Missbrauch« aus, dann zeigt sich, dass ein Viertel der Fälle in der engsten Familie stattfindet, weitere 50 Prozent im sozialen Nahraum der Betroffenen und jeweils 15 Prozent im sozialen und im institutionellen Kontext.[15] Scheut die Politik ihre Verantwortung in der Aufarbeitung in der Kirche auch deswegen, weil sie ganz rasch in viel größere gesellschaftliche Bereiche hineinwirken müsste?

Wohin will die katholische Kirche?

Wohin will die katholische Kirche in Deutschland? Wer diese Frage beantwortet haben möchte, muss sich zunächst von dem populären Bild, welches an dieser Stelle immer wieder bemüht wird, lösen: Sind wir nicht alle Kirche, eine Gemeinschaft der Gläubigen, der Sünder und des einen Volkes Gottes? Nein, so hat sich in der Missbrauchskrise herausgestellt, »wir« sind wohl nicht alle gleichermaßen Kirche. Es hat in der Geschichte der Kirche schon immer aus der Hierarchie beständig gefestigte Unterschiede gegeben, und zwar nicht nur feine, sondern sehr substanzielle, die die Kirche in Kleriker und Laien aufteilte. Diese Unterschiede brechen mit der Missbrauchskrise auf. Das katholische »Wir« führen vor allem die Hierarchen dann gern im Munde, wenn es darum geht, Verantwortlichkeiten zu verschleiern.

Zwei kurze Überlegungen dazu, die beliebte Gegenargumente zu dieser Differenzierung zu entkräften versuchen: Zweifelsohne gibt es einen Klerikalismus von unten. Charisma wird »denen oben« von »denen unten« zugestanden. Doch ihre Wurzeln haben diese Machtstrukturen im Klerikalismus der Hierarchie. Und wer sich mit dem Vorwurf konfrontiert sieht, dass er sich von der Kirche entfernt habe, mag selbstbewusst zurückfragen, ob sich nicht viel mehr die Hierarchie aus der Gemeinsamkeit dessen herausstiehlt, was »unsere« Kirche genannt wurde.

Was die Kirchenhierarchie als Kollektiv will, ist unklar – und das sei hier auch trotz des ehrlichen Engagements einzelner Bischöfe und anderer Kirchenfunktionäre bei der Aufarbeitung gesagt. Über viele Jahrzehnte hat die katholische Kirche – und an dieser Stelle sind mit diesem Begriff vor allem ihre Spitzenfunktionäre gemeint – keinen Weg gefunden, mit den in ihren Bistümern begangenen und von ihren Vorgängern, eventuell auch von ihnen selbst begünstigten, verdrängten und vertuschten Verbrechen angemessen umzugehen. An vielen Stellen mangelt es bis heute trotz Leitlinien und Präventionsprogrammen an einem adäquaten Reagieren auf und Agieren gegen sexuellen Missbrauch.

Wie der Blick auf die Entwicklung der vergangenen dreißig Jahre gezeigt hat, beobachteten die deutschen Bischöfe mindestens seit den 1990er-Jahren die spektakulären und bestürzenden Aufdeckungen

von Missbrauch und Verbrechen im nordamerikanischen Katholizismus – und schoben diese Beobachtungen zugleich weit von sich
weg. Ein erkennbares Reagieren in Deutschland, einen parallelen
Blick auf die eigene Situation gab es nicht. Ging man davon aus, dass
sexueller Missbrauch sich auf die USA beschränkte? Eigentlich wussten die meisten der Bischöfe aus der eigenen Amtserfahrung, dass
diese Annahme grundfalsch war. Oder waren sie einfach nur froh
darüber, dass sie die Vorfälle in Deutschland noch unter der Decke
halten konnten? Ab 2010 und mit der Aufdeckung von massivem
Missbrauch am Berliner Canisius-Kolleg fand dieses Sich-Wegdu-
cken gezwungenermaßen ein Ende. Aber wie deutlich wurde, gelang
es auch in der Folgezeit kaum, einen Weg des Umgangs damit, einer
angemessenen »Aufarbeitung« oder gar der »Wiedergutmachung« gegenüber den Betroffenen zu finden. Zu unterschiedlich sind die Positionen innerhalb der so vielgestaltigen Organisation, zu sehr greift
die Missbrauchskrise den Kern der Lehre und der Überzeugungen
der katholischen Kirche an.

Manchmal macht es den Eindruck, als ob es den Verantwortlichen
ausreichte, nur einen ersten Schritt zu gehen, nämlich Vorsichtsmaßnahmen zu etablieren, Aufsicht und Kontrolle zu verschärfen, Ver-
fahrenssicherheit bei auftretendem Missbrauch und eine rechtmäßige
Entschädigung zu gewährleisten.

All das ist ungemein wichtig und unmittelbar geboten. Aber reicht
das aus? Der übermäßige Fokus auf juristische Gutachten droht die
moralische Verantwortung und vor allem auch die systemischen Be-
züge in den Hintergrund treten zu lassen und die Gutachten damit
ihres eigentlichen Zweckes zu berauben: nämlich die Betroffenen
und nicht die Beschuldigten in den Mittelpunkt zu stellen. Es wäre
fatal, wenn juristische Gutachten zu Nebelkerzen würden, die die
Systeme des Missbrauchs untermauern, statt auf deren Überwindung
hinzuwirken und damit dem Schutz Betroffener zu dienen. In der
MHG-Studie, die sich aus interdisziplinärer Perspektive mit der Aufarbeitung des Missbrauchs befasst hat, wird insofern davor gewarnt,

dass einzelne Aufarbeitungsmaßnahmen nicht nur wirkungslos, sondern gar kontraproduktiv sein könnten, wenn zugrunde liegende Machtstrukturen unberücksichtigt blieben: »Die Sanktionierung einzelner Beschuldigter, öffentliches Bedauern, finanzielle Leistungen an Betroffene und die Etablierung von Präventionskonzepten und einer Kultur des achtsamen Miteinanders sind dabei notwendige, aber keineswegs hinreichende Maßnahmen. Wenn sich die Reaktionen der katholischen Kirche auf solche Maßnahmen beschränken, sind solche grundsätzlich positiven Ansätze sogar geeignet, klerikale Machtstrukturen zu erhalten, da sie nur auf Symptome einer Fehlentwicklung abzielen und damit die Auseinandersetzung mit dem grundsätzlichen Problem klerikaler Macht verhindern.«[16]

Dabei kann das katholische Proprium des Missbrauchs mittlerweile klar und eindeutig benannt werden: Es geht um ein sakramental begründetes Kirchenbild, welches eine besondere Pastoralmacht aus dem Status des »heiligen Mannes«, des Priesters, ableitet. Es geht um ein aus diesem Klerikalismus abgeleitetes Leitungsversagen, welches vor allem auf den Schutz der Institution zielt. Und es geht um Unwahrhaftigkeit, Bigotterie und die internen Sprachblockaden, die aufgrund einer zunehmend lebensfremden Sexualmoral im Katholischen Einzug gehalten haben und damit den Missbrauch ermöglichten wie auch Vertuschung begünstigten.

»Durch meine Schuld, durch meine Schuld, durch meine große Schuld« – dieses Bekenntnis ist wie ein Grundrauschen im Katholizismus bis weit in das 20. Jahrhundert hinein. Jede Messteilnehmerin, jeder Messteilnehmer wird diese Zeilen des Schuldbekenntnisses viele Male gesprochen haben. Vielleicht hatte auch Marion Westfahl diese Zeile des Schuldbekenntnisses im Ohr, als sie auf der Pressekonferenz zur Veröffentlichung des von ihrer Kanzlei angefertigten Gutachtens den Kirchenmächtigen die Leviten las: Als Kommunionkind, so Westfahl, habe sie gelernt, was aus christlicher

Perspektive der einzige Weg zur Verheißung von Vergebung sein könne: Gewissenserforschung zu betreiben, die eigenen Sünden zu bekennen, diese zu bereuen und dann eine Buße zu leisten, die nicht formal bleibt, sondern auf die Wiederherstellung von Gerechtigkeit zielt. Genau das aber erkenne sie bei den Bischöfen nicht, so die Juristin. Für die Bischöfe bleibt es beim Lippenbekenntnis. Viele von ihnen haben entweder persönlich vertuscht oder haben insofern versagt, als in ihrem Amtsbereich vertuscht werden konnte, wofür sie wiederum die Verantwortung tragen. Den Bischöfen sollte bewusst sein, dass von außen betrachtet vor allem ein Schluss naheliegt: Sie verteidigen nicht mehr die Kirche oder den Glauben, sondern sich und ihre Ämter.

Szenario »Weiter so« im klerikalen Machterhalt

Ein düsteres Szenario entwickelt sich aus dem »Weiter so« des Bisherigen: eine »Aufarbeitung«, die immer dann zum Zuge kommt, wenn der Druck anders nicht mehr zu kanalisieren ist; Betroffene, die dann akzeptiert werden, wenn sie sich als Gesprächspartner opportun verhalten und nicht am Status quo rütteln; Hierarchen, die vor allem an der Kontinuität ihrer Ämter interessiert sind und sich ihren Einfluss und ihre Macht sichern wollen.

Aus einer Perspektive des Machterhalts, so lässt sich zynisch argumentieren, hat sich seit Canisius die Situation den Umständen entsprechend nicht schlecht entwickelt. Die Krise wird zur Dauerkrise und genau deshalb zu einer schwer erträglichen, aber doch nicht mehr als hoch problematisch wahrgenommenen Realität: Die Öffentlichkeit hat sich mittlerweile an die Rituale von Schuldbekenntnis und ritueller Schambekundung gewöhnt, die immer dann zum Tragen kommen, wenn wieder ein Missbrauchsgutachten überreicht wird. Und auch darüber hinaus setzt eine Gewöhnung ein: Drei Nichten missbraucht, so der Fall des Pfarrers Hans Bernhard U., der im Bistum

Köln arbeitete und der Ende 2021 vor Gericht kam. Hatten wir das nicht schon mal? »Wäre ich eine zynische Medienberaterin, würde ich sagen: ›Weiter so, liebe Bischöfe, ihr könnt sitzen bleiben, euch reißt keiner den Stuhl weg‹«, so die Deutschlandfunk-Redakteurin Christiane Florin.[17] Keiner der Bischöfe musste bislang zurücktreten, im Gegenteil: Selbst diejenigen, die ihre Demissionierung angeboten hatten oder dazu gedrängt worden waren – Marx, Heße, Woelki –, sind vom Papst zur Rückkehr in ihre Ämter aufgefordert worden. Der Kampf nicht gegen den Missbrauch selbst, sondern gegen die Vorwürfe gegen Bischöfe und Leitungsfiguren, die daraus resultieren, kostet Millionen an Honoraren für PR-Agenturen und Rechtsanwälte – aber muss das ein reiches Erzbistum wie das Kölner wirklich schockieren? Insbesondere *sub species aeternitatis*, unter dem Gesichtspunkt der Ewigkeit, auf den sich katholische Leitungspersonen immer dann zurückziehen, wenn die irdische, reale Bedrängnis nicht mehr abzumildern ist, ist die Macht ungebrochen.

Das klerikale »Weiter so« kann sich bestätigt fühlen durch die Beobachtung, dass Religionen (neben Bürokratien) zu den dauerhaftesten Institutionen der Menschheitsgeschichte zählen. Hinzu kommen bei der katholischen Kirche ihre weltweite Verbreitung, ihre stark ausdifferenzierte Organisation, ein über Jahrtausende gewachsenes dogmatisches Fundament und ein ungemeiner Reichtum an Formen, Symbolen und Glaubenszeugnissen, welche sie zu einer der am stärksten konsolidierten Religionsgemeinschaften der Welt machen. Von staatlicher Seite passiert auch angesichts der Missbrauchskrise bislang wenig, stärkere Reglementierungen sind weder in Sicht noch aus der Sicht der Kirchenleitung zu befürchten.

Die kirchliche Basis stellt aus dieser Perspektive kein Hindernis dar. In der hierarchisch organisierten Struktur sind die Bischöfe an der Spitze. Der Brecht'schen Empfehlung an die SED-Parteiführung nach dem Volksaufstand des 17. Juni 1953, dass man sich eben ein neues Volk wählen solle, muss man hier nicht folgen: Die Kirche besteht zwar nicht nur aus Bischöfen, aber letztlich funktioniert sie auch dann noch, wenn nur noch diese und ein kleiner Rest der Gläubigen da sind. Substanziell verändert hat sich nichts, musste sich nichts ändern: Sollen sie doch gehen, die Lauen, die Kritischen, die, auf die man nicht angewiesen ist. Es bleibt der treue Rest derjenigen, die ihre spirituelle Heimat nicht verlassen mögen, derjenigen, die weiterhin auf einen grundlegenden Wandel hoffen, aber auch derjenigen, die den von den Bischöfen eingeschlagenen Kurs befürworten.

Christentum in seiner katholischen Variante, so die bittere Bilanz, lässt sich theoretisch auch abgewandt von der Gesellschaft leben, nämlich immer dann, wenn der Glaube und die Gottesverehrung von der Nächstenliebe gekappt wird. Um das an einem Beispiel zu erläutern: Für die Verehrung des Allerheiligsten braucht es – aller Volk-Gottes-Theologie des Zweiten Vatikanums zum Trotz – kein oder allenfalls ein minimales Publikum. Die sogenannte »Messe ohne Volk« mit nur einem Gläubigen zur Assistenz des Priesters ist bis heute Teil des Römischen Messbuchs. Nicht nur zu Coronazeiten ist in der *Missa solitaria* der Zelebrant ganz allein zugange. Und in seinem nachsynodalen Schreiben *Sacramentum Caritatis* empfahl Benedikt XVI. den Priestern, jeden Tag die Messe zu feiern, »auch wenn keine Gläubigen teilnehmen« sollten.[18] Auch finanziell ist zumindest in den reichen Diözesen wie dem Erzbistum Köln das Wegbrechen größerer Teile der Kirchensteuereinnahmen durch Austritte und weniger Taufen gut zu verschmerzen. Der klerikalen Selbstrepräsentation verlangt das noch keine substanziellen Einschränkungen ab.

Was aber mit einer solchen »defensiven Klerikerkultur« unlöslich verbunden ist, ist ein Relevanzverlust des Bekenntnisses.[19] Die katholische Kirche würde sich dann zu einer Parallelstruktur entwickeln, die nicht mehr unter Beobachtung steht, da sie gesellschaftlich keine Beachtung mehr findet. Die einstige Volkskirche mit großer Prägekraft für Politik und Gesellschaft würde dann zu dem Zustand zurückkehren, von dem aus sie gestartet ist: als eine Sekte unter anderen.

Moralische Autorität, Strahlkraft oder auch nur Ansehen wird die katholische Kirche damit nicht zurückgewinnen können. »Wem ein schlichtes Überleben der Kirche in der Form einer hoch organisierten Superstruktur nicht genügt, wird hierzulande an seiner Kirche leiden. Er wird das Leuchtende, Hoffnung Spendende des Glaubens vermissen«, so Franz-Xaver Kaufmann, einer der wichtigsten Vertreter der deutschsprachigen Religionssoziologie.[20]

Die in der Tat radikale Alternative wäre es, Macht und Kontrolle abzugeben, und das auf ganz verschiedenen Ebenen: Im Aufarbeitungsprozess selbst müssten die Bischöfe ihre Verfügung über die Personalakten ebenso aufgeben wie die immer wieder reklamierte Deutungshoheit über das Geschehene. Sie müssten einsehen, dass die Institution selbst keine tiefgreifende interne Aufarbeitung leisten kann, und sich stattdessen für Verfahren von außen öffnen. Ein solcher Schritt würde aber auch bedeuten, die Kontrolle über den weiteren Prozess aufzugeben. Was dann passiert, liegt nicht mehr in den Händen der Kirchenhierarchie. Dieses Risiko aber werden die Bischöfe eingehen müssen, wenn sie an einer glaubwürdigen, gesellschaftlich und kirchlich tragfähigen Aufarbeitung wirklich interessiert sind.

Mit Blick auf die menschliche Sexualität gilt es, den Kontroll- und Regulierungsfetisch der letzten eineinhalb Jahrhunderte hinter sich zu lassen und einen positiven Beitrag zu einem der wichtigsten Bereiche des Menschseins, der Identität und des Zusammenlebens zu leisten. Eine christliche Ethik hätte zur Sexualität einiges zu sagen und könnte dieses auch, wenn sie sich nicht an einer kasuistischen Verbotsdoktrin, sondern am Maßstab der sexuellen Selbstbestimmung der und des Einzelnen ausrichtete. Doch bislang ist die katholische Kirche in diesen Fragen paralysiert, sowohl durch die Gleichgültigkeit der Vielen gegenüber ihren weltfremden Positionen als auch durch den berechtigten Zorn der Missbrauchsbetroffenen.

Mit Blick auf die Institution insgesamt gelte es, den Kontroll- und Vereinheitlichungszwang der Hierarchie aufzugeben zugunsten einer neuen Vision von Kirche. Muss Kirche zwingend als heilige und hierarchische Ordnung gedacht werden, die sich vor allem in einer Befehls- und Gehorsamspraxis realisiert? Historisch betrachtet, entwickelte sich diese spezifische Kirchenvorstellung seit dem Hochmittelalter. Praktisch setzte sie sich erst im 19. Jahrhundert durch und etablierte sich vor allem als ein Gegenmodell zum anthropozentrischen Weltbild der Aufklärung, dem man eine theozentrische Struktur entgegensetzte. Auch wenn das Zweite Vatikanum in eine andere Richtung zu orientieren versuchte, haben die Zentralisierung und Hierarchisierung eher zugenommen.[21] Wie diese umschlagen und pervertieren können, zeigt der Zusammenhang zum sexuellen Missbrauch deutlich: Es ist das Machtgefälle, welches Abhängigkeiten schafft, die Sakralisierung und die Dominanz von Personen etabliert ebenso wie es die Vertuschung motiviert. Aber auch weit über diesen Zusammenhang hinaus drängt sich die Frage auf, ob die aktuelle Struktur überhaupt eine adäquate Organisationsform christlichen Glaubens ist.

Die Kirche der Vielen und der transzendente Überschuss der Religion

Noch immer ist die Kirche riesig, sie erreicht und bewegt Millionen, und das nicht nur auf anderen Kontinenten, sondern nach wie vor auch in Deutschland. Was passiert mit ihnen, was passiert unter ihnen? Wenn die Loyalität sich verbraucht hat, dann bleiben *Exit* und *Voice* – mit diesen zwei Verhaltensweisen hat der Ökonom und Politikwissenschaftler Albert O. Hirschman die Alternativen für die Bevölkerung in zunehmend repressiven Regimen beschrieben.[22] In der katholischen Kirche ist der *Exit* mittlerweile die gängige Praxis: Die Austrittszahlen befinden sich auf hohem Niveau und steigen aller Voraussicht nach weiter. Der Vorsitzende der Deutschen Bischofskonferenz Georg Bätzing kommentierte die Zahlen des Jahres 2020 als eine »tiefgreifende Erschütterung«, 221.390 Personen waren aus der katholischen Kirche ausgetreten. Nur 2019 und damit unmittelbar nach der Veröffentlichung der MHG-Studie waren es in der Geschichte der Bundesrepublik mehr. Auch die vorläufigen Zahlen für 2021 und die Prognosen am Jahresbeginn 2022 deuten darauf hin, dass die fortwährende Skandalgeschichte, zu der sich die Missbrauchskrise ausgewachsen hat, der Kirche weitere Austrittsrekorde bescheren wird.[23] Pünktlich zum Dezember 2021 hat der Demoskop Thomas Petersen darauf aufmerksam gemacht, dass 2021 wohl das letzte Weihnachtsfest mit einer mehrheitlich christlichen Bevölkerung in Deutschland war.[24]

All das entwickelt sich vor dem Hintergrund einer tiefgreifenden Säkularisierung, in der sich die Grundgestalt von Kirche und Kirchlichkeit seit dem Kriegsende grundlegend verändert. Dabei ist eins zu beobachten: Auch wenn die Kirchenaustritte sich in absoluten Zahlen teils verdoppeln, bleiben sie doch auf einem schon lange bekannten Niveau: Während sich bis 2009 jährlich um die 0,5 Prozent der Katholikinnen und Katholiken entschlossen, der Kirche den Rücken zu kehren, sind es seit 2010 um die 0,7 bis 1 Prozent. Diese Zahlen zeigen, dass die Austrittsbewegung infolge der Missbrauchskrise nach wie vor deutlich hinter dem Faktor des schleichenden und kontinuierlichen Abbruchs der Tradierung von Religion in Familien und anderen Sozialisationszusammenhängen zurücksteht.[25]

Mit *Voice* – der Äußerung von Protest – ist es in der katholischen Kirche nicht so einfach. Im Moment bietet die Organisation lediglich einen Weg – und zwar den Synodalen Weg. Dahinter verbirgt sich ein im Jahr 2019 begonnener Reformprozess, mit dem die deutsche katholische Kirche unter anderem auf die Missbrauchskrise reagieren will – mit offenem Ende. Skeptisch stimmt, dass letztlich nichts gegen die Mehrheit der Bischöfe entschieden wird, denn die Beschlüsse der aus Laien und Klerikern bestehenden Versammlung werden nur dann angenommen, wenn sie unter den teilnehmenden Bischöfen eine Zweidrittelmehrheit erhalten. Zudem hat es aus dem Vatikan bereits verschiedene Dämpfer gegeben. Ohne Zweifel wurden die

Themen vom Tisch geräumt, die von den deutschen Katholikinnen und Katholiken als hoffnungsvoller Aufbruch diskutiert wurden: Eine Frauenordination wird es nicht geben, am Pflichtzölibat soll laut Rom nicht gerüttelt werden.

Die vorerst letzte Initiative des nach dem mittelalterlichen Kirchenreformer benannten Papstes Franziskus lässt nicht hoffen, dass sich an diesem strikten Kurs etwas ändert: Im September 2021 veröffentlichte Franziskus ein Dokument zur Vorbereitung einer Weltbischofssynode im Jahr 2023.[26] Eindringlich ruft er Bischöfe und Laien in allen Ländern auf, darüber nachzudenken, wie die kirchliche Basis stärker an Entscheidungen beteiligt werden könne: »Für eine synodale Kirche: Gemeinschaft, Teilhabe und Sendung« – der Papst fragt also danach, wie künftig Macht verteilt werden solle, und das ausgehend von der Ebene der Pfarrgemeinde bis hin zur Kirchenleitung. Auch wenn unklar bleibt, wohin die Reise geht, wird doch deutlich gemacht, wohin sie *nicht* führen wird. Franziskus grenzt sich klar von allen demokratischen Modellen ab, wenn er definiert, was eine »synodale Kirche« nicht sei: Eine »Übernahme der Prinzipien der Demokratie, die auf dem Mehrheitsprinzip beruhen«, könne nicht die Grundlage sein. Stattdessen könne Kirche nur in einer »hierarchisch strukturierten Gemeinschaft« verwirklicht werden. Die Grundlage dafür sei »die geteilte Leidenschaft für die gemeinsame Sendung der Evangelisierung und nicht die Vertretung von Interessen, die untereinander in Konflikt stehen«. Entscheiden im Katholischen wird damit nicht als politischer Prozess, sondern als rein spiritueller Vorgang gefasst: Gemeinsam den Willen Gottes zu erkennen, wobei der Heilige Geist helfen möge ... Wie oft eigentlich hat es schon Gesprächssimulationen im Katholischen gegeben, in denen möglichst viele beteiligt und angehört wurden – und sich nachher rein gar nichts änderte?[27] Sollen auch auf der Weltsynode möglichst viele Gläubige befragt werden, um dann im nächsten Schritt den Papst, die Bischöfe, vielleicht noch den Klerus allein entscheiden zu lassen?[28] Prägend bleibt, dass der Papst alle Zügel der Entscheidungsgewalt in der eigenen Hand behält – ein Vorgehen, welches auch die Initiative des Jahres 2021 kennzeichnet, in welcher Franziskus jederzeit der Letztentscheidende blieb und diese Möglichkeit auch rigoros ausnutzte: Als sich drei Viertel der in der Amazonas-Synode versammelten Bischöfe im Einzelfall und in den Regionen aufgrund eines gravierenden Priestermangels für die Zulassung verheirateter Männer zum Priesteramt ausgesprochen hatten, kassierte der Papst im Schlussdokument diese Forderung wieder ein – und zwar begründungslos. Ein solches Vorgehen findet nicht einmal mehr im aufgeklärten Absolutismus des 18. und frühen 19. Jahrhunderts eine Parallele! Zu befürchten steht, dass das nun aktualisierte Instrument der Weltbischofssynode vor allem dazu dienen soll, den in Deutschland angestoßenen Reformprozess von Rom aus kontrollieren zu können. Aus der soziologischen Distanz betrachtet zeigt sich in diesen Prozessen vor allem eins: die Unfähigkeit streng hierarchisch aufgebauter Systeme zum Lernen und zur Veränderung.

Hoffnung macht ein zufälliger und gerade deshalb aufschlussreicher Blick in den Bereich des gelebten Glaubens, in dem sich *Voice* auf anderen Ebenen äußert: Der Pressespiegel des Bistums Münster vom 1. Februar 2022 sammelte die Artikel des Tages zuvor und damit Reaktionen auf die Veröffentlichung des Münchner Missbrauchsgutachten aus einer Region, die politisch wie auch religiös über viele Jahrzehnte und zwei Jahrhunderte als »tiefschwarz« galt. Den *Exit* kommentieren die Kirchenvertreter vor Ort ungeschminkt: Die Austrittszahlen seien nicht der Situation in der Gemeinde geschuldet, sondern das, »was mit der katholischen Kirche insgesamt los ist«, sei die Ursache dieser Entwicklung. »Wir haben leider einfach Verbrecher in den eigenen Reihen«, so der leitende Pfarrer Bernhard Schmedes.[29] Nur wenige Kilometer entfernt pflichtete ihm sein Amtskollege Michael Mombauer bei: »Diese Form von Kirche ist tot«, meinte dieser und berichtet von massiven Vertuschungen auch in seiner Gemeinde, kündigte aber dennoch an, »als Priester für die

Menschen« und nicht für Papst und Bischöfe, »die zaudern und lügen«, weiterzuarbeiten.[30]

Es sind dann aber weniger die Kleriker, sondern die Laien, die auch praktisch reagieren, manchmal nur im ganz Kleinen und doch bezeichnend: Im westfälischen Lünen erklärten der Inhaber und das Team des Architekturbüros Schreiter im Januar 2022 über Facebook, dass sie Aufträge der katholischen Kirche nicht mehr annähmen. »Schreiter Architekten stehen für Toleranz, Respekt, Fairness, Ehrlichkeit und Reflexion« und deswegen sei die katholische Kirche momentan kein Partner für die Zusammenarbeit. Und gleich darauf differenzieren die Mitarbeitenden des Architektenbüros: »Die Mitarbeiterinnen und Mitarbeiter der Gemeinden vor Ort, die im Haupt- und Ehrenamt fantastische Sozialarbeit leisten und damit auch zum Zusammenhalt der Gesellschaft beitragen, meinen wir nicht mit unserer Aktion.«[31] Der zumindest symbolische Boykott formuliert zugleich einen Anspruch an diese Kirche und lässt sie nicht ganz fallen.

Ein westfälischer Leserbriefschreiber verweist in eben diesem Pressespiegel auf die katholische Gemeinde Maria Geburt[32] im Aschaffenburger Stadtteil Schweinheim: Im Januar 2022 fielen dort an drei Sonntagen die Gottesdienste aus. Stattdessen versammelten sich Gläubige zum »Hören – Schweigen – Spenden. Wir hören Erzählungen von Betroffenen, lesen aus den Gutachten, Schweigen in der Gegenwart Gottes«. Den Protest des Bistums in Person des Generalvikars, die Sonntage ohne Messe zu lassen, ignorierten die Schweinheimer Christinnen und Christen.[33] Zugleich setzte man in dieser Gemeinde auf gelebte Caritas und die Organisation von Gemeinschaft. Unter der Rubrik »gemeinde leiten« werden elf Mitglieder des Gemeindegremiums auf deren Website genannt, für die Kirchen- und Finanzverwaltung zeichnen sich zehn weitere Personen verantwortlich. Der Pfarrer Markus Krauth ist nicht Mitglied dieser Gremien – ein Hinweis darauf, dass alternative Leitungsmodelle angedacht sind und praktiziert werden.

Vielleicht, das lässt diese kurze Impression aufscheinen, versperrt die
Dauerbeobachtung der Bischöfe und anderer Hierarchen die Sicht
auf die vielen Gläubigen, die sich nach wie vor in der Kirche en-
gagieren und damit die Gesellschaft bereichern. In den christlichen
Gemeinden sowohl evangelischer wie auch katholischer Prägung
schließen sich diejenigen zusammen, die nicht allein oder nur selbst-
bezogen glauben und leben wollen. Das gibt es in anderen Bewegungen und Organisationen auch. Aber nur die Kirchen bringen bislang
nach wie vor so viele Menschen zusammen, die gemeinsam über den
eigenen Horizont hinausdenken und aus dieser Perspektive in die Gesellschaft wirken.

In ihrem Tun (wie auch in den Ansprüchen, die die Gesellschaft an
sie stellt) scheint auf, dass Kirche sich weder auf ihre aktuelle institu-
tionell-hierarchische Gestalt noch auf die Sexualmoral des Kirchen-
vaters Augustinus und ihre bis in die Gegenwart zu beobachtenden
Ausläufer reduzieren lässt. Der Theologe Johann Baptist Metz hat
den Irrweg, den die Kirche gegangen ist, herausgearbeitet und darauf
hingewiesen, dass sich das Christentum und die katholische Kirche
von einer »leidempfindlichen« zu einer »sündenempfindlichen Religion« verändert habe. Damit habe man die Seiten gewechselt: Anstatt
für das Recht der Unschuldigen zu kämpfen, bete man für die Erlösung der Schuldigen. Gerade in der so verhängnisvollen Verquickung
von geistlicher Macht, Kontrolle und sexuellem Missbrauch sticht
diese Tendenz noch einmal besonders hervor, wenn es so oft um den
Schutz der Heiligkeit der Institution und damit auch der Täter, nicht
aber um Gerechtigkeit für die Betroffenen ging.

Im Umkehrschluss zeigt sich dann aber auch, was vielleicht bis
heute die Faszination des Christentums ausmacht. Wie andere Religionen auch, antwortet das Christentum auf die menschliche Sehnsucht
nach versöhnenden und solidarischen Gemeinschaftserfahrungen,
den Hunger nach Antworten auf existenzielle Leiderfahrungen und
das Verlangen nach Weltverbesserung. Gegen die Vergänglichkeit des
Einzelnen setzt der Christusglaube eine genuin religiöse Zuversicht:

den Glauben an die Auferstehung der Toten und die damit verbundene Hoffnung auf eine rettende Gerechtigkeit, die alles gut macht.
Und das nicht nur im Sinne einer Jenseitsvertröstung, sondern auch
als Motivation zu einer aktiven Weltverbesserung. Ein weltlicher Er-
satz für dieses transzendent gebundene Gemeinschafts-, Heils- und
Gerechtigkeitsversprechen ist nicht in Sicht. In Frage steht aber auch,
ob und wie diese Hoffnung in den kirchlichen Strukturen – noch –
zu Hause ist.

Missbrauch im Bistum Münster: Die Studie

Bernhard Frings
Thomas Großbölting
Klaus Große Kracht
Natalie Powroznik
David Rüschenschmidt

Macht und
sexueller Missbrauch
in der katholischen
Kirche Betroffene, Beschuldigte
und Vertuscher
im Bistum Münster seit 1945

HERDER

592 Seiten I Gebunden
ISBN 978-3-451-38995-5

Das Ausmaß des sexuellen Missbrauchs Minderjähriger durch katholische Priester erschüttert seit über zehn Jahren die Öffentlichkeit. Nach wie vor besteht Aufklärungsbedarf: Was erlitten die Betroffenen? Wer waren die Täter und was begünstigte die Taten? Für das Bistum Münster gehen die Autor:innen diesen Fragen nach und zeichnen ein Bild für die Zeit zwischen 1945 und heute.

In jeder Buchhandlung!

HERDER

www.herder.de

DANK

Dass auf diesem Buch ein Name als Autor steht, verkennt, dass viele daran mitgewirkt haben: Angestoßen wurde es durch die vielfältigen und produktiven Diskussionen im Projekt AUBIM, Aufarbeitung des sexuellen Missbrauchs im Bistum Münster. Die Zusammenarbeit mit Bernhard Frings, Klaus Große Kracht, Natalie Powroznik und David Rüschenschmidt war Motivation und Reflexionszusammenhang zugleich! Wie stark unsere Studie »Macht und Missbrauch im Bistum Münster« und »Die schuldigen Hirten« je eigene Schwerpunkte setzen und dennoch ineinandergreifen, wird jede Leserin und jeder Leser leicht entdecken. Wichtig und anregend waren auch die Treffen mit unseren Beirätinnen und Beiräten und denjenigen, die im Bistum Münster mit dem Umgang mit den Fällen sexuellen Missbrauchs betraut sind.

Die studentischen Mitarbeiterinnen und Mitarbeiter Lotta Behrend, Milan Mentz, Emma Piel und Julia Späth haben recherchiert, exzerpiert und korrigiert. Dass sie dabei die einzelnen Kapitel immer wieder und wieder gelesen und verbessert haben – allein das verdient großen Respekt.

Johanna Oehler hat als Lektorin nicht nur so manchen wirren Gedankengang in eine leserfreundliche Form gebracht, sondern in ihrer ebenso ruhigen wie bestimmten Art das Buch zu einem guten Ende gebracht.

Allen Genannten mein herzlicher Dank dafür!

Hamburg, im April 2022
Thomas Großbölting

ANHANG

Anmerkungen

Einleitung: Vom guten zum schuldigen Hirten – der tiefe Fall der katholischen Kirche

1   Marx, Reinhard, Menschen glauben uns nicht mehr.
2   Resing, Volker, Der maßlose Verdacht, S. 4–5.
3   Zur Popularität in den unterschiedlichsten Zusammenhängen vgl. Fischer, Michael/Rothaug, Diana (Hrsg.), Das Motiv des Guten Hirten in Theologie, Literatur und Musik.
4   Dekret Presbyterorum ordinis Nr. 7.
5   Ammon, Frieder von, Schafe auf der Schlachtbank.
6   Cahill, Desmond/Wilkinson, Peter, Abuse in the Catholic Church, S. 16.
7   Resing, Volker, Der maßlose Verdacht, S. 4–5.
8   Schmitz, Martin, Versagen der Kirche, S. 7.
9   Behnisch, Michael/Rose, Lotte, Missbrauchsskandal, S. 333.
10   Glenz, Tobias, Bätzing ruft deutsche Bischöfe auf.

Sexueller Missbrauch und die Grenzen des Sagbaren

1   Bickschlag, Carsten, Schwere Vorwürfe gegen Pfarrer, S. 10.
2   Bickschlag, Carsten, Neuer Straßenname in Sedelsberg; Stix, Heiner, Missbrauchsvorwürfe gegen Pfarrer in Markhausen.
3   Krogmann, Karsten, Schweigen der Gemeinden, S. 5.
4   Ebd.

5	Ebd., S. 9.

6	Ebd., S. 10. Vgl. zum Fall Janzen auch Frings, Bernhard u.a., Macht und Missbrauch, S. 55–70.

7	Powroznik, Natalie/Rüschenschmidt, David, Über die inneren Mauern des Schweigens, S. 31–33.

8	Ebd., S. 8.

9	Ebd.

10	Hallay-Witte, Mary/Janssen, Bettina, Schweigebruch.

11	Strafrecht.

12	Enders, Ursula, Umgang mit Vermutung und Verdacht bei Missbrauch.

13	Reisinger, Doris, Religiöse Eigenlogik, S. 58–76.

14	Reisinger, Doris, #NunsToo, S. 379.

15	Ebd.

16	Gesetzgebungsverfahren.

17	Leimgruber, Ute/Reisinger, Doris, Sexueller Missbrauch.

18	Ebd.

19	Vgl. ebd.

20	Vgl. Frings, Bernhard u. a., Macht und Missbrauch, S. 359–374.

21	Sexueller Kindesmissbrauch.

22	Sigusch, Volkmar, Sexueller Kindesmissbrauch, S. 1902.

23	Wais, Matthias, Täterstrategien.

24	Definition von Kindesmissbrauch.

25	Burgsmüller, Claudia, Straftaten gegen die sexuelle Selbstbestimmung, S. 53.

26	Jud, Andreas, Sexueller Kindesmissbrauch.

27	Gesetz zur Bekämpfung.

28	Parr, Katharina, Kindeswohl in 100 Jahren BGB.

29	Görgen, Arno u. a., Sexueller Missbrauch und Kinderschutz; Bange, Dirk, Geschichte; vgl. Hommen, Tanja, Sittlichkeitsverbrechen.

30	Kössler, Till, Jenseits von Brutalisierung oder Zivilisierung.

31	Unter anderem wurde von dem Sexualwissenschaftler Eberhard Schorsch die These vertreten, dass normal entwickelte, gesunde Kinder in intakter Umgebung aggressionsfreie sexuelle Handlungen nach relativ kurzer Zeit gut verarbeiten würden. Siehe: Deutscher Bundestag, Vorblatt. Viertes Gesetz zur Reform des Strafrechts (4. StrRG) (Schriftlicher Bericht des Sonderausschusses für die Strafrechtsreform), in: 6. Wahlperiode, Drucksache VI/3521

(Sachgebiet 45), S. 34; siehe zu vergleichbaren wissenschaftlichen Positionen auf dem Hearing Walter, Franz, »In dubio pro libertate«; im gleichen Sammelband Klecha, Stephan, Niemand sollte ausgegrenzt werden; sowie Reichardt, Sven, Pädosexualität im linkalternativen Milieu und bei den Grünen.

32   Nentwig, Teresa, Unterstützung pädosexueller Interessen durch die Berliner Senatsverwaltung; Baader, Meike u. a., Helmut Kentlers Wirken.

33   Vgl. Hensel, Alexander u. a., Die Grünen und die Pädosexualität.

34   UN-Kinderrechtskonvention, Art. 19,1.

35   Jung, Reinhardt, Kinderrechtskonvention der vereinten Nationen, S. 104.

International und ausgreifend: Qualität und Chronologie des sexuellen Missbrauchs in der katholischen Kirche

1   Ruh, Ulrich, Chronik der Ereignisse, S. 31–36.

2   Patrik Schwarz, »Meine Sexualität ist eine Grauzone«, in: Die Zeit vom 11.2.2010 (https://www.zeit.de/2010/07/DOS-Missbrauch-Beistueck)

3   Raue, Ursula, Missbrauch an Schulen.

4   Ebd., S. 4.

5   Ebd., S. 6.

6   Ebd., S. 7.

7   Ebd., S. 8.

8   Vgl. Wer wir sind.

9   Ruh, Ulrich, Chronik der Ereignisse, S. 31–36.

10   Frings, Bernhard u. a., Macht und Missbrauch, S. 265–320; siehe dazu auch die Rolle der Personalverantwortlichen, ebd., S. 441–464.

11   Wolf, Mechthild/Fegert, Jörg, Debatte um Schutz vor Missbrauch, S. 15–37.

12   Damberg, Wilhelm, Missbrauch, S. 4.

13   Lutterbach, Hubertus, Sexueller Missbrauch.

14   Gnilka, Christian, Aetas Spiritalis, S. 207.

15   Brown, Peter, Keuschheit der Engel, S. 45.

16   Lutterbach, Hubertus, Sexueller Missbrauch, S. 31.

17   Jong, Mayke de, Limits of Kinship, S. 36–59; vgl. Angenendt, Arnold, Ehe, Liebe und Sexualität, S. 30 f.

18 Lutterbach, Hubertus, Sexueller Missbrauch, S. 34.

19 Vgl. Dinzelbacher, Peter, Pädophilie im Mittelalter.

20 Vgl. ebd., S. 22.

21 Vgl. ebd., S. 19.

22 Lutterbach, Hubertus, Sexueller Missbrauch, S. 34.

23 Dinzelbacher, Peter, Christliche Mystik, S. 129 f.

24 Dinzelbacher, Peter, Pädophilie im Mittelalter, S. 13.

25 Lutterbach, Hubertus, Sexueller Missbrauch, S. 35.

26 Fegert, Jörg M./Wolff, Mechthild, Qualität der Debatte, S. 15–37.

27 Vgl. Garret, Paul Michael, Catastrophic, Inept, Self-Serving, S. 43–65.

28 Vgl. Damberg, Wilhelm, Missbrauch, S. 11–17.

29 Vgl. Report of the Inter-Departmental Committee.

30 Missbrauchsskandal in Irland.

31 Missbrauchsfälle, Irischer Kardinal.

32 Profile of Father.

33 Hetzel, Robin/Sprick, Max, Chronologie des Missbrauchs-Skandals.

34 Profile of Father.

35 The Report of the Commission to Inquire into Child Abuse, Vol. 1,1.

36 Vgl. Alioth, Martin, Geschlagen, gedemütigt, vergewaltigt; Zamorano, Miguel A., Zwanzig Jahre Aufklärungsarbeit; Dreyer, Patricia, Untersuchungsbericht.

37 Alioth, Martin, Geschlagen, gedemütigt, vergewaltigt.

38 Ferns report; Papst belässt zwei Bischöfe im Amt.

39 Scally, Derek, Best Catholics, S. 304.

40 Church allowed abuse.

41 Vgl. Rossetti, Stephen Joseph, Tragic Grace, S. 5; Keenan, Marie, Abuse and Church, S. 17.

42 Vgl. Assignment Record Gauthe;[i] Kohn, David, Church on Trial 1;[i] Chatelain, Kim, Church ignored warning.

43 Doyle, Thomas P./Mouton, Ray/Peterson, Michael, The Manual.

44 Fox, Thomas C., What they knew.

45 Sex Abuse Crisis.

46 Adler, Eric/Bauer, Laura, Catholic Paper Recalls.

47 Schrank, Aaron, Immigrant Communities.

48 Lobdell, William, Missionary's Dark Legacy.

49 Ladischensky, Dimitri/Schlüter, Martin, Der Bittgang.

50 Report on the Holy See's Institutional Knowledge.

51 Fürst, Dominik, Der Skandal in »Spotlight«.

52 Vgl. Alper, Becka A. u. a., Decline of Christianity.

53 Vgl. Damberg, Wilhelm/de Maeyer, Jan/Monteiro, Marit, Introduction, S. 3.

54 Prantl, Heribert, Verklärung des Missbrauchs.

55 A Global Accounting.

56 Vgl. Counet, Fahrlässig.

57 Zitiert nach Kreiner, Paul, Geschwätz des Augenblicks.

58 Johannes Paul II. Pastor bonus, Art. 52.

59 Interview of Msgr. Charles Scicluna.

60 CIC, can. 1395 § 2.

61 Anuth, Bernhard Sven/Florin, Christiane, Umgang mit sexualisierter Gewalt.

62 Franziskus, Vos Estis Lux Mundi.

63 Vgl. Braun, Michael, Lieber nicht mit der Kirche anlegen; Velázquez, Jaime, Kirche in Spanien; Rößler, Hans-Christian, Volle Transparenz.

64 BishopAccountability.

65 Anzahl der Katholiken; USA Gesamtbevölkerung; USA Religionszugehörigkeit.

66 Zitiert nach Paulson, Michael, World doesn't share US view. Originaltext: *»No one [in the Vatican] thinks the sexual abuse of kids is unique to the States, but they do think that the reporting on it is uniquely American, fueled by anti-Catholicism and shyster lawyers hustling to tap the deep pockets of the church«.*

67 Sarr, Lucie, Sexual abuse.

Formen und Dynamiken des Missbrauchs: Betroffene und Beschuldigte, Vertuscher und Bystanders

1 Die nachfolgende Skizze des Falls Theo Wehren wurde von Dr. Bernhard Frings, Mitarbeiter des AUBIM-Projekts Münster, recherchiert.

2 Mail Pfarrer van Straelen an GV Winterkamp und P. Frings und GV v. 21. Juni 2019 (BGV Münster, HA 500, Reg. A 6, Bl. 173).

3 Andresen, Horst, Barlo geschockt über »Kapi«.

4 25 Jahre in Barlo; »Kapi« du warst spitze.

5 Gesprächsprotokoll, 7.2.2013 und Meldeaufnahmen, 20.3./9.4.2019, BGV Münster, HA 50, Reg. A 6, Bl. 184 f. und 194–197.

6 Vgl. Urteil des Amtsgerichts Bocholt v. 10. Nov. 1976 (BGV Münster, HA 500, Reg. A 12).

7 Vgl. Glenz, Tobias, Ausziehen vor Bischoff Janssen; ders. u. a., Düstere Vergangenheit.

8 Hackenschmied, Gerhard u. a., Gutachten Hildesheim.

9 Lebenslauf Wehrens v. 1. Nov. 1959 (Personalakte Wehren, BAM, GV NA, HA 500 A 1754, Bl. 127 ff.).

10 Beurteilung des Heimatpfarrer an den Direktor des Borromaeums v. 12. Dez. 1962 (BAM, GV NA, HA 500 A 1754, Bl. 116).

11 Wehren an Regens v. 1. Juli und 3. Aug. 1964 sowie Regens an Wehren v. 27. Juli 1964 (BAM, GV NA, HA 500 A 1754, Bl. 106–114).

12 Vermerke in der Missbrauchsakte Wehrens über mehrere Gespräche mit Zeitzeugen v. 4. Juli 2019 (BGV Münster, HA 500, Reg. A 6 Bl. 155–160).

13 Anklageschrift der Staatsanwaltschaft Bocholt gegen Wehren v. 26. Sept. 1976 (BGV Münster, HA 500, Reg. A 12, Bl. 15–18); Protokoll der Betroffenenmeldung v. 7. Febr. 2013 und Meldeaufnahmen v. 20. März und 9. April 2019 (BGV Münster, HA 500, Reg. A 6 Bl. 184 f. und 194–197).

14 Anklageschrift der Staatsanwaltschaft Bocholt gegen Wehren und Urteil des Amtsgerichts Bocholt v. 26. Sept. bzw. 10. Nov. 1976 (BGV Münster, HA 500, Reg. A 12).

15 Stammkötter an Wehren v. 21. Sept. 1976 (BAM, GV NA, HA 500 A 1754, Bl. 69).

16 Vgl. Interview Pseudonym v. 17. März 2020.

17 Urteil des Amtsgerichts Bocholt v. 26. Sept. bzw. 10. Nov. 1976 (BGV Münster, HA 500, Reg. A 12).

18 So der damalige Richter in einem Telefonat mit dem Interventionsbeauftragten (Notiz vom 9. Juli 2019 in Missbrauchsakte, BGV Münster, HA 500, Reg A 6 Bl. 206).

19 Urteil des Amtsgerichts Bocholt v. 26. Sept. bzw. 10. Nov. 1976 (BGV Münster, HA 500, Reg. A 12).

20 Gesprächsnotiz v. 9. Juli 2019 (BGV Münster, HA 500, Reg. A 6, Bl. 206).

21 Stammkötter an Oberstaatsanwalt D. v. 22. Dez. 1976 (BGV Münster, HA 500, Reg. A 12, Bl. 7).

22 Telefonische Mitteilung einer Zeitzeugin, 27./29.1.2020.

23 Vgl. bei der Interventionsstelle eingegangene Informationen, 4./9.7.2019, BGV Münster, HA 500, Reg. A 6, Bl. 155 und 150.

24 Wirtz, Ursula, Inzest und Therapie.

25 Vgl. Jud, Andreas, Sexueller Kindesmissbrauch, S. 73.

26 So hat beispielsweise das Bistum Magdeburg angekündigt, aus finanziellen Gründen kein Gutachten in Auftrag zu geben: https://www.katholisch.de/artikel/32999–bistum-magdeburg-es-wird-kein-umfassendes-missbrauchsgutachten-geben (abgerufen am 12.2.2022).

27 Wörtlich heißt es im Abschlussbericht, S. 253, dass der vorhandene und durchgesehene Aktenbestand »nicht die Akten aller im Untersuchungszeitraum tätigen Kleriker im Verantwortungsbereich der Deutschen Bischofskonferenz umfasste«.

28 Bannenberg, Britta u. a., MHG-Studie, S. 5.

29 Köster, Norbert, Sexueller Missbrauch an Minderjährigen.

30 Das Akronym steht für den vollen Projektnamen »Aufarbeitung des sexuellen Missbrauchs an Minderjährigen durch katholische Priester, Diakone und (männliche) Ordensangehörige, sofern sie im Auftrag des Bischofs von Münster im Verantwortungsbereich des Bistums Münster einschließlich des Offizialatsbezirks Oldenburg in der Seelsorge eingesetzt waren«.

31 Auswertung zum Berliner Gutachten vom Januar 2021, vorgelegt von Prof. Dr. Peter-Andreas Brand und Sabine Wildfeuer, S. 488.

32 Bannenberg, Britta u. a., MHG-Studie.

33 Ebd., S. 252.

34 Sauvé, Jean-Marc, Violences sexuelles.

35 Vgl. ebd., S. 222: »§0573 Ces chiffres constituant des estimations, il convient, par souci de rigueur scientifique, de les replacer dans leur intervalle de confiance: §0574 – l'estimation du nombre de victimes de personnes en lien avec l'Église (330 000) est située avec une probabilité de 95 % dans un intervalle compris entre 265 000 et 396 000; §0575 – l'estimation du nombre de victimes de clercs et de religieux ou religieuses (216 000) est située avec une probabilité de 95 % dans un intervalle compris entre 165 000 et 270 000.«

36 Vgl. Brähler, Elmar/Plener, Paul L./Witt, Andreas, Contexts of Sexual Abuse.

37 Jud, Andreas, Häufigkeit sexueller Missbrauch, S. 70.

38 Jud, Andreas u. a., Häufigkeitsangaben, S. 1.

39 Jud, Andreas, Sexueller Missbrauch, S. 73.

40 Bakermans-Kranenburg, Marian J. u. a., Global Perspective.

41 Jarczok, Manon; Jud, Andreas, Häufigkeit sexueller Missbrauch, S. 67.

42 Vgl. Andreas Witt, Elmar Brähler, Paul L. Plener, Jörg Fegert, Different Contexts of Sexual Abuse with a Special Focus on the Context of Christian Institutions; Results Form the General Population in Germany, in: Journal of Interpersonal Violence 1 (22) 2019, S. 3–22.

43 Jörg M. Fegert, Veränderungen der medizinischen Wahrnehmung, S. 132.

44 Seifert, Simone, Umgang mit Sexualstraftätern, S. 96–97.

45 König, Andrej u. a., Sexuelle Übergriffe; Dölling, Dieter u. a., Sexueller Missbrauch.

46 Brüntrup, Godehard, Zölibat als Risikofaktor, S. 110.

47 Dreßing, Harald, Es geht weiter, S. 27.

48 Beer, Peter/Zollner, Hans, Nullnummer, S. 41.

49 Ruhmöller, Martin, Nicht so wichtig.

50 Ruhmöller, Martin, Falsche Pressemitteilung.

51 Vgl. Powroznik, Natalie/Rüschenschmidt, David, Aufarbeitung, S. 2; Gergen, Kenneth J./McNamee, Sheila, Relational Responsibility.

52 Gebrande, Julia, Aufarbeitungsprozess, S. 20 f.

53 Goldbeck, Lutz, Auffälligkeiten und Hinweiszeichen, S. 149.

54 Ebd., S. 148.

55 Katsch, Matthias, Damit es aufhört, S, 42.

56 Bannenberg, Britta u. a., MHG-Studie, S. 140–141.

57 Schmitz, Martin, Weil ich katholisch war.

58 Keenan, Marie, Abuse and Church, S. 73.

59 Hier und für das folgende Zitat Bannenberg, Britta u. a., MHG-Studie, S. 113.

60 Deutsche Bischofskonferenz, zitiert nach Powroznik, Natalie/Rüschenschmidt, David, Aufarbeitung.

61 Siehe dazu Kapitel 4 in diesem Buch.

62 Interview J. K. vom 27.03.2020.

63 Ebd.

64 Ebd.

65 Ebd.

66 Dazu und zum folgenden Zitat Interview M. S., 08.09.2020.

67 Frings, Bernhard u. a., Macht und Missbrauch, S. 404.

68 Fernau, Sandra, Verstrickungen im Glauben.

69 Assmann, Aleida, Formen des Schweigens, S. 61 ff.

70 Schmitz, Martin, zitiert nach Krogmann, Karsten, Schweigen der Gemeinden, S. 11.

71 Briken, Peer u. a., Sexueller Missbrauch, S. 192.

72 Jud, Andreas, Häufigkeitsangaben.

73 Bannenberg, Britta u. a., Sexual Abuse, S. 389–396.

74 Rosetti, Stephen Joseph, zitiert nach Mertes, Klaus SJ, »Schwule Lobby«, S. 390.

75 Zinzow, Angelika, Sexualmoral umdenken.

76 Resing, Volker, Der maßlose Verdacht, S. 4–5.

77 Schulman, Jeremy, Donohue's Claim.

78 Mertes, Klaus SJ, »Schwule Lobby«, S. 390.

79 Jarczok, Marion/Jud, Andreas, Häufigkeit sexueller Missbrauch.

80 Ebd., S. 77.

81 Vgl. Bannenberg, Britta u. a., MHG-Studie, S. 273.

82 Vgl. Bannenberg, Britta u. a., MHG-Studie, S. 104; Brüntrup, Godehard, Zölibat als Risikofaktor, S. 113–115.

83 Brüntrup, Godehard, Zölibat als Risikofaktor, S. 114 f.

84 Vgl. Bannenberg, Britta u. a., MHG-Studie, S. 105.

85 Mt 22,30.

86 Paul VI., Sacerdotalis Caelibatus, 34.

87 Keller, Michael, Richtlinien, Münster 1954, S. 7.

88 Doyle, Thomas, Reflections.

89 US-Kirche.

90 Ebd.

91 Schwarz, Ulrich/Wensierski, Peter, Heft in der Hand.

92 Jarausch, Konrad H., Kein Tapetenwechsel.

93 Vgl. Deckers, Daniel, Bischof erschüttert.

94 Reisinger, Doris/Röhl, Christoph, Nur die Wahrheit rettet, S. 265–266; vgl. Bensmann, Marcus, Ratzinger.

95 Löbbert, Raoul/Löwisch, Georg, Im Dunkeln handeln.

96 Zitiert nach Löbbert, Raoul/Löwisch, Georg, In der Verantwortung.

97 Löbbert, Raoul/Löwisch, Georg, Im Dunkeln handeln.

98 Englisch, Andreas u. a., Wir waren Papst.

99 Zitiert nach Preker, Alexander, Reaktionen auf Benedikt.

100 Kardinal Marx bittet um Entschuldigung.

101 Kardinal bedauert damaliges Verhalten.

102 Rücktritt von Marx abgelehnt.

103 Schüller, Thomas, Bistum im Nebel.

104 Gercke, Björn u. a., Gutachten Pflichtverletzungen, S. 525 u. 532.

105 Schüller, Thomas, Bistum im Nebel.

106 An Betroffene gingen knapp 1,5 Millionen Euro.

107 Nach Gutachten zu sexuellem Missbrauch.

108 Nach Vorwürfen im Kölner Missbrauchsgutachten.

109 Weiterer Missbrauchsfall im Bistum Osnabrück; Ruhrbischof Overbeck räumt Schuld ein.

110 Auch Altbischof Kamphaus gibt Erklärung ab.

111 Früherer Hamburger Erzbischof über seine Zeit als Verantwortlicher.

112 Externe Fachleute legen Studie vor.

113 Drobinski, Matthias, Die sexuellen Avancen; Deckers, Daniel, Rücktritt vom Rücktritt.

114 Kaufmann, Franz-Xaver, Kirchenkrise, S. 157.

115 Hilberg, Raul, Täter, Opfer, Zuschauer.

116 Interview N. H., 24.11.2020.

117 Interview G. R., 20.8.2021.

118 Siehe dazu Kapitel 4 in diesem Buch.

119 Mitteilung zweier Betroffener an die Missbrauchskommission, Juli 2013, BGV Münster, HA 500, Reg A 220.

120 Mitteilung zweier Betroffener an Missbrauchskommission, Juli 2013, BGV Münster, HA 500, Reg A 220.

121 Vgl. ebd.

122 Aktennotiz der Missbrauchskommission, 9.9.2013, BGV Münster, HA 500, Reg A 220.

123 Bericht eines Betroffenen an Missbrauchskommission, 26.3.2010, BGV Münster, HA 500, Reg. A 002.

124 Marcus Fischer*, Eidesstattliche Versicherung; Protokoll des Gesprächs mit Prälat A. B. Der Dechant wiederholte diese Darstellung der Geschehnisse gegenüber einem Vertreter des Bischöflichen Offizialats in Vechta.

125 Frings, Bernhard u. a., Macht und Missbrauch, S. 178 f.

126 Ein vor kurzem eröffnetes Verfahren wegen Verdachts auf Strafvereitelung gegen den Generalstaatsanwalt wurde aufgrund von

Verjährungsfristen eingestellt; siehe: Wegen Verjährung eingestellt (gez. hav), in: Kirche + Leben, 19.1.2020.

127 Seufert, Jonas, Ermittler gegen Bischof.

128 Deckers, Daniel, Provokateur mit wenig Geschick.

129 Seufert, Jonas, Ermittler gegen Bischof.

130 Vgl. dazu Rath, Christian, Die Justiz fürchten.

131 Vgl. dazu Deckers, Daniel/Jansen, Thomas, Kein Ende in Sicht.

Tätersystem Kirche? Katholische Strukturen als Ermöglichungsbedingungen des Missbrauchs

1 Langfeld, Andreas, Sozialökologische Faktoren.

2 McCarthy, Tom, Spotlight.

3 Gerl-Falkovitz, Hanna-Barbara, Täterorganisation?

4 Vgl. André, Holger/Katsch, Matthias, Eckiger Tisch, S. 8; zur Kritik daran vgl. Wiegelmann, Lucas, Keine Täterorganisation.

5 Bund der Deutschen Katholischen Jugend.

6 Limburger Bischof spricht über Aufarbeitung.

7 Jansen, Thomas, Bussgottesdienst in Köln; Pütz, Florian, Kölner Weihbischof.

8 Brachmann, Jens, Tatort Odenwaldschule, S. 418.

9 Deckers, Daniel, Krise.

10 Bahners, Patrick, Dynamik des Skandals.

11 Kirche und Benedikt XVI.

12 Thissen, Ich habe Fehler gemacht.

13 KPMG, Projektbericht Bistum Essen, S. 2

14 Ebd., S. 20.

15 AUBIM, Interview mit einem anonym bleibenden Gesprächspartner der Personalkonferenz im Bistum Münster.

16 Thissen, Ich habe Fehler gemacht.

17 Ebd.

18 AUBIM, Interview mit Bischof Dr. Franz-Josef Overbeck vom 1.12.2021.

19 Ebd.

20 Zur Rolle der Therapeuten vgl. Frings, Bernhard u. a., Macht und Missbrauch, S. 408–426.

21 AUBIM, Interview mit anonym bleibendem Gesprächspartner.

22 Katechismus der katholischen Kirche, München 2005, S. 418.

23 Ebd., S. 426 f.

24 Burkard, Dominik, Kirchlicher Umgang, S. 327.

25 AUBIM, Interview mit anonym bleibendem Gesprächspartner.

26 Thissen, Ich habe Fehler gemacht.

27 Ebd.

28 CIC 1983, can. 381 § 1.

29 Müller, Wunibald, Verbrechen, S. 165.

30 Bischof Felix Genn schaut aufs Jahr zurück.

31 Damberg, Wilhelm, Bischof und Kirchenvolk, S. 173.

32 Vgl. Damberg, Wilhelm/Hellemans, Staf (Hrsg.), Die neue Mitte.

33 Vgl. Damberg, Wilhelm, Bischof und Kirchenvolk, S. 174.

34 Vgl. ebd., S. 175.

35 Ebd., S. 176.

36 AUBIM, Interview mit Felix Genn vom 6.11.2020.

37 Vgl. Geyer, Christian, Marx treibt aus.

38 Theologe Bogner fordert eine Reform der kirchlichen Verfassung.

39 Bogner, Daniel, Kirche als Demokratie.

40 Lüdecke, Norbert, Aus kirchenrechtlicher Sicht, S. 45.

41 Ebd., S. 44.

42 Vgl. u. a. Bogner, Daniel, Kirche als Demokratie.

43 CIC 1983, can. 1398 § 1.

44 Instruction of the Supreme Sacred Congregation of the Holy Office.

45 Doyle, Thomas, 1922 and 1962 Instruction »Crimen Sollicitationis«.

46 Missbrauch: Franziskus hebt »päpstliches Geheimnis« auf.

47 Benedikt XVI., Licht der Welt, S. 42 f.; Platen, Peter, Das kirchliche
    Strafrecht.

48 CIC 1983, can. 1341.

49 Reisinger, Doris/Röhl, Christoph, Nur die Wahrheit rettet, S. 211–213;
    Große Kracht, Klaus, Last der Geschichte, S. 264.

50 Johannes Paul II., Motu proprio. Die Normen sind in ihrer ersten
    Fassung veröffentlicht als Schreiben der Glaubenskongregation, Kardinal
    Ratzinger, Joseph, Ad exsequendam ecclesiasticam legem.

51 Kardinal Levada, William, Veränderungen in den Normae de gravioribus
    delictis.

52 Vademecum.

53 Bischof Charles Scicluna, der Anfang der 2000er-Jahre im Rahmen seiner Tätigkeit für die Glaubenskongregation die dort gemeldeten Missbrauchsfälle bearbeitet, spricht von einem »Tsunami« an Meldungen in diesen Jahren: »2003 waren es 800 Fälle – aktuelle und alte, in 2004 kamen nochmals 700 hinzu – nur aus den Vereinigten Staaten. Und der Rest der Welt, auch Deutschland, war noch nicht aufgewacht. Insgesamt habe ich in meiner Zeit 4.000 Fälle gesehen.« Zitiert nach Deckers, Daniel, Tsunami in Rom.

54 Defrancesco, Michael, Missbrauchsbeauftragter erschrocken.

55 Wensierski, Peter, Geheime Paralleljustiz.

56 Vgl. Burkard, Dominik, Kirchlicher Umgang?

57 Ebd., S. 318–320.

58 Ebd., S. 328.

59 Kaufmann, Thomas, Umbruch der Reformation

60 Franziskus, Schreiben an das Volk Gottes.

61 Foucault, Michel, Was ist Kritik, S. 9.

62 Foucault, Michel, Subjekt und Macht, S. 248.

63 Adloff, Josef, Unio Apostolico; Beichtvater und Seelenführer; Seelenführung und Berufspflege.

64 Kongregation für den Klerus im Pontifikat von Papst Benedikt XVI. (Hrsg.), Diener der Barmherzigkeit.

65 Ebd., S. 14; Johannes Paul II., Pastores dabo vobis.

66 Lukassek, Agathe, Pfarrer von Ars.

67 Kongregation für den Klerus im Pontifikat von Papst Benedikt XVI. (Hrsg.), Diener der Barmherzigkeit, S. 16.

68 Großbölting, Thomas, Der verlorene Himmel, S. 39.

69 Kongregation für den Klerus im Pontifikat von Papst Benedikt XVI. (Hrsg.), Diener der Barmherzigkeit, S. 4.

70 CIC 1983, can. 207. Mit dem Begriff »Laien« bezeichnet das Kirchenrecht also den Rest derjenigen, die nicht Kleriker sind, man könnte sie auch die »Übrigen« nennen.

71 Hoyos, Castrillón/Ternyák, Csaba, Der Priester; siehe auch CIC 1983, can. 519: »Der Pfarrer ist der eigene Hirte der ihm übertragenen Pfarrei; er nimmt die Seelsorge für die ihm anvertraute Gemeinschaft unter der Autorität des Diözesanbischofs wahr, zu dessen Teilhabe am Amt Christi er berufen ist, um für diese Gemeinschaft die Dienste des Lehrens, des Heiligens und des Leitens auszuüben, wobei auch andere Priester oder Diakone mitwirken sowie Laien nach Maßgabe des Rechts mithelfen«.

72 Katechismus der katholischen Kirche, S. 418; ebd., S. 427: »Letztlich handelt Christus selbst durch den geweihten Diener und wirkt durch ihn das Heil«.

73 Ebd., S. 426 f.

74 Zit. nach Frings, Bernhard u. a., Macht und Missbrauch, S. 377.

75 Reisinger, Doris/Röhl, Christoph, Nur die Wahrheit rettet.

76 Benedikt XVI., Beginn des Priesterjahres.

77 Kardinal Meisner, Joachim, Predigt zum Priesterjubiläum.

78 Greshake, Gisbert, Priester, Priestertum, S. 564.

79 Vgl. Ruster, Thomas, Balance of Powers, S. 80–83.

80 Vgl. Schulte-Umberg, Thomas, Profession und Charisma.

81 Blum, Daniela/Bock, Florian, »... nicht nur Engel«, S. 183.

82 Vgl. den historischen Abriss bei Schneider, Gerhard, Auslaufmodell Priesterseminar, S. 54–59, S. 6.

83 Keller, Michael, Priesterliche Heiligkeit, S. 98–110, S. 99.

84 Ebd., S. 107.

85 Zahlen aus Schneider, Gerhard, Auslaufmodell Priesterseminar, S. 14; Ebd., S. 18–19.

86 Große Kracht, Klaus, Elternrecht und Ehenot; Großbölting, Thomas, Der verlorene Himmel, S. 246–247

87 Zöller, Josef Othmar, Abschied von Hochwürden.

88 Roegele, Otto Bernhard, Krise oder Wachstum, S. 101.

89 Drewermann, Eugen, Kleriker.

90 Vgl. Sander, Hans-Joachim, Herrschaft der Oblaten, S. 70.

91 Vgl. dazu die Hinweise in »Gericht lässt nachermitteln«, in: Kölner Stadtanzeiger vom 11.1.2022. weitere schlagende Beispiele in Frings, Bernhard u. a., Macht und Missbrauch, S. 404.

92 Zweites Vatikanisches Konzil, Lumen Gentium, S. 134 f.

93 Vgl. Baumgartner, Konrad, Wandel des Priesterbildes, S. 15.

94 Jürgens, Stefan, Ausgeheuchelt, S. 22.

95 Vgl. Frings, Bernhard u. a., Macht und Missbrauch, S. 386 f.

96 Bühling, Daniel, 11. Gebot, S. 13; In eine ähnliche Richtung Rothe, Wolfgang F., Missbrauchte Kirche.

97 Martel, Frédéric, Sodom.

98 Prantl, Heribert, Hölle und Himmel.

99 Biser, Eugen, Glaubensprognose, S. 196.

100 Vgl. Benedikt XVI., Klima der 68er; Aschmann, Birgit, Das wahre Leiden.

101 Responsum ad dubium.

102 Vgl. Klöcker, Michael, Katholisch.

103 Vgl. Angenendt, Arnold, Ehe, Liebe und Sexualität im Christentum.

104 Häring, Bernhard, Das Gesetz Christi, S. 298.

105 Zit. nach Klöcker, Michael, Katholisch, S. 93.

106 Jone, Heribert, Katholische Moraltheologie, S. 181.

107 Luna, Francisco, Wie beichte ich richtig?, S. 49.

108 Zit. nach Schreuder, Osmond, Kirche im Vorort, S. 432.

109 Ebd., S. 436.

110 Rölli-Alkemper, Lukas, Familie im Wiederaufbau, S. 236.

111 Vgl. Großbölting, Thomas, Der verlorene Himmel.

112 Zit. nach Verbotene Lust.

113 Zit. nach ebd.; Leist, Fritz, Der sexuelle Notstand und die Kirchen.

114 Angenendt, Arnold, Ehe, Liebe und Sexualität im Christentum, S. 209.

115 Drewermann, Eugen, Kleriker, S. 536.

116 Verbotene Lust.

117 Ebd.

118 Paul VI., Humanae Vitae, Abs. 14, Zeile 16.

119 Lüdecke, Norbert, Humanae Vitae, S. 534.

120 Vgl. Gagnebet, Rosario M., Autorität der Enzyklika Humanae Vitae, S. 269.

121 Aschmann, Birgit/Damberg, Wilhelm, Umstrittene Enzyklika, S. 5.

122 Ebd., S. 28.

123 Paul VI., Humanae Vitae, Abs. 19.

124 Ford, John C., Statement of Position, zitiert nach Woodcock Tentler, Leslie, »Humanae Vitae«, S. 321. »*It is my position that the Church could not have made such a very grave mistake through all of the centuries or even through one century, imposing very heavy burdens in the name of Jesus Christ, unless Jesus Christ imposed them [...]. If the Church can have erred so egregiously, the faithful can no longer believe in her teaching authority.*«

Resümee und Ausblick: Wie umgehen mit dem Missbrauch? Aufarbeitungsszenarien und Perspektiven in Gesellschaft, Politik und der Kirche

1 Jansen, Thomas, Bussgottesdienst in Köln; Pütz, Florian, Kölner Weihbischof.

2   Vgl. unter vielen anderen Leue, Vivien, Erneuter Missbrauch..

3   Vgl. Jansen, Thomas, Bussgottesdienst in Köln.

4   Gemeinsame Erklärung, S. 2.

5   Vgl. Großbölting, Thomas, Aufarbeitung.

6   Vgl. Knigge, Volkhardt, Zukunft der Erinnerung.

7   Mertes, Klaus, Kreislauf des Scheiterns, S. 24.

8   Adorno, Theodor W., Aufarbeitung der Vergangenheit.

9   Scally, Best Catholics, S. 117.

10   Pressemitteilung.

11   Schmoll, Heike, Für mehr Glaubwürdigkeit, S. 5.

12   Positionspapier 2022, S. 5.

13   Ebd., S. 2.

14   Ebd., S. 7.

15   Zahlen und Fakten.

16   Bannenberg, Britta u. a., MHG-Studie, S. 18.

17   Florin, Christiane, Sag niemals »ich«, S. 72.

18   Benedikt XVI., Sacramentum Caritatis, Nr. 80.

19   Kaufmann, Franz-Xaver, Kirchenkrise, S. 171.

20   Ebd., S. 173.

21   Ebd.

22   Hirschman, Albert O., Exit, Voice and Loyalty.

23   Vgl. Köln verzeichnet größten Zuwachs; Wundersee, Philipp, Kirchenaustritte nehmen zu; Zahl der Kirchenaustritte.

24   Petersen, Thomas, Gehört das Christentum.

25   Vgl. Pollack, Detlef/Rosta, Gergely, Religion in der Moderne; Großbölting, Thomas, Der verlorene Himmel.

26   Für eine synodale Kirche.

27   Vgl. Lüdecke, Norbert, Täuschung.

28   Jansen, Thomas, Weg vom Absolutismus.

29   Kirchenaustritte in 2021.

30   vom Hofe, Sylvia, Pfarrer Mombauer.

31   Magalski, Daniel, Architekt.

32   Homepage der Gemeinde Maria Geburt in Aschaffenburg, https://www.maria-geburt.de (abgerufen am 27.3.2022).

33   Vgl. Rippenberger, Anna-Lena, Keine Chance.

Literatur

25 Jahre in Barlo: Ganze Gemeinde feiert »Kapi«, Bocholter-Borkener Volksblatt vom 21.10.2000.

Adler, Eric/Bauer, Laura, Catholic Paper Recalls Covering Child Sex Scandal a Generation Ago, in: BishopAccountability, 17.4.2010, https://www.bishop-accountability.org/news2010/03_04/2010_04_17_Adler_CatholicPaper.htm (abgerufen am 17.12.2021.

Adloff, Josef, Beichtvater und Seelenführer, Straßburg ³1917.

Adloff, Josef, Seelenführung und Berufspflege, Straßburg 1918.

Adloff, Josef, Unio Apostolica sacerdotum saecularium diocesis Argentinensis, Straßburg 1907.

Adorno, Theodor W., Was bedeutet: Aufarbeitung der Vergangenheit [1959], in: ders., Gesammelte Schriften, Bd. 10.2, Frankfurt a. M. 1977, S. 555–572.

Alioth, Martin, Skandal in Irlands Kirche. Geschlagen, gedemütigt, vergewaltigt, in: Spiegel Online, 20.5.2009, https://www.spiegel.de/panorama/gesellschaft/skandal-in-irlands-kirche-geschlagen-gedemuetigt-vergewaltigt-a-626099.html (abgerufen am 20.8.2021).

Alper, Becka A. u. a., In U.S., Decline of Christianity Continues at Rapid Pace. An update on America's changing religious landscape, in: Pew Research Center, 17.10.2019, https://www.pewforum.org/2019/10/17/in-u-s-decline-of-christianity-continues-at-rapid-pace/ (abgerufen am 17.12.2021).

Amelung, Till u. a., Pädophilie und Hebephilie, in: Beier, Klaus M. (Hrsg.), Pädophilie, Hebephilie und sexueller Kindesmissbrauch. Die Berliner Dissexualitätstherapie, Berlin 2018, S. 1–14.

Ammon, Frieder von, Die Schafe auf der Schlachtbank. Zu einer Parodie des 23. Psalms von Pink Floyd, in: Michael Fischer/Diana Rothaug (Hrsg.), Das Motiv des Guten Hirten in Theologie, Literatur und Musik, Tübingen 2002, S. 305–314.

An Betroffene gingen knapp 1,5 Millionen Euro. 2,8 Millionen Euro für Missbrauch-Aufarbeitung im Erzbistum Köln, in: katholisch.de, 4.12.2021, https://www.katholisch.de/artikel/32250-28-millionen-euro-fuer-missbrauch-aufarbeitung-im-erzbistum-koeln (abgerufen am 21.1.2022).

André, Holger/Katsch, Matthias, Eckiger Tisch. Bemühungen von Opfern sexualisierter Gewalt an deutschen Jesuitenschulen um Aufklärung, Hilfe und Genugtuung, Eine Dokumentation aus der Perspektive der Betroffenen, Berlin 2010.

Andresen, Horst, Barlo geschockt über »Kapis« dunkle Seite, in: Westfälische Nachrichten, 03.07.2019, https://www.wn.de/muensterland/barlo-geschockt-uber-kapis-dunkle-seite-1118649 (abgerufen am 03.01.2022).

Angenendt, Arnold, Ehe, Liebe und Sexualität im Christentum. Von den Anfängen bis zur Gegenwart, Münster 2015.

Anuth, Bernhard Sven/Florin, Christiane, Umgang mit sexualisierter Gewalt. »Dem Kirchenrecht fehlt die Opferperspektive«, in: Deutschlandfunk, 12.03.2021, https://www.deutschlandfunk.de/umgang-mit-sexualisierter-gewalt-dem-kirchenrecht-fehlt-die.886.de.html?dram:article_id=493929 (abgerufen am 17.12.2021).

Anzahl der Katholiken weltweit nach Regionen am 31. Dezember 2019, in: statista, 25.10.2021, https://de.statista.com/statistik/daten/studie/252968/umfrage/anzahl-der-katholiken-nach-weltregionen/ (abgerufen am 1.11.2021).

Aschmann, Birgit, Das wahre katholische Leiden an 1968, in: Herder-Korrespondenz 73 (2019), Bd. 7, S. 44–47.

Aschmann, Birgit/Damberg, Wilhelm, Entstehung, Wahrnehmung und Wirkung einer umstrittenen Enzyklika. Eine Einleitung, in: dies. (Hrsg.), Liebe und tu, was du willst? Die »Pillenenzyklika« Humanae vitae von 1968 und ihre Folgen, Paderborn 2021, S. 3–30.

Assignment Record. Rev. Gilbert J. Gauthe, in: BishopAccountability, 20.1.2017, http://www.bishopaccountability.org/assign/Gauthe_Gilbert_J.htm (abgerufen am 13.12.2021).

Assmann, Aleida, Formen des Schweigens, in: dies./Assmann, Jan (Hrsg.), Schweigen. Archäologie der literarischen Kommunikation XI, München 2013, S. 51–68.

AUBIM, Interview mit Bischof Dr. Felix Genn vom 6.11.2020.

AUBIM, Interview mit Bischof Dr. Franz-Josef Overbeck vom 1.12.2021.

Auch Altbischof Kamphaus gibt persönliche Erklärung ab. Bistum Limburg: Sexueller Missbrauch wurde vertuscht, in: katholisch.de, 20.11.2019, https://www.katholisch.de/artikel/23648-bistum-limburg-sexueller-missbrauch-wurde-vertuscht (abgerufen am 21.1.2022).

Baader, Meike u. a., Ergebnisbericht. »Helmut Kentlers Wirken in der Berliner Kinder- und Jugendhilfe«, Hildesheim 2020.

Bahners, Patrick, Kindesmissbrauch. Die Dynamik des Skandals, in: FAZ, 12.2.2010, https://www.faz.net/aktuell/kindesmissbrauch-die-dynamik-des-skandals-1940281.html (abgerufen am 02.02.2022).

Bakermans-Kranenburg, Marian J. u. a., A Global Perspective on Child Sexual Abuse. Meta-Analysis of Prevalence Around the World, 21.04.2022, https://journals.sagepub.com/doi/10.1177/1077559511403920 (abgerufen am 04.01.2022).

Bange, Dirk, Geschichte, in: ders./Wilhelm Körner (Hrsg.), Handwörterbuch Sexueller Missbrauch, Göttingen 2002, S. 135–142.

Bannenberg, Britta u. a., Sexual Abuse at the Hands of Catholic Clergy. A Retrospective Cohort Study of Its Extent and Health Consequences for Affected Minors (The MHG Study), in: Deutsches Ärzteblatt International 116 (2019), S. 389–396.

Baumgartner, Konrad, Der Wandel des Priesterbildes zwischen dem Konzil von Trient und dem II. Vatikanischen Konzil, München 1978.

Beer, Peter/Zollner, Hans, Nullnummer kirchliche Präventionsarbeit?, in: Herder Korrespondenz 11 (2019), S. 41–43.

Behnisch, Michael/Rose, Lotte, Der Missbrauchsskandal in Schulen und Kirchen. Eine Analyse der Mediendebatte im Jahr 2010, in: Neue Praxis 4 (2011), S. 331–352.

Benedikt XVI., Nachsynodales Apostolisches Schreiben. Sacramentum Caritatis, in: vatican.va, 22.2.2007, https://www.vatican.va/content/benedict-xvi/de/apost_exhortations/documents/hf_ben-xvi_exh_20070222_sacramentum-caritatis.html (abgerufen am 27.3.2022).

Benedikt XVI., Klima der 68er mitverantwortlich für Missbrauchsskandal, in: katholisch.de, 11.4.2019, https://www.katholisch.de/artikel/21325-benedikt-xvi-68er-sind-verantwortlich-fur-missbrauchsskandal (abgerufen am 1.2.2022).

Benedikt XVI., Licht der Welt. Der Papst, die Kirche und die Zeichen der Zeit. Ein Gespräch mit Peter Seewald, Freiburg 2010.

Benedikt XVI., Schreiben von Papst Benedikt XVI. zum Beginn des
    Priesterjahres anlässlich des »Dies natalis« von Johannes Maria Vianney, in:
    vatican.va, 16.6.2009, https://www.vatican.va/content/benedict-xvi/de/
    letters/2009/documents/hf_ben-xvi_let_20090616_anno-sacerdotale.html
    (abgerufen am 4.2.2022).

Bensmann, Marcus, Ratzinger und der pädophile Priester, in: Correctiv,
    19.2.2020, https://correctiv.org/top-stories/2020/02/18/ratzinger-und-der-
    paedophile-priester/ (abgerufen am 21.1.2022).

Bickschlag, Carsten, Neuer Straßennahme in Sedelsberg so grau wie
    das Pflaster, in: NWZ online, 26.3.2021, https://www.nwzonline.
    de/plus-cloppenburg-kreis/sedelsberg-umbenennung-nach-
    missbrauchsskandal-neuer-strassenname-in-sedelsberg-so-grau-wie-das-
    pflaster_a_51,0,2484410637.html (abgerufen am 14.4.2021).

Bickschlag, Carsten, Schwere Vorwürfe gegen Pfarrer, in: Nordwestzeitung,
    13.2.2021, S. 10.

Bischof Felix Genn schaut aufs Jahr zurück. »Einschränkung der Bischofs-
    Macht wäre ein Gewinn«, in: Rheinische Post Online, 24.12.2021,
    https://rp-online.de/kultur/bischof-genn-eine-einschraenkung-der-bischofs-
    macht-waere-ein-gewinn_aid-64807607 (abgerufen am 2.2.2022).

Biser, Eugen, Glaubensprognose. Orientierung in postsäkularistischer Zeit,
    Graz/Wien/Köln 1991.

Bishop Accused of Sexual Abuse and Misconduct. A Global Accounting, in:
    BishopAccountability, 13.7.2021, https://www.bishop-accountability.org/
    bishops/global-list-of-accused-bishops/ (abgerufen am 22.10.2021).

BishopAccountability, https://www.bishop-accountability.org/ (abgerufen am
    11.2.2022).

Blum, Daniela/Bock, Florian, »... nicht nur Engel, sondern auch Götter«
    versus Abschied von Hochwürden, in: Zeitschrift für Pastoraltheologie 37
    (2017), S. 181–194.

Bogner, Daniel, Kirche als Demokratie? Plädoyer für eine offene Diskussion,
    in: Reisinger, Doris (Hrsg.), Gefährliche Theologien. Wenn theologische
    Ansätze Machtmissbrauch legitimieren, Regensburg 2021, S. 106–118.

Brachmann, Jens, Tatort Odenwaldschule. Das Tätersystem und die diskursive
    Praxis der Aufarbeitung von Vorkommnissen sexualisierter Gewalt, Bad
    Heilbrunn 2019.

Brähler, Elmar/Plener, Paul L./Witt, Andreas, Different Contexts of Sexual Abuse With a Special Focus on the Context of Christian Institutions: Results From the General Population in Germany, in: Journal of Interpersonal Violence (2019).

Braun, Michael, Lieber nicht mit der Kirche anlegen, in: Zeit Online, 10.2.2022, https://www.zeit.de/gesellschaft/2022-02/missbrauchsdebatte-italien-katholische-kirche-papst (abgerufen am 22.2.2022).

Briken, Peer u. a., Sexueller Missbrauch von Kindern und Jugendlichen, in: Zeitschrift für Sexualforschung 23 (2010), S. 191–193.

Brown, Peter, Die Keuschheit der Engel. Sexuelle Entsagung, Askese und Körperlichkeit am Anfang des Christentums, München 1991, S. 45.

Brüntrup, Godehard, Zölibat als Risikofaktor für sexuellen Missbrauch, in: Remenyi, Mattias/Schärtl, Thomas (Hrsg.), Nicht ausweichen. Theologie angesichts der Missbrauchskrise, Regensburg 2019, S. 109–124.

Bühling, Daniel, Das 11. Gebot. Du sollst nicht darüber sprechen. Dunkle Wahrheiten über das Priesterseminar, München 2014.

Bund der Deutschen Katholischen Jugend, »Die Kirche ist eine Täterorganisation«. Gregor Podschun im Gespräch mit Ute Welty, in: Deutschlandfunk Kultur, 23.2.2021, https://www.deutschlandfunkkultur.de/bund-der-deutschen-katholischen-jugend-die-kirche-ist-eine-100.html (abgerufen am 2.2.2022).

Burgsmüller, Claudia, Straftaten gegen die sexuelle Selbstbestimmung nach dem 13. Abschnitt des Strafgesetzbuches (StGB), in: Jörg Fegert/Mechthild Wolff (Hrsg.), Kompendium »Sexueller Missbrauch in Institutionen«. Entstehungsbedingungen, Prävention und Intervention, Weinheim 2015, S. 51–62.

Burkard, Dominik, Kirchlicher Umgang mit sexuellem Missbrauch durch Kleriker. Fragen, Probleme und Überlegungen aus kirchenhistorischer Sicht, in: ders./Clemens Brodkorb (Hrsg.), Neue Aspekte einer Geschichte des kirchlichen Lebens, Regensburg 2021, S. 283–331.

Cahill, Desmond/Wilkinson, Peter, Child Sexual Abuse in the Catholic Church. An Interpretive Review of the Literature and Public Inquiry Reports, Melbourne 2017, S. 16.

Chatelain, Kim, Catholic Church ignored 1985 report warning of child sex abuse crisis, 21.2.2019, https://www.nola.com/news/article_91ac5ee5-ed47-55b9-a6e9-ef72496a8900.html (abgerufen am 13.12.2021).

Chatelion Counet, Patrick, Fahrlässig. Aufarbeitung des Missbrauchs in der niederländischen Kirche, in: Herder-Korrespondenz 5 (2021), S. 33–36.

Church allowed abuse by priest for years. Aware of Geoghan record, archdiocese still shuttled him from perish to perish, in: Boston Globe, 6.1.2002, https://www.bostonglobe.com/news/special-reports/2002/01/06/church-allowed-abuse-priest-for-years/cSHfGkTIrAT25qKGvBuDNM/story.html (abgerufen am 13.12.2021).

Codex des Kanonischen Rechtes, in: vatican.va, https://www.vatican.va/archive/cod-iuris-canonici/cic_index_ge.html (abgerufen am 17.12.2021).

Damberg, Wilhelm, Bischof und Kirchenvolk – enttäuschte Liebe? in: Lebendige Seelsorge 65 (2014), Bd. 3, S. 171–177.

Damberg, Wilhelm, Missbrauch. Die Geschichte eines internationalen Skandals, in: Birgit Aschmann (Hrsg.), Katholische Dunkelräume. Die Kirche und der sexuelle Missbrauch, Paderborn 2022, S. 3–22.

Damberg, Wilhelm/de Maeyer, Jan/Monteiro, Marit, Introduction, in: Trajecta 25 (2016), Bd. 1, S. 3–22.

Damberg, Wilhelm/Hellemans, Staf (Hrsg.), Die neue Mitte der Kirche. Der Aufstieg der intermediären Instanzen in den europäischen Großkirchen seit 1945, Stuttgart 2010.

Deckers, Daniel, Bischof erschüttert über »schrecklichen Abgrund«, in: FAZ, 7.10.2020, https://www.faz.net/aktuell/rhein-main/region-und-hessen/missbrauch-im-bistum-mainz-bischof-kohlgraf-erschuettert-16990645.html (abgerufen am 21.1.2022).

Deckers, Daniel, Bischof Walter Mixa. Provokateur mit wenig Geschick, in: FAZ, 14.4.2010, https://www.faz.net/aktuell/politik/inland/bischof-walter-mixa-provokateur-mit-wenig-geschick-1971083.html (abgerufen am 14.12.2013).

Deckers, Daniel, Krise einer moralischen Instanz. Ein Kommentar von Daniel Deckers, in: FAZ, 17.7.2010, https://www.faz.net/aktuell/politik/katholische-kirche-krise-einer-moralischen-instanz-1574362.html (abgerufen am 2.2.2022).

Deckers, Daniel, Missbrauchsfälle im Vatican. Tsunami in Rom, in: FAZ, 1.3.2013, https://www.faz.net/aktuell/politik/ausland/missbrauchsfaelle-im-vatikan-tsunami-in-rom-12099926.html (abgerufen am 2.2.2022).

Deckers, Daniel, Walter Mixa. Der Rücktritt vom Rücktritt vom Rücktritt, in: FAZ, 20.6.2010, https://www.faz.net/aktuell/politik/inland/walter-mixa-der-ruecktritt-vom-ruecktritt-vom-ruecktritt-1992536-p3.html (abgerufen am 21.1.2022).

Deckers, Daniel/Jansen, Thomas, Chronik der Aufarbeitung. Die Kirche, der Missbrauch und kein Ende in Sicht, 18.3.2021, https://www.faz.net/aktuell/politik/inland/missbrauch-in-der-kirche-eine-chronik-der-aufarbeitung-17249632.html (abgerufen am 13.1.2022).

Definition von Kindesmissbrauch, in: Unabhängiger Beauftragter für Fragen sexuellen Missbrauchs, https://beauftragter-missbrauch.de/praevention/was-ist-sexueller-missbrauch/definition-von-sexuellem-missbrauch (abgerufen am 20.12.2021).

Defrancesco, Michael, Missbrauchsbeauftragter erschrocken über Benedikts Verteidigung.»Wir haben keine Paralleljustiz«, in: Rhein-Zeitung, 27.1.2022, https://www.rhein-zeitung.de/region/rheinland-pfalz_artikel,-missbrauchsbeauftragter-erschrocken-ueber-benedikts-verteidigung-wir-haben-keine-paralleljustiz-_arid,2364880.html (abgerufen am 2.2.2022).

Dekret Presbyterorum ordinis. Über Dienst und Leben der Priester, in: vatican.va, 7.12.1965, https://www.vatican.va/archive/hist_councils/ii_vatican_council/documents/vat-ii_decree_19651207_presbyterorum-ordinis_ge.html (abgerufen am 20.12.2021).

Dinzelbacher, Peter, Christliche Mystik im Abendland, Paderborn 1994.

Dinzelbacher, Peter, Pädophilie im Mittelalter, in: Beiträge zur Rechtsgeschichte Österreichs 8 (2018), Bd. 1, S. 5–38.

Dölling, Dieter u. a., Sexueller Missbrauch von Kindern durch katholische Priester seit 2009. Verlauf und relative Häufigkeit im Vergleich zur männlichen Allgemeinbevölkerung, in: Psychiatrische Praxis 46 (2019), S. 256–262.

Doyle, Thomas, Reflections from 25 Years of Experience. At the Start of the New Year, in: BishopAccountability, 2.1.2010, https://www.bishop-accountability.org/news2010/01_02/2010_01_02_Doyle_MustRead.htm (abgerufen am 21.1.2022).

Dreßing, Harald, Es geht weiter. Eine Missbrauchs-Untersuchung jüngerer kirchlicher Personalakten bis 2015, in: Herder Korrespondenz 9 (2019), S. 24–27.

Drewermann, Eugen, Kleriker. Psychogramm eines Ideals, München 1992.

Dreyer, Patricia, Untersuchungsbericht. Tausende Kinder in Heimen der irischen Kirche missbraucht, in: Der Spiegel, 20.5.2009, https://www.spiegel.de/panorama/gesellschaft/untersuchungsbericht-tausende-kinder-in-heimen-der-irischen-kirche-missbraucht-a-626068.html (abgerufen am 20.8.2021).

Drobinski, Matthias, Papst-Akte belastet Mixa. Die sexuellen Avancen des Bischofs, in: Süddeutsche Zeitung, 21.6.2010, https://www.sueddeutsche.de/bayern/geheime-papst-akte-belastet-mixa-schwer-alkohol-und-wahrnehmungsprobleme-1.962464 (abgerufen am 21.1.2022).

Enders, Ursula, Umgang mit Vermutung und Verdacht bei sexuellem Kindesmissbrauch, in: Jörg Fegert u. a. (Hrsg.), Sexueller Missbrauch von Kindern und Jugendlichen. Ein Handbuch zur Prävention und Intervention für Fachkräfte im medizinischen, psychotherapeutischen und pädagogischen Bereich, Berlin/Heidelberg 2015, S. 155–164.

Englisch, Andreas u. a., Wir waren Papst, in: Zeit Online, 27.1.2022, https://www.zeit.de/2022/05/papst-benedikt-xvi-katholische-kirche-missbrauchsskandal (abgerufen am 22.2.2022).

Externe Fachleute legen Studie zu sexualisierter Gewalt im Bistum Hildesheim vor. Gutachter: Bischof Janssen schützte Missbrauchstäter und Kirche, in: katholisch.de, 14.9.2021, https://www.katholisch.de/artikel/31243-eklatantes-versagen-im-umgang-mit-missbrauch-unter-bischof-janssen (abgerufen am 21.1.2022).

Fegert, Jörg M./Wolff, Mechthild, Eine neue Qualität der Debatte um Schutz vor Missbrauch in Institutionen, in: Jörg M. Fegert/Mechthild Wolff (Hrsg.), Kompendium Sexueller Missbrauch in Institutionen. Entstehungsbedingungen, Prävention und Intervention, Weinheim/Basel 2005, S. 15–37.

Fegert, Jörg/Wolff, Mechthild, Eine neue Qualität der Debatte um Schutz vor Missbrauch in Institutionen, in: dies. (Hrsg.), Kompendium »Sexueller Missbrauch in Institutionen«. Entstehungsbedingungen, Prävention und Intervention, Weinheim 2015, S. 15–37.

Fernau, Sandra, Verstrickungen im Glauben. Zur biografischen Bedeutung katholischer Religiosität vor dem Hintergrund sexuellen Missbrauchs durch Kleriker, Baden-Baden 2018.

Florin, Christiane: Sag niemals »ich«, in: Remenyi, Matthias/Schärtl, Thomas, Nicht ausweichen: Theologie angesichts der Missbrauchskrise, Regensburg 2019, S. 63–72.

Ford, John C., Statement of Position, 25.5.1996, zit. nach Woodcock Tentler, Leslie, »Humanae Vitae«. The American Story, in: Birgit Aschmann/Wilhelm Damberg (Hrsg.), Liebe und tu, was du willst? Die »Pillenenzyklika« Humanae vitae von 1968 und ihre Folgen, Paderborn 2021, S. 309–322.

Foucault, Michel, Subjekt und Macht, in: Daniel Defert/François Ewald (Hrsg.), Michel Foucault. Analytik der Macht, Frankfurt a. M. 2015, S. 240–263.

Foucault, Michel, Was ist Kritik? Berlin 1992.

Fox, Thomas C., What they knew in 1985. 17 years ago, a report on clergy sex abuse warned U.S. bishops of trouble ahead, in: National Catholic Reporter Online, 17.5.2002, http://www.nathcath.org/NCR_Online/archives/051702/051702a.htm (abgerufen am 17.12.2021).

Franziskus, »Vos Estis Lux Mundi«, in: vatican.va, 7.5.2019, https://www.vatican.va/content/francesco/de/motu_proprio/documents/papa-francesco-motu-proprio-20190507_vos-estis-lux-mundi.html (abgerufen am 17.12.2021).

Franziskus, Schreiben von Papst Franziskus an das Volk Gottes, in: vatican.va, 20.8.2018, https://www.vatican.va/content/francesco/de/letters/2018/documents/papa-francesco_20180820_lettera-popolo-didio.html (abgerufen am 6.4.2021).

Frings, Bernhard u. a., Macht und Missbrauch in der katholischen Kirche. Betroffene, Beschuldigte und Vertuscher im Bistum Münster seit 1945, Münster 2022.

Früherer Hamburger Erzbischof über seine Zeit als Verantwortlicher im Bistum Münster. Missbrauch: Erzbischof Werner Thissen räumt schwere Fehler ein, in: Kirche und Leben, 6.11.2019, https://www.kirche-und-leben.de/artikel/missbrauch-erzbischof-werner-thissen-raeumt-schwere-fehler-ein (abgerufen am 21.1.2022).

Für eine synodale Kirche. Gemeinschaft, Teilhabe und Sendung. Vorbereitungsdokument, in: vatican.va, 7.8.2021, https://press.vatican.va/content/salastampa/it/bollettino/pubblico/2021/09/07/0540/01156.html#tedescook (abgerufen am 8.4.2022).

Fürst, Dominik, Der Skandal, um den es in »Spotlight« geht. Im Jahr 2002 erschien ein Artikel im »Boston Globe«, der die katholische Kirche in den USA in ihren Grundfesten erschüttern sollte, in: Süddeutsche Zeitung, 29.2.2016, https://www.sueddeutsche.de/panorama/boston-der-skandal-um-den-es-in-spotlight-geht-1.2885087 (abgerufen am 17.12.2021).

Gagnebet, Rosario M., Die Autorität der Enzyklika Humanae Vitae, in: Die Römische Warte. Beilage der «Deutschen Tagespost» – Berichte und Kommentare aus dem L'Osservatore Romano vom 1. Oktober 1968, S. 268 f.

Garret, Paul Michael, A »Catastrophic, Inept, Self-Serving« Church? Re-examining Three Reports on Child Abuse in the Republic of Ireland, in: Journal of Progressive Human Services 24 (2013), Bd. 1, S. 43–65.

Gebrande, Julia, Der Aufarbeitungsprozess von sexualisierter Gewalt in der katholischen Kirche, in: dies./Boewe-Trager, Claudia (Hrsg.), Machtmissbrauch in der katholischen Kirche. Aufarbeitung und Prävention sexualisierter Gewalt, Hildesheim 2019.

Gemeinsame Erklärung. Über verbindliche Kriterien und Standards für eine unabhängige Aufarbeitung von sexuellem Missbrauch in der katholischen Kirche in Deutschland, in: Unabhängiger Beauftragter für Fragen des sexuellen Kindesmissbrauchs/Beauftragter der Deutschen Bischofskonferenz für Fragen des sexuellen Missbrauchs im kirchlichen Bereich und für Fragen des Kinder- und Jugendschutzes, https://www.dbk.de/fileadmin/redaktion/ diverse_downloads/presse_2020/2020-074a-Gemeinsame-Erklaerung- UBSKM-Dt.-Bischofskonferenz.pdf (abgerufen am 8.4.2022).

Gergen, Kenneth J./McNamee, Sheila, Relational Responsibility Ressources for sustainable dialogue, London 1999, S. 49–53.

Gerl-Falkovitz, Hanna-Barbara, Täterorganisation? Schuld und Strukturen in der Kirche, in: Herder-Korrespondenz 73 (2019), Bd. 4, S. 16–17.

Gesetz zur Bekämpfung sexualisierter Gewalt gegen Kinder, in: Beck-aktuell, 25.3.2021, https://rsw.beck.de/aktuell/daily/meldung/detail/gesetz-zu- bekaempfung-sexualisierter-gewalt-gegen-kinder-beschlossen (abgerufen am 6.10.2021).

Gesetzgebungsverfahren. Gesetz zur Bekämpfung sexualisierter Gewalt gegen Kinder, in: Bundesministerium der Justiz, 22.6.2021, https://www.bmjv. de/SharedDocs/Gesetzgebungsverfahren/DE/Bekaempfung_sex_Gewalt_ Kinder.html (abgerufen am 1.8.2021).

Geyer, Christian, Münchener Missbrauchsstudie. Kardinal Marx treibt dem Wir das Ich aus, in: FAZ, 27.1.2022, https://www.faz.net/aktuell/ feuilleton/muenchner-missbrauchsstudie-kardinal-marx-treibt-dem-wir- das-ich-aus-17758801.html (abgerufen am 2.2.2022).

Glenz, Tobias u. a., Bistum Magdeburg. Es wird kein umfassendes
Missbrauchsgutachten geben, in: katholisch.de, 3.2.2022, https://www.
katholisch.de/artikel/32999-bistum-magdeburg-es-wird-kein-umfassendes-
missbrauchsgutachten-geben (abgerufen am 28.3.2022).

Glenz, Tobias u. a., Wilmer. Müssen uns mit düsterer Seite unserer
Vergangenheit befassen, in: katholisch.de, 3.4.2019, https://www.
katholisch.de/artikel/21246-wilmer-muessen-uns-mit-duesterer-seite-
unserer-vergangenheit-befassen (abgerufen am 21.02.2020).

Glenz, Tobias, Bätzing ruft deutsche Bischöfe zu radikaler Wende auf, in:
katholisch.de, 21.9.2022, https://www.katholisch.de/artikel/31332-
baetzing-ruft-deutsche-bischoefe-zu-radikaler-wende-auf (abgerufen am
24.3.2022).

Glenz, Tobias, Ex-Messdiener: Musste mich vor Bischoff Janssen nackt
ausziehen, in: katholisch.de, 13.11.2018, https://www.katholisch.de/
artikel/19609-ex-messdiener-musste-mich-vor-bischof-janssen-nackt-
ausziehen (abgerufen am 21.04.2020).

Gnilka, Christian, Aetas Spiritalis. Die Überwindung der natürlichen
Altersstufen als Ideal frühchristlichen Lebens (Theophaneia 24), Bonn
1972, S. 207.

Goldbeck, Lutz, Auffälligkeiten und Hinweiszeichen bei sexuellem
Kindesmissbrauch, in: Fegert, Jörg M. u. a., Sexueller Missbrauch
von Kindern und Jugendlichen. Ein Handbuch zur Prävention und
Intervention für Fachkräfte im medizinischen, psychotherapeutischen und
pädagogischen Bereich, Berlin 2015, S. 145–153.

Görgen, Arno/Griemmert, Maria/Kessler, Sebastian, Sexueller Missbrauch
und Kinderschutz-Perspektiven im Wandel, in: Jörg Fegert/Mechthild
Wolff (Hrsg.), Kompendium »Sexueller Missbrauch in Institutionen«.
Entstehungsbedingungen, Prävention und Intervention, Weinheim 2015,
S. 27–40.

Greshake, Gisbert, Priester, Priestertum, III. Historisch-theologisch, in: Walter
Kasper (Hrsg.), Lexikon für Theologie und Kirche, Bd. 8, Freiburg 1993,
S. 564–567.

Großbölting, Thomas, Der verlorene Himmel. Glaube in Deutschland seit
1945, Göttingen 2013.

Großbölting, Thomas, Was heißt »Aufarbeitung«? Die Gefahr der Leerformel,
in: Herder-Korrespondenz 2 (2021), S. 20–22.

Große Kracht, Klaus, »Elternrecht« und »Ehenot«. Familienbilder und
    Wertewandel im westdeutschen Katholizismus der 1950er und 1960er
    Jahre, in: WWU Münster, Dezember 2018, https://www.uni-muenster.
    de/imperia/md/content/religion_und_moderne/preprints/crm_working_
    paper_18_gro__e_kracht.pdf (abgerufen am 13.4.2021).

Große Kracht, Klaus, Die Last der Geschichte. Was können
    geschichtswissenschaftliche Forschungen zur Aufarbeitung des sexuellen
    Missbrauchs an Minderjährigen in der katholischen Kirche beitragen?, in:
    Birgit Aschmann (Hrsg.), Katholische Dunkelräume. Die Kirche und der
    sexuelle Missbrauch, Paderborn 2022, S. 250–256.

Hackenschmied, Gerhard u. a., Gutachten. Untersuchung von Fällen
    sexualisierter Gewalt im Verantwortungsbereich des Bistums Hildesheim –
    Fallverläufe, Verantwortlichkeiten, Empfehlungen, https://www.bistum-
    hildesheim.de/fileadmin/dateien/PDFs/Pressetexte/IPP_Muenchen_
    Gutachten_Bistum_Hildesheim.pdf (abgerufen am 03.01.2022).

Hallay-Witte, Mary/Janssen, Bettina (Hrsg.), Schweigebruch. Vom sexuellen
    Missbrauch zur institutionellen Prävention, Freiburg im Breisgau/Basel/
    Wien 2016, S. 102.

Häring, Bernhard, Das Gesetz Christi (Bd. 3), München [8]1967.

Hensel, Alexander/Klecha, Stephan/Walter, Franz (Hrsg.), Die Grünen und
    die Pädosexualität. Eine bundesdeutsche Geschichte, Göttingen 2015.

Hetzel, Robin/Sprick, Max, Katholische Kirche. Chronologie des
    Missbrauchs-Skandals, in: Süddeutsche Zeitung, 28.1.2020, https://www.
    sueddeutsche.de/politik/vatikan-katholische-kirche-missbrauchsskandal-
    chronik-1.4339949 (abgerufen am 19.08.2021).

Hilberg, Raul, Täter, Opfer, Zuschauer. Die Vernichtung der Juden
    1933–1945, Frankfurt a. M. 1992.

Hirschman, Albert, Exit, Voice and Loyalty. Responses to Decline in Firms,
    Organizations and States, Cambridge 1970.

Hommen, Tanja, Sittlichkeitsverbrechen. Sexuelle Gewalt im Kaiserreich,
    Frankfurt 1999.

Hoyos, Castrillón/Ternyák, Csaba, Der Priester, Lehrer des Wortes, Diener
    der Sakramente und Leiter der Gemeinde für das dritte christliche
    Jahrtausend, in: vatican.va, 19.3.1999, https://www.vatican.va/roman_
    curia/congregations/cclergy/documents/rc_con_cclergy_doc_19031999_
    pds_ge.html (abgerufen am 4.2.2022).

Instruction of the Supreme Sacred Congregation of the Holy Office. On the Manner of Proceeding in Causes involving the Crime of Solicitation, in: vatican.va, 16.3.1962, https://www.vatican.va/resources/resources_crimen-sollicitationis-1962_en.html (abgerufen am 2.2.2022).

Interview of Msgr. Charles Scicluna conducted by Gianni Cardinale on the Strictness of the Church in Cases of Pedophelia, in: vatican.va, 2010, http://www.vatican.va/resources/resources_mons-scicluna-2010_en.html (abgerufen am 17.12.2021).

Jansen, Thomas, Bußgottesdienst in Köln. »Ich kann mich nicht für die Täter entschuldigen«, in: FAZ, 18.11.2021, https://www.faz.net/aktuell/politik/inland/ich-kann-mich-nicht-fuer-die-taeter-entschuldigen-17640819.html (abgerufen am 2.2.2022).

Jansen, Thomas, Weg vom Absolutismus?, in: FAZ, 14.9.2021.

Jarausch, Konrad H., Kein Tapetenwechsel (10.4.1987), in: Deutsche Geschichte in Dokumenten und Bildern (DGDB), https://ghdi.ghi-dc.org/sub_document.cfm?document_id=1146&language=german (abgerufen am 21.1.2022).

Jarczok, Marion/Jud, Andreas, Zur Häufigkeit von sexuellem Missbrauch von Kindern und Jugendlichen im Kontext der katholischen Kirche, in: Hilpert, Konrad u. a. (Hrsg.), Sexueller Missbrauch von Kindern und Jugendlichen im Raum von Kirche. Analysen – Bilanzierungen – Perspektiven, Freiburg 2020, S. 65–74.

Johannes Paul II., Apostolische Konstitution Pastor bonus über die Römische Kurie, Artikel 52, in: vatican.va, 28.6.1988, https://www.vatican.va/content/john-paul-ii/de/apost_constitutions/documents/hf_jp-ii_apc_19880628_pastor-bonus-roman-curia.html (abgerufen am 17.12.2021).

Johannes Paul II., Apostolisches Schreiben Motu proprio. Sacramentorum Sanctitatis Tutela, in: vatican.va, 30.4.2001, https://www.vatican.va/content/john-paul-ii/de/motu_proprio/documents/hf_jp-ii_motu-proprio_20020110_sacramentorum-sanctitatis-tutela.html (abgerufen am 2.2.2022).

Johannes Paul II., Nachsynodales Apostolisches Schreiben. Pastores dabo vobis, in: vatican.va, 25.3.1992, https://www.vatican.va/content/john-paul-ii/de/apost_exhortations/documents/hf_jp-ii_exh_25031992_pastores-dabo-vobis.html (abgerufen am 13.4.2021).

Jone, Heribert, Katholische Moraltheologie. Auf das Leben angewandt unter kurzer Andeutung ihrer Grundlagen und unter Berücksichtigung des CIC sowie des deutschen, österreichischen und schweizerischen Rechtes, Paderborn [17]1961.

Jong, Mayke de, To the Limits of Kinship. Anti-Incest Legislation in the Early Medieval West (500–900), in: Jan Bremmer (Hrsg.), From Sappho to De Sade. Moments in the History of Sexuality, London/New York 1989, S. 36–59.

Jud, Andreas u. a., Häufigkeitsangaben zum sexuellen Missbrauch. Internationale Einordnung, Bewertung der Kenntnislage in Deutschland, Beschreibung des Entwicklungsbedarfs, 01/2016, https://www.researchgate. net/publication/345178217_Haufigkeitsangaben_zum_sexuellen_ Missbrauch_Internationale_Einordnung_Bewertung_der_Kenntnislage_ in_Deutschland_Beschreibung_des_Entwicklungsbedarfs (abgerufen am 12.2.2022), S. 1.

Jud, Andreas, Sexueller Kindesmissbrauch. Begriffe, Definitionen und Häufigkeiten, in: Jörg Fegert/Mechthild Wolff (Hrsg.), Kompendium »Sexueller Missbrauch in Institutionen«. Entstehungsbedingungen, Prävention und Intervention, Weinheim 2015, S. 1, S. 70–73.

Jung, Reinhardt, Die Kinderrechtskonvention der Vereinten Nationen. Übersetzt in die Sprache der Menschen, für die diese Konvention gedacht ist, in: Britta Lauenstein (Hrsg.), Die UN-Kinderrechtskonvention in Deutschland – verbindlich, aber unbekannt? Bochum 1999, S. 99–107.

Jürgens, Stefan, Ausgeheuchelt. So geht es aufwärts mit der Kirche, Freiburg [2]2019.

»Kapi« du warst spitze, Bocholter-Borkener Volksblatt vom 20.02.2006.

Kardinal bedauert damaliges Verhalten im Umgang mit Missbrauch. Bericht: Vorwürfe gegen Marx wegen Pflichtverletzung in Trier, in: katholisch.de, 28.4.2021, https://www.katholisch.de/artikel/29624-bericht-vorwuerfe-gegen-marx-wegen-pflichtverletzung-in-trier (abgerufen am 21.1.2022).

Kardinal Levada, William, Kongregation für die Glaubenslehre. Schreiben an die Bischöfe der katholischen Kirche und die anderen Ordinarien und Hierarchen über die Veränderungen in den Normae de gravioribus delictis, in: vatican.va, 21.5.2010, https://www.vatican.va/resources/resources_ lettera-modifiche_ge.html (abgerufen am 2.2.2022).

Kardinal Marx bittet in Garching an der Alz für »Versagen« um Entschuldigung, in: FAZ, 17.7.2021, https://www.faz.net/aktuell/gesellschaft/kriminalitaet/kardinal-marx-bittet-fuer-versagen-um-entschuldigung-17442859.html (abgerufen am 21.1.2022).

Kardinal Meisner, Joachim, Predigt zum Silbernen Priesterjubiläum von Weihbischof Dr. Rainer Maria Woelki am 13. Juni 2010 im Hohen Dom zu Köln, in: Erzbistum Köln, 13.6.2010, https://www.erzbistum-koeln.de/export/sites/ebkportal/erzbistum/erzbischof/.content/documentcenter/predigten_jcm/Predigten/jcm_pr_100613_woelki-jubil.pdf (abgerufen am 25.3.2022).

Kardinal Ratzinger, Joseph, Kongregation für die Glaubenslehre. Schreiben Ad exsequendam ecclesiasticam legem, in: vatican.va, 18.5.2001, https://www.vatican.va/roman_curia/congregations/cfaith/documents/rc_con_cfaith_doc_20010518_epistula-graviora-delicta_ge.html (abgerufen am 2.2.2022).

Katechismus der katholischen Kirche, in: vatican.va, 1997, https://vatican.va/archive/DEU0035/_INDEX.HTM (abgerufen am 3.2.2022).

Katsch, Matthias, Damit es aufhört. Vom befreienden Kampf der Opfer sexueller Gewalt in der Kirche, Berlin 2020, S. 42.

Kaufmann, Franz-Xaver, Kirchenkrise. Wie überlebt das Christentum? Freiburg 2011.

Kaufmann, Thomas, Der radikale Umbruch der Reformation, in: FAZ, 31.10.2021, https://www.faz.net/aktuell/politik/die-gegenwart/der-radikale-umbruch-der-reformation-17600290.html (abgerufen am 4.2.2022).

Keenan, Marie, Child Sexual Abuse and the Catholic Church. Gender, Power, and Organizational Culture, New York 2012, S. 17.

Keller, Michael, Priesterliche Heiligkeit – Priesterliche Sendung, in: Unsere Seelsorge (1959), S. 98–110.

Keller, Michael, Richtlinien, Münster 1954.

Kirche und Benedikt XVI. bei Missbrauch nur »Sündenbock«. Voderholzer: Gutachten »Akt der Instrumentalisierung des Missbrauchs«?, in: katholisch.de, 24.1.2022, https://www.katholisch.de/artikel/32847-voderholzer-gutachten-akt-der-instrumentalisierung-des-missbrauchs (abgerufen am 28.1.2022).

Kirchenaustritte in 2021 mehr als verdoppelt, in: Münsterländische Volkszeitung, 29.1.2022.

Klecha, Stephan, Niemand sollte ausgegrenzt werden. Die Kontroverse um Pädosexualität bei den frühen Grünen, in: ders. u. a. (Hrsg.), Die Grünen und die Pädosexualität. Eine bundesdeutsche Geschichte, Göttingen 2015, S. 160–227.

Klöcker, Michael, Katholisch – von der Wiege bis zur Bahre. Eine Lebensmacht im Zerfall? München 1991.

Knigge, Volkhard, Zur Zukunft der Erinnerung, 21.6.2010, in: bpb.de, https://www.bpb.de/themen/erinnerung/geschichte-und-erinnerung/39870/zur-zukunft-der-erinnerung/ (abgerufen am 25.2.2022).

Kohn, David, The Church on Trial. Part 1, 11.6.2002, https://www.cbsnews.com/news/the-church-on-trial-part-1-11-06-2002/ (abgerufen am 13.12.2021).

Köln verzeichnet größten Zuwachs an Austrittszahlen. Kirchenaustritte in Großstädten 2021 massiv angestiegen, in: katholisch.de, 1.2.2022, https://www.katholisch.de/artikel/32964-kirchenaustritte-in-grossstaedten-2021-massiv-angestiegen (abgerufen am 25.3.2022).

Kongregation für den Klerus im Pontifikat von Papst Benedikt XVI. (Hrsg.), Der Priester, Diener der göttlichen Barmherzigkeit. Arbeitshilfe für Beichtväter und Geistliche Begleiter, Vatikanstadt 2011.

Kössler, Till, Jenseits von Brutalisierung oder Zivilisierung. Schule und Gewalt in der Bundesrepublik (1970–2000), in: Zeithistorische Forschungen 15 (2018), https://zeithistorische-forschungen.de/2-2018/5589 (abgerufen am 20.12.2021).

Köster, Norbert, Pressegespräch: Sexueller Missbrauch an Minderjährigen, https://www.bistum-muenster.de/fileadmin/user_upload/Website/Downloads/Rat-Hilfe/Ansprechpartner-sex-Missbrauch/2018-09-25-MHG-Studie-Pressekonferenz-Generalvikar-Zahlen.pdf (abgerufen am 03.01.2022).

Kreiner, Paul, Vatikan. Geschwätz des Augenblicks, in: Der Tagesspiegel, 6.4.2010, https://www.tagesspiegel.de/politik/kirche-und-missbrauch-vatikan-geschwaetz-des-augenblicks/1783510.html (abgerufen am 17.12.2021).

Krogmann, Karsten, Das Schweigen der Gemeinden, in: Forum Opferhilfe 43 (2020), S. 5–10.

Ladischensky, Dimitri/Schlüter, Martin, Der Bittgang, in: mare, April/Mai 2011, https://www.mare.de/catalog/product/view/id/5202/s/der-bittgang-content-1091/category/3/ (abgerufen am 17.12.2021).

Langfeld, Andreas, Sozialökologische Faktoren der Ermöglichung und Legitimation von sexualisierter Gewalt an der Odenwaldschule, in: Jens Brachmann (Hrsg.), Tatort Odenwaldschule. Das Tätersystem und die diskursive Praxis der Aufarbeitung von Vorkommnissen sexualisierter Gewalt, Bad Heilbrunn 2019, S. 313–344.

Leimgruber, Ute/Reisinger, Doris, Sexueller Missbrauch oder sexualisierte Gewalt?, in: feinschwarz.net, 24.9.2021, https://www.feinschwarz.net/sexueller-missbrauch-oder-sexualisierte-gewalt-ein-einspruch/#fnref-32789-3 (abgerufen am 20.12.2021).

Leist, Fritz, Der sexuelle Notstand und die Kirchen, Freiburg 1972.

Leue, Vivien, »Ganz klar ein erneuter Missbrauch von Betroffenen«, in: Deutschlandfunk Kultur, 17.2.2021, https://www.deutschlandfunkkultur.de/vorwuerfe-gegen-das-erzbistum-koeln-ganz-klar-ein-erneuter-100.html (abgerufen am 18.2.2022).

Limburger Bischof spricht über Aufarbeitung des Missbrauchsskandals. Bätzing: Kirche muss sich als Täterorganisation bezeichnen lassen, in: katholisch.de, 18.1.2018, https://www.katholisch.de/artikel/19673-batzing-kirche-ist-taterorganisation (abgerufen am 2.2.2022).

Löbbert, Raoul/Löwisch, Georg, »Solange sie im Dunkeln handeln konnten, schützten sie den Täter«, in: Zeit Online, 4.1.2022, https://www.zeit.de/2022/02/deutsche-bischoefe-missbrauch-kirche-kirchengericht (abgerufen am 21.1.2022).

Löbbert, Raoul/Löwisch, Georg, In der Verantwortung, in: Zeit Online, 4.1.2022, https://www.zeit.de/2022/02/sexueller-missbrauch-kirche-priester (abgerufen am 21.1.2022).

Lobdell, William, Missionary's Dark Legacy, in: Los Angeles Times, 19.11.2005, https://www.latimes.com/local/la-na-alaska20051119-story.html (abgerufen am 17.12.2021).

Lüdecke, Norbert, Die Täuschung. Haben Katholiken die Kirche, die sie verdienen? Darmstadt 2021.

Lüdecke, Norbert, Humanae Vitae, in: Christoph Markschies/Hubert Wolf (Hrsg.), Erinnerungsorte des Christentums, München 2010, S. 534–546.

Lüdecke, Norbert, Sexueller Missbrauch von Kindern und Jugendlichen durch Priester aus kirchenrechtlicher Sicht, in: Münchener Theologische Zeitschrift 62 (2011), Bd. 1, S. 33–60.

Lukassek, Agathe, Pfarrer von Ars. Vom Bauern zum Beichtvater, in: katholisch.de, 28.2.2018, https://www.katholisch.de/artikel/78-vom-bauern-zum-beichtvater (abgerufen am 6.4.2021).

Luna, Francisco, Wie beichte ich richtig? Mit ausführlicher Gewissenserforschung, Köln [11]1995.

Lutterbach, Hubertus, Sexueller Missbrauch von Kindern. Ein Verstoß gegen die christliche Tradition des Kinderschutzes, in: Essener Unikate 21 (2003), S. 31.

Magalski, Daniel, Missbrauchs-Skandal. Architekt Björn Schreiter will kein Geld mehr von der Kirche, in: Ruhr Nachrichten, 31.1.2022, https://www.ruhrnachrichten.de/luenen/architekt-bjoern-schreiter-will-kein-geld-mehr-von-der-kirche-w1719130-p-2000434636/ (abgerufen am 25.3.2022).

Martel, Frédéric, Sodom. Macht, Homosexualität und Doppelmoral im Vatikan, Frankfurt a. M. 2019.

Marx, Reinhard, Die Menschen glauben uns nicht mehr, in: Kirche und Leben online, 24.9.2018, https://www.kirche-und-leben.de/artikel/kardinal-marx-die-menschen-glauben-uns-nicht-mehr/ (abgerufen am 20.9.2021).

McCarthy, Tom, Spotlight. Die Wahrheit steckt zwischen den Lügen, Paramount Pictures, USA 2015.

Mertes, Klaus, »Schwule Lobby«. Katholischer Klerus und Homosexualität, in: Herder Korrespondenz, 08/2013, https://www.herder.de/hk/hefte/archiv/2013/8-2013/schwule-lobby-katholischer-klerus-und-homosexualitaet/ (abgerufen am 24.03.2022), S. 289–392.

Mertes, Klaus, Den Kreislauf des Scheiterns durchbrechen. Damit die Aufarbeitung des Missbrauchs am Ende nicht wieder am Anfang steht, Düsseldorf 2022.

Missbrauch: Franziskus hebt »päpstliches Geheimnis« auf, in: Vatican News, 17.12.2019, https://www.vaticannews.va/de/papst/news/2019-12/missbrauch-franziskus-paepstliches-geheimnis-abgeschafft.html (abgerufen am 2.2.2022).

Missbrauchsfälle. Irischer Kardinal entschuldigt sich, in: Zeit Online, 17.3.2010, https://www.zeit.de/politik/ausland/2010-03/missbrauch-papst-irland (abgerufen am 20.8.2021).

Missbrauchsskandal in Irland. Kardinal Brady lehnt Rücktritt ab, in: Zeit Online, 15.3.2010, https://www.zeit.de/gesellschaft/zeitgeschehen/2010-03/irland-brady-missbrauch (abgerufen am 20.8.2021).

Müller, Wunibald, Verbrechen und kein Ende? Notwendige Konsequenzen aus der Missbrauchskrise, Würzburg 2020.

Nach Gutachten zu sexuellem Missbrauch. Erzbischof Heße bietet Papst seinen Amtsverzicht an, in: Der Tagesspiegel, 18.3.2021, https://www.tagesspiegel.de/politik/nach-gutachten-zu-sexuellem-missbrauch-erzbischof-hesse-bietet-papst-seinen-amtsverzicht-an/27017176.html (abgerufen am 21.1.2022)

Nach Vorwürfen im Kölner Missbrauchsgutachten. Papst Franziskus nimmt Rücktritt von Erzbischof Heße nicht an, in: katholisch.de, 15.9.2021, https://www.katholisch.de/artikel/31261-papst-franziskus-nimmt-ruecktritt-von-erzbischof-hesse-nicht-an (abgerufen am 21.1.2022).

Nentwig, Teresa, Abschlussbericht zu dem Forschungsprojekt. Die Unterstützung pädosexueller bzw. päderastischer Interessen durch die Berliner Senatsverwaltung. Am Beispiel eines »Experiments« von Helmut Kentler und der »Adressenliste zur schwulen, lesbischen & pädophilen Emanzipation«, Göttingen 2016.

Neutze, Janina/Osterheider, Michael, MiKADO – Missbrauch von Kindern. Ätiologie, Dunkelfeld, Opfer. Zentrale Ergebnisse des Forschungsverbundes, 17.9.2015, http://www.mikado-studie.de/tl_files/mikado/upload/MiKADO_Zusammenfassung.pdf (abgerufen am 4.1.2022).

Neutze, Janina/Osterheider, Michael, MiKADO – Missbrauch von Kindern. Ätiologie, Dunkelfeld, Opfer. Von MiKADO lernen – Prävention verbessern. Zentrale Ergebnisse des Forschungsprojekts, http://www.mikado-studie.de/tl_files/mikado/upload/MiKADO%20_%20Ergebnisse.pdf (abgerufen am 4.1.2022).

Papst belässt zwei irische Bischöfe im Amt, in: Radio Vatikan, 12.8.2010, https://www.archivioradiovaticana.va/storico/2010/08/12/papst_bel%C3%A4sst_zwei_irische_bisch%C3%B6fe_im_amt/ted-414903 (abgerufen am 20.8.2021).

Parr, Katharina, Das Kindeswohl in 100 Jahren BGB, Würzburg 2005, https://d-nb.info/980587883/34 (abgerufen am 21.10.2021).

Paul VI., Enzyklika Humanae Vitae über die Weitergabe des Lebens, 25.7.1968, https://www.vatican.va/content/paul-vi/de/encyclicals/documents/hf_p-vi_enc_25071968_humanae-vitae.html (abgerufen am 1.2.2022).

Paulson, Michael, World doesn't share US view of scandal. Clergy sexual abuse reaches far, receives an uneven focus, in: Boston Globe, 8.4.2002, http://archive.boston.com/globe/spotlight/abuse/print/040802_world.htm (abgerufen am 17.12.2021).

Petersen, Thomas, Gehört das Christentum noch zu Deutschland?, in: FAZ, 22.12.2021, https://www.faz.net/aktuell/politik/inland/christen-vielleicht-keine-mehrheit-mehr-abkehr-der-kulturtradition-17695452.html (abgerufen am 22.2.2022).

Platen, Peter, Das kirchliche Strafrecht – eine (leider?) vernachlässigte Disziplin zur kirchenrechtlichen Ahndung des sexuellen Missbrauchs Minderjähriger durch Geistliche, in: Kirche und Recht 16 (2010), Bd. 2, S. 192–209.

Pollack, Detlef/Rosta, Gergely, Religion in der Moderne. Ein internationaler Vergleich, Frankfurt/New York 2015.

Positionspapier 2022. Staatliche Verantwortungsübernahme bei der Aufarbeitung von sexuellem Kindesmissbrauch. Bilanz und Ausblick, in: Unabhängiger Beauftragter für Fragen des sexuellen Kindesmissbrauchs, https://beauftragte-missbrauch.de/fileadmin/Content/pdf/Pressemitteilungen/2022/PM-02-16/Positionspapier_2022_Staatliche_Verantwortungsuebernahme_bei_Aufarbeitung_Missbrauch.pdf (abgerufen am 8.4.2022).

Powroznik, Natalie/Rüschenschmidt, David, Aufarbeitung des sexuellen Missbrauchs an Minderjährigen durch Kleriker im Bistum Münster. Ein Werkstattbericht, in: Birgit Blättel-Mink (Hrsg.), Gesellschaft unter Spannung. Verhandlungen des 40. Kongresses der Deutschen Gesellschaft für Soziologie 2020, S. 1–8.

Powroznik, Natalie/Rüschenschmidt, David, Über die inneren Mauern des Schweigens, in: Herder-Korrespondenz 8 (2021).

Prantl, Heribert, Eine gotteslästerliche Verklärung des Missbrauchs, in: Süddeutsche Zeitung, 21.3.2021, https://www.sueddeutsche.de/politik/katholische-kirche-missbrauch-meisner-woelki-koeln-1.5242219 (abgerufen am 23.10.2021).

Prantl, Heribert, Hölle und Himmel, in: Süddeutsche Zeitung, 2.–4. Oktober 2020, S. 7.

Preker, Alexander, Reaktionen auf Benedikt und das Missbrauchsgutachten. »Wir erleben hier den Zusammenbruch eines Denkmals«, in: Der Spiegel, 21.1.2022, https://www.spiegel.de/panorama/gesellschaft/gutachten-zu-missbrauch-im-erzbistum-muenchen-irreparabler-schaden-durch-benedikt-xvi-a-8ad24e2b-a4d3-41e6-b02c-f5b9122b7177 (abgerufen am 13.3.2022).

Pressemitteilung. UBSKM-Positionspapier 2022. Staatliche Verantwortungsübernahme und Aufarbeitung von sexuellem Kindesmissbrauch – Bilanz und Ausblick, in: Unabhängiger Beauftragter für Fragen des sexuellen Kindesmissbrauchs, https://beauftragte-missbrauch.de/fileadmin/Content/pdf/Pressemitteilungen/2022/PM-02-16/PM_Positionspapier_UBSKM_Aufarbeitung_Missbrauch_und_staatliche_Verantwortung.pdf (abgerufen am 8.4.2022).

Profile of Father Brendan Smyth, in: BBC News, 13.03.2010, http://news.bbc.co.uk/2/hi/uk_news/northern_ireland/8567868.stm (abgerufen am 20.08.2021).

Pütz, Florian, Kölner Weihbischof über Missbrauch. »Dieser Gottesdienst endet nicht mit der Vergebung«, in: Der Spiegel, 18.11.2021, https://www.spiegel.de/panorama/gesellschaft/koeln-weihbischof-rolf-steinhaeuser-bekennt-versagen-der-kirche-bei-sexuellem-missbrauch-a-20665e3a-7a72-488b-bcac-fe31ecf6ffcb (abgerufen am 2.2.2022).

Rath, Christian, Strafverfolgung von Bischöfen. Müssen Bischöfe die Justiz fürchten?, in: Zeit Online, 16.9.2021, https://www.zeit.de/2021/38/strafverfolgung-bischoefe-katholische-kirche-justiz (abgerufen am 21.1.2022).

Raue, Ursula, Bericht über Fälle sexuellen Missbrauchs an Schulen und anderen Einrichtungen des Jesuitenordens, 27.05.2010, https://canisius.de/wp-content/uploads/bericht_27_05_2010_ueber_faelle_sexuellen_missbrauchs_an_jesuiteneinrichtungen.pdf (abgerufen am 30.11.2021).

Reichardt, Sven, Pädosexualität im linksalternativen Milieu und bei den Grünen in den 1970er bis 1990er Jahren, in: Meike Baader u. a. (Hrsg.), Tabubruch und Entgrenzung. Kindheit und Sexualität nach 1968, Köln u. a. 2017, S. 137–160.

Reisinger, Doris, #NunsToo. Sexueller Missbrauch an Ordensfrauen – Fakten und Fragen, in: Stimmen der Zeit 236 (2018), S. 374–384.

Reisinger, Doris, Religiöse Eigenlogik und ihre Konsequenzen. Eine Analyse der katholischen Mehrdeutigkeit des Missbrauchsbegriffs, in: dies. (Hrsg.), Gefährliche Theologien. Wenn theologische Ansätze Machtmissbrauch legitimieren, Regensburg 2021, S. 58–76.

Reisinger, Doris/Röhl, Christoph, Nur die Wahrheit rettet. Der Missbrauch in der katholischen Kirche und das System Ratzinger, München 2021.

Resing, Volker, Der maßlose Verdacht, in: Herder Korrespondenz 72 (2018), S. 4–5.

Responsum ad dubium über die Segnung von Verbindungen von Personen gleichen Geschlechts, in: vatican.va, 22.2.2021, https://www.vatican. va/roman_curia/congregations/cfaith/documents/rc_con_cfaith_ doc_20210222_responsum-dubium-unioni_ge.html (abgerufen am 1.2.2022).

Rippenberger, Anna-Lena, Kirche und Missbrauch. »Ich hatte keine Chance, mich gegen den Mann zu wehren«, in: FAZ, 7.2.2022, https://www.faz. net/aktuell/politik/inland/wegen-missbrauchsskandal-gemeinde-setzt-gottesdienste-aus-17784427.html (abgerufen am 25.3.2022).

Roegele, Otto Bernhard, Krise oder Wachstum? Zu Gegenwartsfragen des deutschen Katholizismus, Freiburg 1970.

Rölli-Alkemper, Lukas, Familie im Wiederaufbau. Katholizismus und bürgerliches Familienideal in der Bundesrepublik Deutschland 1945–1965, Paderborn 2000.

Rossetti, Stephen Joseph, A Tragic Grace. The Catholic Church and Child Sexual Abuse, Collegeville/Minnesota 1996, S. 5.

Rößler, Hans-Christian, Volle Transparenz in Portugal, in: FAZ, 12.2.2022, S. 4.

Rothe, Wolfgang F., Missbrauchte Kirche. Eine Abrechnung mit der katholischen Sexualmoral und ihren Verfechtern, München 2021.

Rücktritt von Marx abgelehnt. »Das ist meine Antwort, lieber Bruder«, in: FAZ, 10.6.2021, https://www.faz.net/aktuell/politik/inland/papst-franziskus-lehnt-ruecktritt-von-kardinal-marx-ab-17382179.html (abgerufen am 21.1.2022).

Ruh, Ulrich, Chronik der Ereignisse. Deutschland – deutschsprachiger Raum – Europa, in: Konrad Hilpert u. a. (Hrsg.), Sexueller Missbrauch von Kindern und Jugendlichen im Raum von Kirche. Analysen, Bilanzierungen, Perspektiven, Freiburg 2020, S. 31–36.

Ruhmöller, Martin, Bistum Münster. Falsche Pressemitteilung irritiert Missbrauchsopfer (Interview mit WDR), 23.08.2023, in: YouTube, https://www.youtube.com/watch?v=3zrceSTee1o&t=11s (abgerufen am 04.01.2022).

Ruhmöller, Martin, Nimm Dich nicht so wichtig!, in: netzwerkBplus, 18.3.2010, https://netzwerkbplus.de/2010/03/18/nimm-dich-nicht-so-wichtig (abgerufen am 25.11.2021).

Ruhrbischof Overbeck räumt persönliche Schuld ein, in: Rheinische Post Online, 18.11.2020, https://rp-online.de/kultur/ruhrbischof-overbeck-bekennt-dass-er-schuld-auf-sich-geladen-hat_aid-54684241 (abgerufen am 21.1.2022).

Ruster, Thomas, Balance of Powers. Für eine neue Gestalt des kirchlichen Amtes, Regensburg 2019.

Sander, Hans-Joachim, Die Herrschaft der Oblaten und die Ohnmacht auf Erden. Ein Reproduktionsvorgang von unabsehbarer Reichweite, in: Ansgar Kreutzer/Hans-Joachim Sander (Hrsg.), Religion und soziale Distinktion. Resonanzen Pierre Bourdieus in der Theologie, Freiburg 2018, S. 68–108.

Sarr, Lucie, Sexual abuse. The challenge facing the African Church, in: La Croix Africa, 24.11.2019, https://africa.la-croix.com/sexual-abuse-the-challenge-facing-the-african-church/ (abgerufen am 29.10.2021).

Sauvé, Jean-Marc, Les violences sexuelles dans l'Église catholique. France 1950–2020, 10/2021, https://www.ciase.fr/medias/Ciase-Rapport-5-octobre-2021-Les-violences-sexuelles-dans-l-Eglise-catholique-France-1950-2020.pdf, (abgerufen am 24.03.2022), S. 2–9.

Scally, Derek, The Best Catholics in the World. The Irish, the Church and the End of a Special Relationship, Dublin 2021.

Schmitz, Martin, Weil ich katholisch war! Über das Versagen der Kirche – Bericht eines Betroffenen, in: Thema Jugend. Zeitschrift für Jugendschutz und Erziehung 3 (2020), S. 6–8.

Schmoll, Heike, Für mehr Glaubwürdigkeit. Die Politik muss stärker in die Aufarbeitung sexuellen Missbrauchs eingreifen, fordert der Missbrauchsbeauftragte, in: FAZ, 16.2.2022.

Schneider, Gerhard, Auslaufmodell Priesterseminar? Neue Konzepte für eine alte Institution, Freiburg 2016.

Schrank, Aaron, Immigrant Communities Were The »Geographic Solution« To Predator Priests, in: National Public Radio, 8.11.2018, https://text.npr.org/665251345 (abgerufen am 17.12.2021).

Schreuder, Osmond, Kirche im Vorort. Soziologische Erkundung einer Pfarrei, Freiburg 1962.

Schüller, Thomas, Bistum im Nebel, in: feinschwarz.net, 23.3.2021, https://www.feinschwarz.net/bistum-im-nebel/ (abgerufen am 21.1.2022).

Schulman, Jeremy, Donohue's Claim, in: MediaMatters, 2.4.2010, https://www.mediamatters.org/william-donohue/expert-donohues-claim-most-abusive-priests-are-gay-unwarranted (abgerufen am 21.12.2020).

Schulte-Umberg, Thomas, Profession und Charisma. Herkunft und Ausbildung des Klerus im Bistum Münster 1776–1940 (Veröffentlichungen der Kommission für Zeitgeschichte, Reihe B: Forschungen, Bd. 85), Paderborn 1999.

Schwarz, Patrik, »Meine Sexualität ist eine Grauzone«, in: Zeit Online, 11.2.2022, https://www.zeit.de/2010/07/DOS-Missbrauch-Beistueck (abgerufen am 22.2.2022).

Schwarz, Ulrich/Wensierski, Peter, »Der Papst hat das Heft in der Hand«, in: Der Spiegel 26 (2002), S. 54–58.

Seifert, Simone, Der Umgang mit Sexualstraftätern. Bearbeitung eines sozialen Problems im Strafvollzug und Reflexion gesellschaftlicher Erwartungen, Berlin 2014.

Seufert, Jonas, Sexueller Missbrauch in der Kirche. Ermittler gegen Bischof, in: Zeit Online, 16.9.2021, https://www.zeit.de/2021/38/sexueller-missbrauch-katholische-kirche-ermittlungen-bischof-fulda (abgerufen am 26.10.2021).

Sex Abuse Crisis. Priest child abuse cases victimization families; bishops lack policy response, in: National Catholic Reporter, 7.6.1985, http://www.natcath.org/crisis/070585.htm (abgerufen am 17.12.2021).

Sexueller Kindesmissbrauch. Definition sexueller Kindesmissbrauch und Begriffsbestimmungen, in: Unabhängige Kommission zur Aufarbeitung sexuellen Kindesmissbrauchs, https://www.aufarbeitungskommission.de/kommission/aufarbeitung/sexueller-kindesmissbrauch/ (abgerufen am 20.12.2021).

Sigusch, Volkmar, Sexueller Kindesmissbrauch. Zum Stand von Forschung und Therapie, in: Deutsches Ärzteblatt 108 (2011), S. 1898–1902.

Stix, Heiner, Missbrauchsvorwürfe gegen Pfarrer in Markhausen. Forderung nach Straßenumbenennung wird laut, in: OM online, 16.2.2021, https://www.om-online.de/politik/missbrauchsvorwurfe-gegen-pfarrer-in-markhausen-forderung-nach-strasenumbenennung-wird-laut-63014 (abgerufen am 24.3.2021).

Strafrecht, in: Unabhängiger Beauftragter für Fragen des sexuellen Kindesmissbrauchs, https://beauftragter-missbrauch.de/recht/strafrecht/verleumdungsklage (abgerufen am 20.12.2021).

Theologe Bogner fordert eine Reform der kirchlichen Verfassung. Der Kirchenkörper ist krank – So kann die Heilung gelingen, in: Katholisch.de, 17.6.2019, https://www.katholisch.de/artikel/22014-der-kirchenkorper-ist-krank-so-kann-die-heilung-gelingen (abgerufen am 2.2.2022).

Thissen: Ich habe Fehler gemacht, in: Kirche und Leben, 10.11.2019, https://
www.bistum-muenster.de/fileadmin/user_upload/Website/Downloads/
Aktuelles/Pressemitteilungen/2019/2019-11-06-Thissen-Interview-
KircheundLeben.pdf (abgerufen am 2.2.2022), S. 12.

UN-Kinderrechtskonvention, Art. 19,1, in: Britta Lauenstein (Hrsg.),
Die UN-Kinderrechtskonvention in Deutschland – verbindlich, aber
unbekannt?, Bochum 1999, S. 93.

USA. Gesamtbevölkerung von 1980 bis 2020 und Prognosen bis 2026, in:
statista, 3.11.2021, https://de.statista.com/statistik/daten/studie/19320/
umfrage/gesamtbevoelkerung-der-usa/ (abgerufen am 1.11.2021).

USA. Religionszugehörigkeit in den Jahren 2007, 2014, 2018, 2019 und
2020, in: statista, 19.8.2021, https://de.statista.com/statistik/daten/
studie/166855/umfrage/religionen-in-den-usa/ (abgerufen am 1.11.2021).

US-Kirche. Entlassung von Priestern nach Kindesmissbrauch, in: FAZ,
24.4.2002, https://www.faz.net/aktuell/gesellschaft/vatikan-us-kirche-
entlassung-von-priestern-nach-kindesmissbrauch-159096.html (abgerufen
am 21.1.2022).

Vademecum. Zu einigen Fragen in den Verfahren zur Behandlung von
Fällen sexuellen Missbrauchs Minderjähriger durch Kleriker, in: vatican.
va, 16.7.2020, https://www.vatican.va/roman_curia/congregations/cfaith/
documents/rc_con_cfaith_doc_20200716_vademecum-casi-abuso_ge.html
(abgerufen am 2.2.2022).

Velázquez, Jaime, Katholische Kirche in Spanien. Untersuchungskommission
zu sexuellem Missbrauch, in: Euronews, 10.02.2022, https://
de.euronews.com/2022/02/10/katholische-kirche-in-spanien-
untersuchungskommission-zu-sexuellem-missbrauch (abgerufen am
22.02.2022).

Verbotene Lust, in: Der Spiegel, 4.6.1972, https://www.spiegel.de/politik/
verbotene-lust-a-1e8a8940-0002-0001-0000-000042929242 (abgerufen
am 3.2.2022).

vom Hofe, Sylvia, Lüner Pfarrer Mombauer: »Diese Form von Kirche ist
tot«, in: Ruhr Nachrichten, 30.1.2022, https://www.ruhrnachrichten.
de/luenen/luener-pfarrer-mombauer-diese-form-von-kirche-ist-tot-
w1718702-p-2000433725/ (abgerufen am 27.3.2022).

Wais, Matthias, Täterstrategien. Das Motiv für Missbrauch ist nicht
Sex, sondern Macht, in: Erziehungskunst, Mai 2015, https://www.
erziehungskunst.de/artikel/taeterstrategien-das-motiv-fuer-missbrauch-ist-
nicht-sex-sondern-macht/ (abgerufen am 9.8.2021).

Walter, Franz, »In dubio pro libertate«. Sexualstrafrecht im gesellschaftlichen
Wandel, in: ders. u. a. (Hrsg.), Die Grünen und die Pädosexualität. Eine
bundesdeutsche Geschichte, Göttingen 2015, S. 108–135.

Weiterer Missbrauchsfall im Bistum Osnabrück bekannt geworden.
Osnabrücker Bischof Bode räumt Fehler bei Missbrauchsfällen ein, in:
Kirche und Leben, 8.3.2019, https://www.kirche-und-leben.de/artikel/
osnabruecker-bischof-bode-raeumt-fehler-bei-missbrauchsfaellen-ein
(abgerufen am 21.1.2022).

Wensierski, Peter, Missbrauch in der katholischen Kirche. Geheime
Paralleljustiz, in: Der Spiegel, 30.11.2015, https://www.spiegel.de/
panorama/justiz/missbrauch-in-der-katholischen-kirche-geheime-
paralleljustiz-a-1065203.html (abgerufen am 2.2.2022).

Wer wir sind, in: Eckiger Tisch, https://www.eckiger-tisch.de/wer-wir-sind/
(abgerufen am 30.11.2021).

Wiegelmann, Lucas, Warum die Kirche keine Täterorganisation ist,
in: Die Welt, 2.12.2021, https://www.welt.de/debatte/kommentare/
plus235410050/Kirchen-in-Deutschland-Wenn-der-Anteil-der-Christen-
unter-50-Prozent-faellt.html (abgerufen am 2.2.2022).

Wirtz, Ursula, Seelenmord. Inzest und Therapie, Stuttgart 2001, S. 22–24.

Wundersee, Philipp, Kirchenaustritte nehmen zu. Wer raus will, braucht
Geld, in: tagesschau.de, 1.2.2022, https://www.tagesschau.de/inland/
gesellschaft/kirchenaustritte-129.html (abgerufen am 25.3.2022).

Zahl der Kirchenaustritte in NRW erreicht Rekordhoch, in: WDR,
27.1.2022, https://www1.wdr.de/nachrichten/kirche-austritt-nrw-
missbrauch-100.html (abgerufen am 25.3.2022).

Zahlen und Fakten. Sexuelle Gewalt gegen Kinder und Jugendliche, in:
Unabhängiger Beauftragter für Fragen des sexuellen Kindermissbrauchs,
https://beauftragter-missbrauch.de/fileadmin/user_upload/Materialien/
Publikationen/Zahlen_und_Fakten/Fact_Sheet_Zahlen_und_Fakten_
UBSKM-2022-02.pdf (abgerufen am 20.2.2022).

Zamorano, Miguel A., Missbrauchsfälle in Irland. Zwanzig Jahre
Aufklärungsarbeit, in: Zeit Online, 27.4.2010, https://www.zeit.de/
gesellschaft/zeitgeschehen/2010-04/missbrauch-irland-chronologie
(abgerufen am 20.8.2021).

Zinzow, Angelika, In kirchlicher Sexualmoral umdenken, in: Domradio.de,
05.12.2019, https://www.domradio.de/artikel/kirchlicher-sexualmoral-
umdenken-jesuit-wucherpfennig-homosexualitaet-nicht-mit-verweis-auf
(abgerufen am 17.11.2021).

Zöller, Josef Othmar, Abschied von Hochwürden. Seelsorger der Zukunft, Frankfurt a. M. 1969.

Zweites Vatikanisches Konzil, Lumen Gentium, in: Karl Rahner/Herbert Vorgrimler (Hrsg.), Kleines Konzilskompendium, Freiburg 1966, S. 123–200.

Reports/Studien/Gutachten

Bannenberg, Britta u. a., Sexueller Missbrauch an Minderjährigen durch katholische Priester, Diakone und männliche Ordensangehörige im Bereich der Deutschen Bischofskonferenz, Gießen/Heidelberg/Mannheim 2018. (MHG-Studie)

Doyle, Thomas P./Mouton, Ray/Peterson, Michael, The problem of sexual molestation by Roman Catholic clergy. Meeting the problem in a comprehensive and responsible manner (The Manual), in: BishopAccountability, 9.6.1985, https://www.bishop-accountability.org/reports/1985_06_09_Doyle_Manual/ (abgerufen am 13.12.2021)

Doyle, Thomas, The 1922 Instruction and the 1962 Instruction »Crimen Sollicitationis«. Promulgated by the Vatican, 3.8.2008, https://web.archive.org/web/20110715183919/http://www.richardsipe.com/Doyle/2008/2008-10-03-Commentary%20on%201922%20and%201962%20documents.pdf (abgerufen am 2.2.2022).

Ferns report. Executive summary, in: The Irish Times, 26.10.2005, https://www.irishtimes.com/news/ferns-report-executive-summary-1.510449 (abgerufen am 20.8.2021).

Gercke, Björn u. a., Gutachten. Pflichtverletzungen von Diözesanverantwortlichen des Erzbistums Köln im Umgang mit Fällen sexuellen Missbrauchs von Minderjährigen und Schutzbefohlenen durch Kleriker oder sonstige pastorale Mitarbeitende des Erzbistums Köln im Zeitraum von 1975 bis 2018 – Verantwortlichkeiten, Ursachen und Handlungsempfehlungen, in: Erzbistum Köln, 18.3.2021, https://mam.erzbistum-koeln.de/web/4255a3192cdf2de3/gutachten-zur-unabh-ngigen-untersuchung/?mediaId=6CC89941-D1E9-42B7-A537E652C91E5E6A (abgerufen am 21.1.2022).

König, Andrej u. a., Sexuelle Übergriffe durch katholische Geistliche in Deutschland. Eine Analyse forensischer Gutachten 2000–2010. Abschlussbericht 2012, 10/2012, https://www.dbk.de/fileadmin/redaktion/diverse_downloads/Dossiers_2012/2012_Sex-Uebergriffe-durch-katholische-Geistliche_Leygraf-Studie.pdf (abgerufen am 04.01.2022).

KPMG AG Wirtschaftsprüfungsgesellschaft, Projektbericht Bistum Essen. Überprüfung und Weiterentwicklung der Personalarbeit für das pastorale Personal im Bistum Essen, 8.1.2021, https://www.bistum-essen.de/fileadmin/relaunch/Bilder/Bistum/mhg/ergebnisse/20210108_Bericht_Personalarbeit_Pastoral_Bistum_Essen_Final.pdf (abgerufen am 2.2.2022).

Report of the Inter-Departmental Committee to establish the facts of State involvement with the Magdalen Laundries, in: An Roinn Dlí agus Cirt (Department of Justice), 5.2.2013, https://www.justice.ie/en/jelr/pages/magdalenrpt2013 (abgerufen am 10.12.2021).

Report on the Holy See's Institutional Knowledge and Decision-Making Related to Former Cardinal Theodore Edgar McCarrick (1930 to 2017), in: Secretariat of State of the Holy See, 10.11.2020, https://www.vatican.va/resources/resources_rapporto-card-mccarrick_20201110_en.pdf (abgerufen am 17.12.2021).

The Report of the Commission to Inquire into Child Abuse (The Ryan Report), Mai 2009, http://www.childabusecommission.ie/rpt/index.php (abgerufen am 20.8.2021).

Orts- und Personenregister

Ortsregister

Personenregister